누가 중국경제를 죽이는가

옮긴이 이지은

중앙대 중국어과를 졸업하고, 이화여대 통번역대학원 한중과를 석사 졸업했다. 중국 대련 요녕사범대학에서
수학했다. 현재 번역 에이전시 (주)엔터스코리아에서 출판기획 및 전문 번역가로 활동하고 있다. 주요 역서로
는 『삼국지 여인천하』『부자 중국, 가난한 중국인』『레드머니』 등 다수가 있다.

경제대국 중국을 가로막는 거대한 벽

누가
중국경제를
죽이는가

랑셴핑 지음 | 이지은 옮김

다산북스

'두 개의 얼굴'을 가진 중국 경제

생전에 높은 빌딩을 짓고 세계 최고봉에 수없이 오른 기업가라고 해서 세상 사람들에게 항상 추앙받는 것은 아니다. 어쩌면 나중에 죽어서 묻힐 무덤 높이보다도 그 인품이 낮다는 평을 들을지도 모른다! 중국 기업가의 비애라고? 천만에! 그 정도로는 슬픈 축에도 들지 못한다.

저렴하고 우수한 품질의 '메이드 인 차이나' 제품을 만들어내기 위해 얼마나 많은 중국인이 얼마나 많은 피땀을 흘렸을지, 그리고 환경을 얼마나 많이 파괴했을지 생각해보라. 그런데도 중국은 존중을 받기는커녕 걸핏하면 세계 각국으로부터 무역제재를 당하고 있다. 거대한 내수시장을 가진 중국이 지난 30여 년 동안 어렵사리 길러낸 몇몇 기업 중에 세계로부터 진심 어린 존경을 받는 곳이 단 한 곳도 없다는 사실은 서글픈 일이다. 게다가 중국인 스스로 존경할 만하다고 인정하는 기업 역시 손에 꼽을 정도다. 무엇보다 가장 비참한 사실은 이 문제에 대해서 차분히 마음을 가라앉히고 진지하게 생각해본 중국 기업 혹은 기업가가 거의 없다는 점이다. 그 까닭은 무엇일까? 이러한 비극이 문화 저주에 걸린 중화 문화 때문이라고 생각해본 적은 없는가?

　　최근 몇 년 동안, 정부당국과 기업가를 대상으로 업계의 발전전략과 기업전략 사례를 소개하기 위해 나는 그야말로 중국 전역을 누볐다. 내 강연회를 찾은 정부 관리와 기업가가 어찌 수천, 수만 명에 그치겠는가! 표면적인 현상에만 집착하는 경박함, 현실을 외면하고 요행을 꿈꾸는 사고와 태도, 딱딱하게 굳은 사고방식이 달라지기를 기대하며 나는 국제적으로 성공을 거둔 업체를 부지런히 소개했다. 중국 기업가가 기업 경영의 본질을 깨닫는 날이 오기를 손꼽아 기다렸지만 아쉽게도 지난 몇 년 동안 나는 큰 좌절감에 시달렸다.

　　강연회에 설 때마다 참석자들로부터 매번 거의 유사한 질문을 받았기 때문이다. 묻는 내용이 어찌나 비슷한지 내가 다 당혹스러울 정도였다! 더욱 절망적인 것은 그들 대부분이 내 강연을 이미 열 번 이상 들었던 사람이라는 점이다. 내 강연도 중국 기업가의 경직된 사고방식을 바꾸기에는 역부족인 듯싶다. 이러한 상황을 겪으면서 그들이 내게 똑같은 질문을 던지는 문화적 배경이 무엇인지 곰곰이 생각하게 된다. 물론 내 강연을 통해 영감을 받아 경박하고 요행을 좇는 태도를 버리고 괄목할 만한 사업적 성과를 거둔 기업가도 적지 않다.

　　마치 약속이라도 한 듯 똑같은 질문을 던지는 사람들을 보며 나는 중국인이 벗어나려야 벗어날 수 없는 지독한 '문화 저주'에 걸렸다는 결론을 얻었다. '문화 저주'라고 부르게 된 경위는 중국 문화가 '대애주의

(大愛主義, 대상이나 조건을 가리지 않고 사랑을 베푸는 중국 고유의 박애정신을 가리킨다. 종교나 인종 등을 초월한 인간애를 의미하는 박애가 '대상'에 초점을 맞추고 있다면, 대애주의는 '대상'은 물론 '감정의 깊이' 면에서 한층 더 포괄적인 개념이다. 저자는 중국인의 마음속에 커다란 사랑이 자리 잡고 있지만 여태껏 그 존재를 제대로 드러내지 못하고 있다고 주장한다 _옮긴이)를 표방하면서도 다른 한편으로는 '경박함, 요행심, 경직된 사고방식'이라는 특징을 동시에 보이기 때문이다. 이것은 중국 문화의 치명적인 약점이다.

'두 개의 얼굴'을 가진 문화 저주는 중국인의 사고와 행위를 좌우하는데, 그중에서도 가장 통탄할 사실은 중국의 '대애주의' 문화가 아무도 모르도록 '숨겨져' 있다는 것이다. 심지어 중국인도 스스로 자국의 '대애주의' 문화가 무엇인지, 또 그 사랑을 어떻게 표현하는지 모른다. 이른바 '문화' 좀 안다는 장이머우(張藝謀) 감독조차 베이징 올림픽 개막식을 '순수한 사랑'이 배제된 '싸구려 쇼'로 전락시켰는데, 평범한 일반인이야 오죽하겠는가!

모든 것을 품겠다는 중국의 박애주의적 문화는 거대한 재난에 부딪혔을 때만 그 모습을 제대로 드러내는 듯하다. 원촨(汶川) 대지진이 이를 입증한다. 중국인의 순수한 사랑이 언제, 어디서든 당당하게 그 모습을 드러내는 날이 중화 민족이 화려하게 비상하는 날이 될 것이다!

나는 여태껏 그 누구도 알지 못한 중국의 대애주의와 중화 문화 특유의 저속한 특징이 바로 중국 경제를 죽이는 배후라고 생각한다. 사람들에게 괜한 공포심을 심어주려고 하는 말이 아니라, 실제로 중국인은 이러한 문화 저주에 걸려 있다! 끔찍한 저주에서 벗어나 전 세계에 중국의 위대한 사랑을 당당히 드러내고 중화 문화의 저속한 특징이 고착되지 못하도록 노력해야만 중국 경제를 구할 수 있으며 나아가 더 큰 희망의 빛을 발견할 수 있다.

위의 이야기는 경제학자, 좀 더 엄밀히 말하자면 금융 전문가로서 개인적인 내 생각이다. 이 책을 통해 누구나 쉽게 알아들을 수 있는 말로 독자 여러분과 생각을 나눌 수 있기를 기대하는 한편, 중국이 하루빨리 문화 저주에서 벗어나기를 진심으로 바란다!

문화적 측면에서 목격되는 중국인의 저속한 특징은 앞에서 언급했듯 크게 경박함, 요행심, 경직된 사고라는 세 가지 현상으로 구체화된다. 그 결과 중국 기업은 현실을 외면한 채 그저 요행만을 바라며 비이성적인 인수합병을 통해 몸집 부풀리기에만 급급하고 있다. 설상가상으로 경직된 사고 때문에 문화 저주에 걸린 중국인은 지난 100년 동안 별반 달라진 모습을 보여주지 못했다.

이 책의 1부에서는 역사적인 관점에서 중화 문화의 치명적 약점이 중국 기업, 특히 과학 기술 발전에 어떠한 피해를 가져다주었는지 구체적으로 살펴보겠다. 2부에서는 중화 문화의 '어리석음'을 독자 여러분과 함께 하나하나 분석해보려고 한다. 위에서 말하는 어리석음은 크게 네 가지로 나뉘는데 그 내용은 다음과 같다.

첫째, 중국인은 그저 돈 버는 데만 급급할 뿐, 돈을 벌기 위해서라면 사회적 책임감이나 양심을 외면해도 크게 문제될 것이 없다고 생각한다. 둘째, 무턱대고 문을 닫아걸 줄만 알지 바깥세상을 제대로 이해하지 못하고 있다. 우여곡절 끝에 간신히 바깥세상을 알았다고 해도 그저 수박 겉핥기에 그칠 뿐이다. 이러한 현상이 바로 세 번째 어리석음을 유발한다. 즉, 다른 이들이 중국을 어떻게 생각하는지 모르는 것이다. 중국은 그저 자신을 향한 '시선'에만 관심을 보일 뿐 그들이 왜 그러한 시선으로 자신을 보는지 본질적인 원인에 대해서는 별 관심이 없다. 넷째, 중국에 대한 다른 이들의 이해에 비해 중국인 스스로 자신의 약점을 깊이 헤아려보지 않고 진지한 이해나 반성을 하지 않고 있다는 점이다.

저주받은 중화 문화라는 현상, 즉 위에서 설명한 세 가지 치명적 약점과 네 가지 어리석음이 현재의 중국인에게서만 찾아볼 수 있는 특징은 아니다. 그간 제 자신에 대한 이해와 비판, 그리고 반성이 부족했던 탓에 오늘날의 중국인과 중국 기업은 고대 중국의 상방(商幇, 중국의 대표적인 전통 상인집단. 특정 지역을 중심으로 형성된 상업 세력으로 진상, 휘상, 절상, 월상 등이 있었다 _옮긴이)을 전반적으로 오해하고 있다.

예를 들어, 중국인은 진상(晋商)을 금융계의 모범생, 휘상(徽商)은 국내 무역의 달인, 절상(浙商)과 월상(粤商)은 국제 무역의 시조라고 생각한다. 이보다 더 큰 착각은 호설암(胡雪巖, 청나라 말기의 전설적인 거상 _옮긴이)에 대한 중국 사회의 평가다. 중국 사회는 그의 업적을 높이 평가하고 열광적으로 숭배하지만 그의 위업은 사업 초기에 거둔 눈부신 실적일 뿐, 사업 후반에 이르러 그가 중화 문화의 고질적 약점인 요행심 때문에 철저하게 실패했다는 사실은 전혀 모르고 있다.

바로 이러한 점을 고려해 3부에서는 1부와 2부에서 기른 비판적인 안목을 가지고 4대 상방의 흥망성쇠를 재조명하고 중국 기업 문화의 근원을 파헤쳐보겠다.

중국 기업의 치명적 약점

중국인이 그간 묵묵히 받아들인 중화 문화는 현재 중국인의 행동과 사고에 얼마나 큰 영향력을 발휘하고 있을까? 좀 더 구체적으로 이야기해보자. 먼저 머릿속으로 제갈량(諸葛亮)을 떠올린 뒤 내 질문에 바로 대답해주기를 바란다. '제갈량은 정말 남다른 지혜와 출중한 지략을 갖춘 인물인가?' 다른 말로 표현하자면 '제갈량은 중국인이 존경해마지 않는 위대한 스승이자 구루(Guru)인가?'

중국에서 나고 자란 사람이라면 아마도 고개를 끄덕일 것이다.

"네, 당연하죠. 제갈량은 허수아비를 실은 배로 조조에게서 화살 10만 개를 빼앗지 않았습니까? 게다가 동풍의 힘을 빌려 적벽대전에서 대승을 거뒀고 공성계(空城計, 아군이 열세일 때 방어하지 않는 것처럼 꾸며 적을 혼란에 빠뜨리는 전략 _옮긴이)로 사마의(司馬懿)를 물리치기도 했으니, 그런 그를 두고 하늘이 내린 모사가라고 하는 거죠!"

하지만 이것이 중화 문화의 치명적 약점인 요행심을 보여주는 확실한 대목이라는 점을 중국인은 아마 깨닫지 못할 것이다! 동풍이 불지 않았다면 수만 명이나 되는 오나라 병사들의 귀중한 목숨은 어떻게 되었을까? 추운 겨울에 불 가능성이 거의 없는 동풍에 수많은 병사의 목숨을 걸다니, 천하의 모사가로 불리는 제갈량은 도대체 무슨 생각이었던 것일까. 이것이 바로 적벽대전의 전모다. 위대한 전투라기보다는 전형적인 저확률 사건에 불과하다. 공성전 역시 마찬가지로, 혹시나 하는 마음에 벌인 저확률 사건이 아닌가?

중화 문화에서는 "동전 네 푼의 힘으로 천 근을 퉁겨낸다(四兩拔千斤, 보잘것없는 힘으로 큰 힘만 한 성과를 낸다는 뜻. 일당백이라는 뜻과 동일하다 _옮긴이)", "어찌 닭 잡는 데 소 잡는 칼을 쓰리오?(殺鷄焉用牛刀)"라는 말을 흔히 하는데, 이 역시 저확률 사건을 표현한 것으로 요행을 바라는 중국인의 심정을 있는 그대로 대변한다. "네 푼의 힘으로 천 근을 퉁겨낸다'고 할 게 아니라 "천 근의 힘으로 네 푼을 퉁긴다"고 왜 확실한 승리를 보장하는 태도를 못 갖는가? 이처럼 요행을 바라는 태도나 생각도 문제지만, 그보다 훨씬 치명적이고 비극적인 현상은 바로 '경박함'이다!

악비(岳飛, 중국 남송 초기의 무장이자 학자. 북송 멸망 무렵 참전해 공을 쌓았으며 대군벌이 되었지만 고종과 재상 진희에 의해 살해됐다 _옮긴이)나 굴원(屈原, 춘추시대 초의 정치가이자 시인. 내정과 외교에 우수한 능력을 발휘했으나 모함을 받아 추방된 뒤 강에 몸을 던져 죽었다 _옮긴이)처럼 비극적인 삶을 살다간 영웅을 중국인이 숭배하는 까닭은 무엇일까? 왜 그들이 실패한 진짜 이유는 애써 외면하고 겉으로 드러난 영웅들의 비장함만을 찬양하는 데 급급할 뿐인가? 그 결과 본질적인 원인에 대한 깊이 있는 연구나 반성 없이 그저 표면적인 현상에만 연연하는 '저급한 문화적 전통'이 반복되고 있는 것이다.

중국에서 자주 들을 수 있는 격언 중에 "실패는 성공의 어머니다"라는 말이 있다. 수박 겉핥기식 사고에 세뇌된 중국인은 실패를 여러 번 거듭하더라도 언젠가는 반드시 성공할 것이라고 애써 자위하며 정작 실패를 안겨준 본질적인 원인은 찾으려 하지 않는다. 치열한 경쟁의 무대에서 생존을 위해 싸워야 하는 기업가가 그처럼 안일한 생각으로 경영을 하기 때문에 기업의 맹목적인 '몸집 부풀리기'라는 상황이 연출되는 것이다.

나는 평소 중국 기업가의 '비이성적인 집착'을 자주 언급한 바 있다. 중국 기업가는 제법 탄탄한 사업 기반을 갖추었다고 판단되면 무슨 이유에서인지 세계 500대 기업 명단에 자신의 이름을 올리려는 이상한 집착을 보인다. 그런데 세계 500대 기업이 되겠다는 목표를 달성하기 위해서 그들은 어떤 전략을 취하는가? 요행심에 기대는 것이다.

예를 들어 TCL(하이얼 전자와 함께 중국을 대표하는 전자업체로, '오늘의 중국을 이끄는 수사자(Today China Lion)'가 되겠다는 포부를 내걸고 적극적인 사업 확장에 나서고 있다 _옮긴이)은 톰슨(Thomson, 프랑스의 대표적인 가전업체 _옮긴이)을 인수했고, 렌샹(聯想, Lenovo, 중국의 대표적인 컴퓨터 제조업체 _옮긴이)은 IBM의 PC 사업부를 인수했다.

그런데 중국을 대표하는 이들의 전략에서 읽히는 것은, 꼼꼼한 계획을 바탕으로 차근차근 기업의 실력을 키워 성공을 노리는 것이 아니라 한 번의 '배팅'으로 '대박'을 꿈꾸는 중국 기업가의 이상심리다! 요행을 바라는 행동에 따른 직접적인 결과는 주주로부터 신뢰를 잃는 일이다. 게다가 그런 상황은 우연히 한두 번에 그치는 것이 아니라 반복적으로 재현된다. 그러나 중국 기업가는 문제의 심각성을 파악하지 못하고 계속해서 요행을 좇는다.

이러한 이상심리는 비극적인 영웅을 숭배하고, 존재 자체가 불확실한 공성계를 믿는 중국인의 영혼에 파고들었다. 제갈량이 동풍의 힘을 빌려 적벽을 불태운 모습을 상상하는 순간, 요행을 꿈꾸는 사고는 머릿속에 선명하게 각인되어 영원히 지워지지 않는다. 이와 관련된 이야기는 1장에서 좀 더 자세히 다룰 예정이다.

문화적 문제는 중국의 IT 발전에도 심각한 영향을 주었는데, 가까운 예로 롄샹을 들어보자. 2004년 전까지 세계 500대 기업에 들겠다는 야망에 불타던 롄샹은 '대박'을 꿈꾸며 IT 서비스, 휴대폰, 인터넷 사업으로 사업 영역을 확대했다. 2004년 전략 실패라는 쓴맛을 본 롄샹은 IBM의 PC 사업부를 인수하며 재기를 노렸지만, 2005년 1월 6일에 다시 한번 곤경에 처하고 말았다.

흥미로운 사실은 곤경에 처한 롄샹이 무슨 자신감에서인지 다시 한번 자신의 운을 시험하기로 했다는 점이다! 2008년 롄샹의 CEO 류촨즈 (柳傳志)는 서버 사업에 승부를 걸겠다고 밝혔지만 여전히 제대로 된 성과를 내지 못하고 있다. 그런데도 롄샹은 2009년에 중소기업 시장, 슈퍼컴퓨터, 서버, 1,500개 체험장 구축, 넷북 사업에 잇달아 도전했다. 누가 보더라도 롄샹의 전략은 일관성을 잃었다. 정신없이 전략을 쏟아내는 모습은 유독 체면과 간판만 좇는 중국 IT기업의 약점을 고스란히 보여주고 있다.

롄샹은 2005년 IBM보다 10배나 빠른, 세계에서 가장 빠른 슈퍼컴퓨터를 만들어내겠다며 호언장담했다. 왜 이런 발언을 한 것일까? 중화문화는 "세계 최고를 꿈꾼다", "울지 않으면 그뿐이지만 한번 울면 세상을 놀라게 한다"는 지극히 숭고한 정신적 목표를 지향하고 있기 때문이다. 앞에서 언급한 경박함이 구체화된 사례다. 그로 인해 중국인은 기적을 믿고 심지어 맹목적으로 숭배한다.

이처럼 본질적이고 진지한 연구나 고민 없이 표면적인 결과에만 치중하는 문화적 영향으로 중국 내 수많은 기업은 첨단 IT상품의 개발과정에서 지나치게 높은 목표를 추구하거나 걸핏하면 '세계에서 가장 빠른 슈퍼컴퓨터'를 만들겠다고 큰소리치는 것이다. 심지어 '중국 최초', '중국 경제의 발전을 선도하겠다', '세계 경제의 새로운 활력소가 되겠다'는 목표를 상품 개발의 궁극적 목표로 삼기도 한다.

그렇다면, 올바른 과학기술 의식이란 도대체 무엇일까? 오라클(Oracle)의 성공을 통해 중화 문화의 저주를 어떻게 풀어야 하는지 살펴보자.

첫째, 서양의 관점에서 바라본 과학 연구는 옛것을 바탕으로 그 위에 새로운 성과를 쌓고 이를 다시 미래에 물려주는 일련의 연속적 과정이다. 그러나 중국의 과학 연구는 전혀 다른 모습으로 전개된다. 낮은 수준의 지식 습득에 많은 시간을 쏟아붓고 새로운 성과의 축적과 전승에는 상당히 소극적이다. 여기서 낮은 수준의 지식 습득이란 수학과 물리학 등의 과목에서 단순하게 문제풀이 실력을 연마하는 데 많은 시간과 에너지를 들이거나, 정답 맞추기 위주의 수학 혹은 물리 경시대회를 유독 강조하는 교육 풍조 등을 가리킨다.

둘째, 서양의 관점에서 과학 연구는 규칙을 준수하는 활동에 속한다. 하지만 중국은 다르다. 규칙을 존중하기는커녕 오히려 규칙을 깨거나 규율을 어기는 행동을 자랑스럽게 생각한다.

셋째, 서양의 관점에서 과학 연구는 오류에 대한 실험과 검증을 강조하는 행위다. 그런데 중국인의 잠재의식에서 '하이 레벨(High Level)'이란 아무런 실수나 잘못이 없는 완벽함을 가리킨다. 비단 일상생활뿐만 아니라 업무에서도 마찬가지다.

넷째, 서양인의 관점에서 실패는 통제와 관리상의 실수를 의미한다. 중국 기업에게 그러한 태도는 기대할 수도, 상상할 수도 없다. "실패는 성공의 어머니다"라는 이야기를 당연한 것으로 받아들이는 중국인은, 실패하더라도 책임 추궁을 면할 수 있다고 생각하기 때문이다. 그러나 통제나 관리의 실수를 의미하는 실패를 하게 되면 서양 문화에선 반드시 그에 따른 책임을 져야 한다.

2장에서는 이처럼 과학기술 분야에 종사하는 일부 중국 기업의 잘못된 사고방식에 대해 자세히 다룰 예정이다. 해당 이야기를 위에서 간단히 소개했는데, 결론적으로 말해서 이러한 사고방식은 본질적으로 중화 문화의 저급한 근성이 확대된 결과라고 할 수 있다.

중국은 어리석다

멜라민 분유 파동을 겪으며 중국인은 "매일 분유 한 컵이면 건강한 중국인이 될 수 있다"라는 광고가 거짓말이라는 사실을 하룻밤 만에 깨달았다. 사실 각종 식품에 대한 검사 횟수와 강도 면에서 중국은 미국, 오스트레일리아, 뉴질랜드보다 훨씬 까다롭다. 그도 그럴 것이 중국 외의 다른 국가에서는 상상할 수도 없는 일이기 때문이다. 사람들을 경악하게 한 불법 탄광 사건도 마찬가지다.

여러 가지 사건을 이리저리 살피다보면 결국 한 가지 결론에 이른다. 중국 기업가들에게선 도덕적 구속력을 전혀 찾아볼 수 없고 그들의 머릿속은 오로지 돈 벌 생각으로만 가득 차 있다는 것! 체면 따위 차리지 말고 솔직하게 이야기해보자. 누구나 돈 때문에 하루하루 버티며 살아가고 있지 않은가! 단지 대놓고 이야기하지 않을 뿐, 종일 이리저리 정신없이 뛰어다니는 것도 한 푼이라도 더 벌기 위해서가 아닌가?

이 순간 책장을 넘기는 당신 역시, 책에서 찾고자 하는 실마리나 영감이 돈을 위해서는 아닌가? 그렇다면 왜 돈을 벌려고 하는가? 자식에게 물려주기 위해서? 정부가 상속세 폐지 정책이라도 발표한다면 기뻐서 펄쩍펄쩍 뛸 일이겠다. 아, 실제로 2009년 조지 부시 전 미국 대통령이 상속세를 폐지하겠다는 의사를 표명했다. 그런데 그 결정에 당시 미국 부호들도 기뻐했을까?

아니다. 미국 내 부호 120명이 정부의 상속세 폐지를 반대한다는 공동성명을 냈다. 거기에는 빌 게이츠의 아버지 윌리엄 게이츠, 워런 버핏, 조지 소로스, 석유 재벌 록펠러 등도 서명했다. 모두의 예상과는 반대로 상속제 폐지에 반대한 미국 부호들에게는 도대체 어떠한 사회문화적 유전자가 숨어 있는 것일까?

중국인은 서양의 역사를 제대로 알지 못한다. 책 읽는 것을 가장 싫어하는 중화 민족이 하물며 재미없는 서양 역사에 관심을 보일 리 없다. 중국인은 빌 게이츠, 워런 버핏 등이 상속세 폐지를 반대하게 된 경위나 사고의 본질이 무엇인지 연구하거나 고민하지 않는다. 대체 서양 기업가는 왜 자신에게 유리한 상속세 폐지를 반대한 것일까?

그들의 사상적 뿌리는 천 년 전 '하나님'의 기업에서 비롯된 역사로 거슬러 올라간다. 서양 최초의 주식회사인 '교회 기업'은 탄생 때부터 기업의 성장과 함께 윤리, 도덕과 사회적 책임을 강조했다. 교회를 대신해 교회 기업을 경영하게 된 전문 경영인은 하나님의 '부름'에 응답하기 위해 최선을 다했다. 즉, 사회 전체와 하나님이 사랑하는 백성을 위해 하나님을 대신해서 재화를 창조하는 것, 이것이 바로 그들이 생각하는 '사명' 혹은 '소명'이다. 이러한 주장을 중국인은 헛소리나 신화라고 치부해버릴지도 모른다. 중국이라는 나라는 그렇게 자신의 백성을 가르치지 않았기 때문이다.

그럼 중국 기업가의 머릿속에는 무엇이 들어 있나? 조국에 대한 뜨거운 사랑, 초고속 성장에 대한 갈망, 내재된 불안감과 정경유착 문화에 대한 맹신이다! 그러니 중국은 위기에 감사해야 한다. 위기가 찾아와야만 마음을 차분히 가라앉히고 마음속 깊은 곳에 숨겨져 있는 본질적인 동기와 가치관에 문제가 없는지 살펴볼 기회를 얻을 수 있으니 말이다.

위에서 설명한 서양 기업가에 관한 이야기를 읽었다면 문득 한 가지 생각이 머리를 스칠 것이다. '이것이 내가 알고 있는 서양의 자본주의 사회란 말인가?' 중화 문화의 비극은 바로 여기에서 출발한다.

중화 문화라고 하면 무엇이 가장 먼저 떠오르는가? 유유히 흐르는 양쯔(陽子) 강, 웅장한 만리장성, 황산(黃山)과 황허(黃河)⋯⋯ 이것들은 무엇인가? '제 것'이 아니라면 열어보지도 않고 무조건 문을 걸어 잠그는 중국의 상징이다. 5천 년 동안 중국은 그렇게 살아왔다! 그래서 중국에서 나고 자란 순수 중국인은 중국인을 바라보는 유럽인과 미국인의 시각을 영원히 이해하지 못한다. 티베트 문제를 둘러싸고 중국과 전혀 다른 관점을 보이고 있는 유럽을 이해하지 못할 뿐만 아니라, 원촨 대지진 이후 중국에 대한 서양의 태도가 갑자기 180도 바뀐 이유를 짐작도 하지 못한다. 이 얼마나 비극적인 현실인가! 다른 사람이 자신을 어떻게 바라보는지 전혀 모르는 상태라면 자신에 대한 주변의 시선이 무엇을 의미하는지, 그것이 호감인지 혹은 두려움인지 알 리 없다.

올림픽에 대한 시각 차 역시 마찬가지다. 올림픽에 대한 중국인의 인식과 기대는 외국인들과는 전혀 다르다. 중국인에게 올림픽은 국력의 상징이다. 그래서 대회에 참가하는 데 의의가 있다는 말에 콧방귀를 뀐다. 중국인에게 가장 중요한 사실은 참가 그 자체가 아니라 가장 많은 메달, 그것도 반드시 금메달을 따야 한다는 냉엄한 현실이다. 중국에게 올림픽은 경쟁의 무대이다.

이처럼 중국은 서양의 사고방식과 가치관을 이해하지 못하고, 서양 역시 중국을 이해하지 못한다. 상호 간의 이런 현격한 인식 차이는 수많은 갈등을 유발한다. 내가 생각하는 올림픽의 진정한 의의는 서로 다른 양측이 '접촉'한다는 데 있다.

올림픽을 다룬 중국 내 영상물에서 나는 한 가지 공통점을 발견했다. 하나같이 훈계조로 이야기한다는 점이다. '단정하게 앉아라', '아무 데나 침이나 가래를 뱉지 마라', '대국으로서의 모범을 보여라'라며 일일이 가르친다. 모두 틀렸다. 이것은 진정한 올림픽 정신이 아니다. 게다가 올림픽에 대한 관심이 지나치게 커지다보니 올림픽의 성공적인 개최를 국가적 명예와 직결하는 극단적인 상황마저 나타났다. 실로 엄청난 부담이 아닐 수 없다. 이 모든 것이 올림픽 정신에 대한 잘못된 인식에서 비롯된다. 서양이 중국을 제대로 이해해주기를 바란다면, 중국도 반드시 서양을 이해해야 한다. 올림픽은 그저 이곳저곳을 뛰어다니며 성화를 봉송하는 행사가 아니라, 올림픽 정신을 세계 곳곳에 전파하고 서로 다른 이들이 하나가 되는 화합의 장(場)이다. 힘과 아름다움을 겨루는 무대이자, 공정한 경쟁을 선보이는 장소다. 서양에게 올림픽은 국격을 높이느냐 혹은 낮추느냐 하는 까다로운 시험장이 아닌 것이다.

중국은 고대 문명이 현존하는 세계에서 몇 안 되는 국가다. 중화 민족은 외부로부터의 위기나 재난에 직면했을 때 뿔뿔이 흩어지지 않고 하나로 똘똘 뭉친다. 젓가락 한 쌍을 부러뜨리기는 쉽지만 젓가락 열 쌍을 한꺼번에 부러뜨리기는 어려운 것처럼 외국인은 상황에 따라 매번 다른 얼굴을 보여주는 중국인의 모습에 당황하기 일쑤다.

4장에서는 올림픽을 치르면서 나타난 동일한 문제를 둘러싸고 전혀 다른 시각을 가진 중국인과 서양인의 모습을 다루고 있다. 똑같은 문제를 가지고 서양인은 왜 민감하게 반응하는 것일까? 그들의 눈에 비친 중국인은 이기적이고 냉정하기 때문이다. 게다가 13억 인구를 자랑하는 중국은 서양에게 부담스러운 존재로 비친다. 영화 〈와호장룡〉이나 『손자병법』에서 나타난 '술(術)'에 치우친 중국의 문화 예술을 보며 중국에 대한 서양의 공포심은 커져만 간다. 바로 이러한 요소들이 중국에 대한 부정적 이미지를 서구 세계에 심어놓았다.

스스로 문을 걸어 잠그는 문화적 특성 때문에 중국이 자발적으로 서양을 이해하겠다고 나서거나, 오해를 씻으려 적극적으로 행동하는 경우는 거의 드물다. 더욱 비참한 사실은 중국 문화에 존재하는 경박함이라는 저급한 근성 때문에 가뜩이나 많지도 않은 서양에 대한 중국 내부의 자발적 이해가 '수박 겉핥기' 수준에 머물러 있다는 점이다. 상황이 그러다보니 중국에 대한 서양의 부정적인 평가가 등장하게 된 경위가 무엇인지 중국인은 그들의 역사 및 문화적 측면에서 원인을 찾아볼 생각조차 하지 못했다.

예를 들어 서구 사회(독일과 프랑스 포함)가 중국의 티베트 문제에 대해 비난을 쏟아부을 때마다 중국은 당연히 강력하게 항의하지만, 어째서인지 그 효과는 그리 만족스럽지 않다. 그 이유인즉 중국 측의 항의는 핵심을 놓치고 있기 때문이다. 티베트 문제에 관해 서양이 중국과 전혀 다른 입장 차이를 가지게 된 원인을 혈통주의에서 찾을 수 있는데, 예를 들어 독일인은 티베트인을 자신의 잃어버린 형제라고 생각한다. 영화 〈잃어버린 지평선(Lost Horizon)〉에서 비롯된 말도 안 되는 혈통주의가 뜻밖에도 서양 각국에 강력한 이미지를 남겼을 뿐만 아니라, 심지어 티베트를 신선이 노니는 '샹그릴라'로 여기는 이른바 '티베트 신드롬'을 만들어냈다.

티베트에 대한 서구 사회의 이러한 인식을 과거 중국은 전혀 이해하지 못했고, 이 때문에 중국과 서양은 티베트에 대한 전혀 다른 시각을 가지게 된 것이다. 예를 들어서 티베트에서 이야기하는 툴쿠(Tulku, 活佛, 환생한 부처 _옮긴이)는 중국인에게는 신화에 가깝지만, 서구 사회는 『잃어버린 지평선』(영화의 원작 소설. 제임스 힐튼의 작품 _옮긴이) 같은 문학작품을 통해 티베트를 애틋한 시선으로 바라본다.

이러한 상황에서 '화평굴기(和平崛起, 굴기란 '산이 우뚝 솟은 모양'을 가리키는 말로 '크게 성장한다'는 뜻. 화평굴기는 막강한 중국 경제를 무기로 중국 위협론에 맞서기 위해 중국 정부에서 2003년 말에 제시한 외교정책이다 _옮긴이) 하겠다는 중국의 주장은(이미 아주 큰데 굴기까지 하겠다니!) 서구 사회의 우려를 더욱 증폭시키고 있다. 게다가 중국의 거대한 땅덩어리와 조그만 티베트를 떠올리기만 해도 서양인이 티베트를 동정하게 된 이유를 쉽게 짐작할 수 있다. 쉽게 말해서 서양인에게 중국은 냉혹하기 짝이 없는 거대한 악당이지만, 티베트는 힘없고 선량한 약자로 비친다. 이러한 일련의 사건을 통해 서양인의 티베트 콤플렉스가 탄생됐다.

하지만 모든 오해와 콤플렉스는 원촨 대지진이 발생함에 따라 눈 녹듯 사라졌다. 원촨 대지진을 통해 전 세계는 중화 문화에 '뜨거운 눈물'과 '따스한 사랑'이 있으며, 중화 민족 역시 자신들처럼 뜨거운 피가 흐른다는 사실을 발견했기 때문이다. 이런 이유로 중국을 대하는 CNN의 태도는 180도 바뀌었고 베이징 올림픽도 순조롭게 치러질 수 있었다.

사실 중국인보다 외국인이 중화 문화에 대해 더 잘 알고 있는데, 영화 〈쿵푸 팬더〉가 바로 이러한 상황을 단적으로 보여준다. 이 영화가 많은 영화 평론가로부터 호평을 받은 것은 바로 영화에 등장하는 캐릭터가 중화 문화의 본질을 제대로 그려냈기 때문이다. 중국인의 인성에 대한 서양의 분석 결과가 이 영화에 고스란히 나온다.

중화 문화에서는 자신을 되돌아보고 반성하는 모습이 지극히 부족하다. 중국은 자신을 알지 못하고 있을 뿐만 아니라, 자신의 상처를 열어 보이는 데도 줄곧 게을렀다. 자신의 문화에 존재하는 약점이나 결점을 반성하는 과정에서, 좋지 않은 것에 대한 언급을 꺼리고 끔찍한 기억에 관해서는 회피와 망각이라는 처방전을 선택했다.

영화 〈쿵푸 팬더〉의 주인공은 무술 비급(용의 문서)을 차지하기 위해 스승과 동문을 배반한 표범 타이렁과 그에게 맞서는 팬더 포다. 미국인은 영화에 등장하는 악당 타이렁을 통해 중국인의 결점을 딱 꼬집어 이야기한다.

첫째, 중국인은 이기적이고 잔혹하다. 영화 속에서 타이렁은 자신만 생각할 줄 알 뿐, 어릴 때부터 지금껏 자신을 길러준 스승 시푸(師傅)를 안중에도 두지 않았다.

둘째, 중국인은 남을 배려하지 않는다. 중국인에게 삶의 목적은 자신을 높이고 다른 이들로부터 인정받는 것뿐이다. 타이렁은 '용의 문서'를 얻는 데 혈안이다. 오랫동안 시푸로부터 무술을 배운 그는 비급만 얻으면 천하제일의 무림 고수가 될 수 있고, 그렇게 되면 세상 사람으로부터 인정을 받을 수 있다고 생각한다.

체면을 강조하는 특성 때문에 중국인은 태어날 때부터 이기적이고 냉혹한 성격을 지니게 되었다. 시푸와 결투를 벌이게 된 타이렁은 시푸에게 최후의 공격을 퍼붓는 순간 뜻밖의 한마디를 남긴다. "나를 가르칠 때 제가 용의 문서를 차지하는 걸 바라셨잖아요? 그렇지 않으면 내가 뭐하러 이런 고생을 사서 했단 말입니까? 용의 문서를 주지 않겠다면 없애버릴 수밖에!"

타이렁뿐 아니라, 팬더 포를 통해서도 중국인의 특성을 알 수 있다.

첫째, 중국인에게는 우아함도, 예의도 없다. 영화는 팬더 포의 활약상을 주로 다루는데, 공부를 해본 적이 없고 하루하루 국수를 팔아 생계를 잇는 포는 거친 성격의 무식쟁이로 나온다. 우아함이나 예의와는 거리가 멀다.

둘째, 중국은 항상 기적을 꿈꾼다. 노력하기보다는 아무것도 하지 않고 공짜로 얻을 생각만 한다. 영화에서 포는 쿵푸를 연마하라고 해도 딴청을 부리거나 게으름을 피우기 일쑤다. 하지만 떡을 먹는 일, 특히 다른 사람의 떡을 훔쳐 먹는 데는 남다른 재능을 선보인다. 떡을 훔쳐 먹기 위해서 높다란 벽도 아등바등 기어오르고, 뒤뚱거리던 다리도 '쫘악' 찢는다. 떡을 공짜로 얻을 생각에 없던 실력도 나오는 것이다.

셋째, 중국인은 요행만 바란다. 이건 정말 맞는 말이다. 팬더 포가 어떻게 쿵푸를 연마했는지 아는가? 쿵푸를 연마해봤자 아무런 소용도 없다고 생각하는 포는 계속해서 게으름을 피운다. 어떻게든 포에게 쿵푸 연습을 시키려고 시푸는 포가 좋아하는 만두로 유혹하는데, 팬더 포는 연습은 뒷전이고 만두에만 집착한다. 요행만 바라는 것이다.

넷째, 중국인은 자신이 옳다고 생각하는 일을 추구할 용기가 없을 뿐만 아니라 행동력 또한 크게 부족하다. 시푸의 엄포에도 설렁설렁 연습하는 시늉만 하던 포는 한밤중에 훈련장을 슬그머니 빠져나온다. 타이렁에게 대항하려면 열심히 연마해야 하건만 타이렁의 실력이 워낙 출중한 터라 그의 적수가 될 수 없다고 자포자기한 것이다. 어렵사리 입문한 데다 시푸도 자신을 제자로 받아들여준 만큼 애초에 체결한 계약 혹은 협의에 따라 열심히 쿵푸를 연마해 타이렁에 맞서야 한다. 하지만 포는 그러지 않았다. 한밤중에 꽁지 빠지게 도망쳤을 뿐이다!

이처럼 표범 타이렁과 팬더 포는 바로 중국을 상징한다. 타이렁과 포가 쿵푸를 배우는 과정, 그리고 자신의 실력을 드러내기 위해 선보이는 스킬은 중국에 대한 서양의 인식을 고스란히 담아내고 있다. 우습기 짝이 없는 모습으로 등장하는 팬더 포가 실은 중화 문화와 중국인의 성격 깊은 곳에 숨겨져 있는 거대한 비극을 상징하는 존재나 다름없는데, 이 영화를 보고 난 뒤 중국의 반응은 어떠했는가? 뭔가를 깨닫기는커녕 포의 행동 하나, 말 한 마디에 깔깔거릴 뿐이다. 이것이 바로 중화 문화의 비극이 아니겠는가?

중국의 미래, 역사에서 배워라

경박함, 요행심, 폐쇄성, 경직성, 바깥세상에 대한 이해 부족, 자아 반성의 부족이 바로 중화 문화에 존재하는 문제이다. 하지만 진정한 문제는 이러한 저급한 근성이 도대체 어디에서부터 이어져내려오고 있는 가이다. 바깥세상을 전혀 이해하지 못하는 것은 다른 사람이 '어떻게' 생각하는지에만 관심을 기울일 뿐 '왜' 그렇게 생각하는지, 또 그렇게 생각하게 된 문화 및 역사적 근원이 '어디'에 있는지를 진지하게 생각해보지 않았기 때문이다. 이 때문에 중국인은 다른 사람의 장점을 배울 수 있는 역사적 기회를 또다시 놓치게 된다.

특히 중국은 지금의 자신보다 과거의 자신에 대한 반성이 더욱 부족하다. 케케묵은 역사 속에서 고대 중국의 상방을 끄집어내 깨끗이 단장하고 사업의 달인이라고 치켜세우는 바람이 한때 중국 사회를 휩쓸었다. 그 결과 시중에는 호설암을 찬양하는 서적이 무더기로 쏟아져 나왔고 산서(山西) 지방의 표호(票號, 중국 청나라 때 환업무를 담당한 상업 금융기관 _옮긴이)와 관련된 TV 드라마가 인기리에 방영되기도 했다.

하지만 호설암도 그저 투기꾼이며 결국에는 실패한 패배자라는 사실을 알고 있는가? 이른바 4대 상방(진상, 휘상, 호상과 영파방을 포함하는 절상, 광주방과 조주방을 포함하는 월상)은 대부분 시간의 시험을 견디지 못했다. 내부적인 요인이 외부적인 요인을 결정한다는, 기업에 대한 현재 중국의 분석처럼 그들이 역사의 무대에서 사라지게 된 원인은 그저 정치나 정책적인 문제 때문만은 아니었다. 그들의 실패 원인을 자세히 분석해 본 적이 있는가? 자세한 분석과 변별이라는 과정을 통해 얻은 교훈이야말로 선조에게서 배울만한 것이다. 고대 상방이 휘황찬란한 업적을 세웠다는 식의 이야기에 뜨거운 민족적 자긍심이 잠시 솟구쳐봐야 무슨 소용 있으랴?

진상, 휘상, 그리고 호주방(호상)의 쇠망사를 살펴보면 자금 부족이 아니라 경박한 사고방식과 현실을 외면한 요행심, 그리고 폐쇄성과 경직성이야말로 쇠락의 원인이라는 것을 쉽게 알 수 있다.

여기서 말하는 경박함은 벼락부자가 되고 나서 흥청망청 먹고 마시며 노름과 향락에 취해 물질 만능주의자로 타락한 것을 가리킨다. 그리고 요행심이란 성실한 땀방울이 아니라 소금 판매 증서(鹽引)를 팔아넘기거나 부동산 투기를 일삼는 행위를 가리킨다. 초기 자본 축적에 성공한 후 이들은 너 나 할 것 없이 모두 부동산 시장에 진출했다.

예를 들어, 훗날 호주방(호상)은 상하이(上海)에 불어닥친 부동산 투기 열풍에서 크게 실패했고 호설암으로 대표되는 휘상은 자체적으로 추진 중이던 비단 무역 투기에서 무너지고 말았다. 경직된 사고방식은 벼락부자가 된 후 어떻게 해야 더 큰 성공을 거둘지 몰라 헤매는 모습으로 구체화된다.

진상은 책과 담을 쌓았고 휘상은 정계 인사와의 결탁을 더욱 돈독히 하기 위해 공부를 하더라도 관직을 얻을 수 있는 과거(科擧) 공부에만 매달렸다. 심지어 이들 대부분이 자신은 벼락부자가 아니라 온갖 고생을 마다하지 않고 성실히 일한 결과 지금의 부를 쌓았다고 생각한다. 하지만 역사적으로 봤을 때, 이들의 성장은 모두 당시 중요한 경제정책이나 개방정책을 통해 얻은 것이다. 이러한 현상은 오늘날에도 전혀 낯설지 않다. 중화 문화에서 가장 고루한, 그리고 가장 불필요한 존재인 경직된 사고가 여전히 이어져 내려오고 있기 때문이다.

기업이 오래도록 살아남고 성장하려면 반드시 성숙한 전략적 사고를 수반해야 한다. 이 점을 고려했을 때 중국 기업인에게는 두 개의 탈출구가 있다. 하나는 개혁에 순응하며 정책적으로 추진 중인 차세대 육성 산업에 진출하는 것이고, 다른 하나는 기업의 경영 시스템을 업그레이드해서 산업 자본과 금융 자본 간의 통합을 통해 전통적인 사업 모델과 작별을 고하는 것이다.

3부에서 자세히 소개하고 있는 사례들은 그 어떤 상방도 오랫동안 개혁에 순응하거나 주도하지 못했을 뿐만 아니라 지속적으로 정책적 육성 사업을 독점하지 못한 현상을 구체적으로 설명하고 있다. 특히 시스템 외부로부터의 강력한 도전과 경쟁, 심지어 침략에 직면했을 때 상방들은 대부분 '아웃'되는 숙명에서 벗어나지 못했다. 진상, 휘상, 호상과 광주방이 바로 여기에 속한다. 하지만 영파방과 조주방이 보여준 전략적 행보는 유심히 살펴볼만하다.

역사는 모든 상방에 변신의 기회를 골고루 제공했다. 하지만 현대 은행으로 환골탈태하는 과정에서 산서 표호는 몇 차례의 '고난'을 겪으며 고군분투했다. 시대의 흐름에 순응하지 못하고 '삐꺽'대는 그들의 수난은 경직된 사고에 물든 중국 사회의 고질적인 문제점을 고스란히 대변한다.

여전히 위력적인 도전, 여전히 상연 중인 비극을 지금의 중국인과 중국 기업은 반성해야 하지 않을까? 잘못을 되돌아보고 수정하려는 노력의 부족은 100년 전 만청(晚淸 : 청나라 말기) 정부의 무능함과 국권 상실이라는 참극으로 구체화되었다. 그렇다면 지금은 어떠한가?

중국은 여전히 경박스러울 뿐만 아니라, 요행을 기대한다. 이러한 현상으로 중국 기업은 항상 외국 기업에 뒤진 채 고부가가치를 창출할 수 있는 단계로 올라서지 못하고 있다. 어쩌면 중국은 부가가치가 가장 낮은 부문에 속하는 제조업이라는 한 우물만 영원히 파야 할지도 모른다. 게다가 폐쇄적이고 경직된 사고에 물들어 최저단계의 제조업에 종사하는 것이 세계 무대에서 자신이 비교우위를 확보하는 것이라고 착각하고, 자신이 지은 벽에 갇힌 채 앞으로 나아가지 못할 수도 있다.

그보다 비극적인 일은 중국인 스스로 자신의 경박함과 무모함을 종종 발전이라고 착각하거나, 비현실적이고 과학적인 절차와 사고가 결여된 실험에 집착한다는 것이다. 허송세월로 보낸 100년이라는 소중한 시간이 지금도 눈앞에 아른거린다. 현재의 중국 기업, 그리고 중국인은 어떻게 살아가야 하겠는가?

1부

중국 기업의 치명적 약점

1장

제갈량은 뛰어난 사업가가
될 수 있었을까?

사마의(司馬懿)가 제갈량(諸葛亮)을 잡아들였다면 우리는 『삼국연의(三國演義)』가 아니라 '이국연의(二國演義)'를 읽고 있을 것이다. 촉(蜀)나라의 위대한 승상 제갈량은 목숨을 건 일생일대의 도박을 했다. 여기서 말하는 도박이란 무엇인가? 바로 저확률 사건(Event of Small Probability)이다.

제갈량은 전쟁터에 직접 나가보지 않고도 군막 안에서 귀신도 놀라게 할 전략을 술술 풀어놓는 지략가로 불린다. 그런 그의 생각과 지략대로 회사를 경영한다면 정말 100퍼센트 성공을 보장할 수 있을까?

대규모 군대를 이끌고 나타난 사마의의 위협 속에서도 제갈량께서는 한가로이 거문고를 뜯으신다. 뚱두둥 둥둥. 무엇을 노리고 저리도 여유롭게 거문고를 뜯으시는고? 오호라, 걸핏하면 사서 걱정하는 사마의를 시험하고 계시는구나. 그날 마누라와 싸워 화가 난 사마의가 평소와 달리 이리저리 따지지도, 재지도 않고 제갈량에게 덤벼들었다면 과연 어떤 상황이 펼쳐졌을까?

'소소한' 그러나 '커다란' 두 가지 문제

중국 기업가는 무척이나 재미있는 존재인 듯하다. 나는 종종 강연을 하러 중국 전역을 누비는데 서쪽으로는 우루무치, 북쪽으로는 내몽고, 그리고 동쪽과 남쪽으로는 각각 단둥(丹東)과 싼야(三亞)에 이르기까지 그야말로 안 가본 곳이 없다. 다양한 곳을 방문하지만 어느 곳을 가든지 기업가들이 하나같이 비슷한 질문을 한다. 그 내용이 어찌나 비슷한지 내가 다 당혹스러울 지경이다.

"랑 교수님, 어떤 업종이 유망하다고 보십니까? 투자 좀 하려고요……" 한 지방관리 역시 진지한 표정으로 내게 질문을 던진다. "랑 교수님, 저희 지역의 경쟁력이 뭐라고 생각하십니까? 지역 개발을 계획 중인데……" 진지한 표정으로 나를 바라보는 그들에게 나 역시 진지하고 단호하게 대답한다. "중국에 있는 그 어떠한 업종도, 그리고 그 어떠한 지역에서도 잠재력이나 경쟁력을 찾아볼 수 없습니다."

내 대답에 울상이 된 기업가나 관리가 다시 입을 연다. "우리더러 그냥 이대로 죽으라는 겁니까?" 내 대답이 바로 그거다. "네, 그냥 죽으세요!" 내가 이렇게 말하는 까닭이 뭐라고 생각하는가? 사실은 그들이 던지는 질문 자체가 모두 잘못되었기 때문이다.

기업가와 정부 관리는 왜 내게 그런 질문을 던질까? 간단하다. 중화 문화가 낳은 경직된 사고에 물든 그들이 문제를 바로 그렇게 생각하기 때문이다. 그러면 도대체 중화 문화의 본질이란 무엇인가? 먼저 그 문제를 짚어보자.

지식＋ 문화는 한 민족의 '신분' 고하를 직관적으로 보여주는데, 그중에서도 전통문화는 국가와 민족의 역사가 만들어낸 집단적 기억이자 정신적 뿌리다. 수천 년의 역사를 자랑하는 중국의 전통문화는 중국인의 '정신적 산소'라고 할 수 있다. 중화 민족의 전통문화는 수많은 소중한 미덕을 계승하고 있는데, 예를 들어 인애(仁愛)를 강조하고 개인보다는 전체를 먼저 위하며 묵묵히 고난을 이겨내고 스승을 존경하며 교육을 강조하는 미덕 등이 바로 그것이다. 하지만 인애와 같은 미덕은 오늘날 점차 사라지고 있다.

문화와 기업은 줄곧 떼려야 뗄 수 없는 관계를 맺어왔다. 기업의 경영이념에 따라 기업의 형태와 성격이 결정된다. 중국의 진상(晉商, 산시성 출신 상인을 가리키는 말 _옮긴이)은 수백 년 동안 창업-경험 축적-발전이라는 과정 속에서 '성실하게 일하고 믿음을 지킨다(誠實守信)'는 경영 원칙을 고수하고 있다.

중화 문화는 양적인 면이나 질적인 면에서 타의 추종을 불허하지만, 중국의 기업가에게 항상 긍정적인 영향만 준 것은 아니다. 『삼국연의』에 등장하는 제갈량은 지혜롭고 남다른 안목을 갖춘 전

략가로 묘사된다. 그러면 그는 과연 뛰어난 사업가로도 성공할 수
있었을까?

본격적인 이야기에 앞서 한 가지 분명히 밝히고 싶은 것이 있다. 중
화 문화가 오랜 역사와 함께 뛰어난 문화적 수준을 자랑하고 있다는 데
나 역시 별다른 이견이 없다. 중국 사람이라면 여기에 이의가 없을 것이
며, 감히 이의를 달지도 못할 것이다. 중국인은 자신을 향한 비난의 목소
리를 무척이나 탐탁지 않게 생각하는 민족이기 때문이다. 그럼에도 중화
문화라는 화려한 이름 아래 숨겨진 문제를 나는 언급하려고 한다. 중화
문화에는 두 가지 '소소한' 문제, 그러나 커다란 영향력을 가진 문제가
있다. 하나는 요행심, 나머지 하나가 경박함이다.

역사적인 관점에서 위의 문제가 반영된 문화적 본질을 먼저 다뤄보
겠다. 중국 CCTV에서 방영된 전문 교양 프로그램인 〈백가강단(百家講壇)〉
은 시청자들에게 뜨거운 사랑을 받으며 여러 '슈퍼스타'를 배출했다. 내
로라하는 시리즈 중에서도 시청자로부터 가장 큰 사랑을 받은 프로그램
이 바로 〈이중톈이 들려주는 삼국 이야기(品三國)〉다. 나도 그 프로그램을
시청한 적이 있는데, 이중톈(易中天, 중국 샤먼 대학교 교수이자 역사 평론가 _옮
긴이) 교수는 역시나 기대를 저버리지 않고 특유의 달변과 독특한 사관
(史觀)으로 전국의 시청자를 사로잡았다. 그러나 개인적으로는 이중톈 교
수가 삼국의 본질을 분명하게 이야기하지 않았다고 생각한다. 『삼국연
의』는 중화 문화의 정수이기도 하지만 동시에 요행심이라는 작은 문제도
담아내고 있다. 『삼국연의』에 등장하는 여러 스타 중에서도 제갈량이라

는 남자 주인공은 이야기 전개에서 상당히 중요한 역할을 담당한다. 그와 관련된 가장 유명한 에피소드로는 무엇이 있는가? 제갈량 하면 사람들은 자동으로 적벽대전(赤壁大戰)과 공성계(空城計)를 떠올린다.

지식＋ 중국 군사상 다윗이 거인 골리앗을 무찌른 이야기와 견줄 수 있는 전투로 삼국시대의 적벽대전이 있다(물론 실제 역사에서 이 전투에 얼마나 많은 사람이 참전했는지 아직 정확하게 밝혀지지 않았다). 전통적으로 사람들은 동풍(東風)의 힘을 빌린 제갈량이 절묘한 화공술(하늘의 조화를 다스리는 묘한 재주 _옮긴이)로 100만 대군을 앞세운 조조를 물리쳤다고 생각한다. 그 후 펼쳐진 공성전에서도 지략에 밝고 위기 앞에서도 침착함을 잃지 않은 제갈량의 남다른 능력이 빛을 발했다(실제 역사에서는 공성전에 대한 언급 자체가 없다). 하지만 적벽대전과 공성전에서 드러난 가치관으로 기업을 경영한다면 보이지 않는 엄청난 위기를 불러들일 수 있다.

적벽대전과 공성계는 경극(京劇)과 각종 장회체 소설(이야기를 몇 회로 나누어 서술한 장편 소설.『홍루몽』,『수호전』 등이 이에 속한다 _옮긴이), 고전 소설에 자주 등장하는 '단골손님'이다. 물론 역사적으로 봤을 때 실제로 일어난 사건인지를 두고 논란의 여지가 있지만, 여기서 다루려고 하는 것은 진위 여부가 아니라『삼국연의』가 중국 역사에 커다란 영향을 주었다는 점이다.

적벽대전에서 제갈량이 승리할 수 있었던 이유를 두고 많은 사람은 그가 동풍의 힘을 빌린 덕분이라고 이야기한다. 적벽대전이 일어난 겨울에는 차가운 북서풍이 몰아치고 있었다. 북쪽에 자리잡은 조조의 전함 맞은편, 즉 남쪽에는 동오(東嗚)의 군대가 진을 치고 있었다. 동오군이 화공술을 펼친다고 해도 북서풍이 불면 불길이 오히려 아군 쪽으로 번질 테니 동오군에게는 반드시 동남풍이 필요했다.

여기서 우리의 주인공이 위풍당당하게 등장한다. 제단을 차린 제갈량이 귀신을 부른다며 귀신 분장을 하고 제를 올리기 시작하자 얼마 후 그의 예언대로 동풍이 진짜 불기 시작했다. 이에 손권과 유비 연합군의 전함은 본진을 비우고 조조군을 향해 대대적인 공습을 펼쳤다. 동풍의 힘을 얻은 연합군의 화공술은 성공했고 조조는 대패하고 말았다. 이것이 바로 적벽대전의 전말이다. 수많은 중국인은 적벽대전이야말로 인류의 전쟁사에서 길이길이 기억될 위대한 전투라고 찬양할 것이지만, 다른 관점에서 이 사건을 바라보면 한 가지 흥미로운 문제를 발견하게 되는 것이다.

만일 우리의 주인공이 동풍의 힘을 빌리지 못했다면 삼국의 운명은 어떻게 되었을까? 북서풍이 부는 계절에 동남풍을 부를 수 있다는 제갈량의 말 한마디에 병사 수만 명의 생명이 좌우되는 상황을 어떻게 이해해야 할까? 동풍의 힘을 빌린 이 사건의 본질이 무엇인지 진지하게 생각해볼 필요가 있다. 적벽대전은 전형적인 '저확률 사건'이다.

이번에는 공성계를 살펴보자. 대군을 이끌고 나타난 사마의 앞에서 제갈량은 아무 일도 없다는 듯 한가로이 거문고를 뜯는다. 무엇을 노리고 저리도 여유롭게 거문고를 뜯으시는고? 오호라, 걸핏하면 사서 걱정하는 사마의를 시험하고 계시는구나. 제갈량은 사마의가 평소 의심이 많은 사람이라는 것을 알고 그의 성격을 이용하여 대군을 앞세운 사마의 따위는 두렵지 않다는 듯 태연하게 거문고를 뜯었다. 궁지에 몰려 당황한 제갈량의 얼굴을 기대한 사마의는 태연한 표정으로 거문고를 연주하는 그의 모습을 보고 분명히 뭔가 꿍꿍이가 있다고 생각하고는 스스로 물러났다.

하지만 공성계를 펼치던 그날, 마누라랑 싸워 화가 난 사마의가 평소와 달리 이리저리 따지지도, 재지도 않고 제갈량에게 덤벼들었다면 상황은 어떻게 변했을까? 마누라한테 잔뜩 바가지를 긁힌 사마의가 욱하는 마음에 문을 박차고 나가 직접 성에 들어가서 살육전을 펼쳤다면 그 결과가 어떻게 변했을지 생각해본 적이 있는가? 이러한 일이 과연 헛된 망상일 뿐일까? 그런 일이 발생하지 않으리라는 법도 없다. 부부 사이의 싸움이야 인지상정 아닌가? 부부는 전생에 원수였는지라 눈길만 부딪혀도 으르렁거린다고 하지 않던가?

다시 본론으로 돌아와서, 사마의가 만일 제갈량을 잡아들였다면 우리는 『삼국연의(三國演義)』가 아니라 '이국연의(二國演義)'를 읽고 있을 것이다. 촉(蜀)나라의 위대한 승상 제갈량이 커다란 위험을 무릅쓰고 '저확률'에 조국의 운명을 걸었던 것은 그저 대담하다고밖에 표현할 방법이 없다.

그래서 "닭 잡는 데 어찌 소 잡는 칼을 쓰리오?", "네 푼의 힘으로 천 근을 튕긴다"라는 말은 다 맞는 말 같아도 사실 모두 틀린 말이다. 네 푼의 힘으로 천 근을 튕긴다고 하지만 튕기지 못하면 천 근에 깔려 죽을 것이 분명하다. 닭 잡는 데 소 잡는 칼을 쓰면 안 되는 이유는 또 무엇이란 말인가? 나라면 차라리 더 편한 기관총을 쓰겠다. 그렇게라도 해서 반드시 닭을 잡을 수 있다는 확실한 결과를 보장받는 편이 더 좋지 않은가? 왜 천 근의 힘으로 네 푼을 튕길 수 있다고 분명하게 이야기하는 것을 선호하지 않는가? 중국 문화는 도대체 무엇을 원하는 것일까? 이것이 바로 내가 이야기하려고 하는 첫 번째 문제인 '저확률 사건', 또 다른 말로는 요행심이다.

지식+ 우연히 일어나는 중요한 사건을 '저확률 사건'이라고 부르는데, 확률이 적은 편이기는 하지만 일상생활에서도 간혹 찾아볼 수 있다. 이를테면 복권 당첨 역시 전형적인 저확률 사건에 속한다. 정확하게 말해, 확률이 낮다고 해서 불가능하다는 것을 의미하지 않는다. 여기서 말하는 확률이란 일종의 기대치로, 발생할 가능성이 극히 낮아 리스크가 큰 경우를 가리킨다. 예를 들어, MS의 빌 게이츠가 거둔 성공은 저확률 사건에 속한다. 무작정 그를 좇아 학교를 자퇴했다고 한들 중국에서 그처럼 성공할 수 있는 사람은 없을 것이다. 리스크에 직면한 사업가는 '리스크 뒤에 숨어 있는 기회'를 노려야 한다고 말한다. 물론 제때 그 기회를 잡으면 성공할 수 있겠지만 잘못된 판단을 내리게 되면 동전의 양면처럼 기회와 함께 찾아온 리스크에 휘말려 돌이킬 수 없는 곤경에 빠질 수도 있다.

두 번째 문제인 경박함에 대해 이야기해보자. 중화 민족은 비극적인 삶을 산 영웅을 숭배한다. 경극이나 TV 연속극, 심지어 장회체 소설에 이르기까지 중국인이 사랑하는 사람은 누구인가? 굴원, 양가장(楊家將, 양씨 가문의 장군인 양업, 양연소, 양문광의 조손 3대를 기린다. 북송 때 요나라와 싸운 명장들이나 훗날 반대파의 공세로 비극적 운명을 맞았다 _옮긴이), 문천상(文天祥, 남송 말 정치가 겸 시인으로 원나라 반대투쟁에 평생을 바쳤다 _옮긴이), 악비, 사가법(史可法, 명나라의 대표적인 충신으로 청나라에 투항하기를 거부하고 장렬하게 순국했다 _옮긴이)……

발상을 전환해보자. 객관적으로 봤을 때 이들은 모두 인생의 '패장(敗將)'이다. 실패한 영웅을 떠받들어야 하는 이유를 진지하게 고민해보자. 인생에서 실패했거나 전투에서 패한 이들을 숭배해야 할 까닭은 무엇인가? 중국인은 자동반사적으로 당연히 그래야 한다고 생각한다. 눈물을 쥐어짜거나 열렬히 찬송할 만큼 그들이 위인이라고 생각하기 때문이다.

두보(杜甫)의 시 중에 "전쟁터에 나가 승리하지 못하고 몸 먼저 죽으니, 영웅은 옷깃에 눈물이 가득하네(出師未捷身先死, 長使英雄淚滿襟)"라는 구절이 있다. 정말 비장하기 이를 데가 없다. 전쟁에서 이기지도 못하고 목숨까지 잃었다며 중국인은 영웅들을 열광적으로 숭배하지만, 그들이 왜 실패했는지 진지하게 고민하는 중국인은 없다. 멱라강(汨羅江)에 몸을 던진 굴원은 또 얼마나 비장하단 말인가? 초(楚)나라 회왕(悔王)의 우매함으로 굴원은 비극적인 영웅이 되었지만, 정말 그러한가?

평소 가장 쉽게 들을 수 있는 "실패는 성공의 어머니다"라는 격언을 떠올려보라. 세상에서 가장 황당한 논리가 아닌가 싶다. 실패하고 또 실패하고, 그러고도 또 실패하고 다시 또 실패하면 마침내 성공할 수 있다는 뜻일까? 이 격언을 영어로 그대로 적으면 'Failure is the mother of success'이다. 영어로 번역한 이 격언을 외국인에게 들려주면 상대방은 당신이 도대체 무슨 소리를 하는지 알아듣지 못할 것이다. 실패하고, 실패하고, 또 실패하며 실패를 거듭하면 언젠가 성공할 수 있다고? 중국인은 여태껏 실패한 원인에 대해 진지하게 고민해본 적이 없다.

모든 실패에는 반드시 합당한 원인이 있기 마련이다. 실패의 원인이 경영상의 문제든, 전략상의 문제든, 그것도 아니면 다른 무슨 문제든 간에 실패한 데는 분명한 이유가 있다. 하지만 중국 문화는 실패하게 된 이유를 진지하게 고민하거나 반성하라고 독려하지 않았다.

영웅들의 실패에는 이유가 있다

중국인은 영웅들의 실패를 볼 때마다 눈물겹다는 둥, 전쟁터에 나가 승리하지 못하고 몸 먼저 죽어 슬프다는 둥 하나같이 실패를 찬양하고, 높이 떠받든다. 그러한 사고와 논리에 주목해보자. 예를 들어 악비는 조정으로 복귀하라는 금패를 열두 번 받은 후에 고종(高宗) 앞에 불려갔다. 지엄한 황명을 담은 금패를 그는 왜 열두 번이나 받아야 했을까?

앞선 열한 번의 금패가 의미하는 것을 악비는 전혀 알아차리지 못했을 뿐만 아니라 고종의 명령을 아예 귀담아듣지 않았다. 첫 번째 금패가 내려졌을 때 악비는 황성으로 복귀하지 않았다. 조정에서 두 번째 금패를 내렸지만 그는 여전히 묵묵부답이었다. 열두 번째 금패가 내려지고 나서야 악비는 비로소 명을 받들고 황성으로 돌아왔다.

당시의 역사를 심도 있게 연구해본 결과, 북벌을 원치 않은 고종이 악비를 처단한 것이라고, 고종을 비난하는 이야기가 가장 널리 알려져 있었다. 이 이야기를 통해 악비는 비극적인 영웅이라는 이미지를 얻을 수 있었다. 하지만 이 같은 역사적 결론은 논리적으로 커다란 허점이 있다. 고종이 북벌 전쟁을 원치 않았다면, 북벌을 위해 전쟁터에 나간 나머지 두 원수(元帥) 한세충(韓世忠)과 유기(劉琦)는 없애지 않고 왜 악비만 죽였을까? 당시 3대 원수는 각각 동로(東路), 서로(西路)와 중로(中路)로 출격해 모두 승리를 거둔 터였다. 고종이 실제로 금(金)나라에 투항해 화친할 생각이었다면 악비만이 아니라 이들을 전부 불러들였을 것이다. 악비가 죽임을 당한 후 유기는 아무런 반응도 보이지 않았다. 악비, 한세충과 유기는 같은 송나라 백성이요, 형제이며 전우였다. 그런 악비의 죽음에 대해 그들이 왜 입을 다물었는지 곱씹어볼 만하다.

이야기의 주인공 악비에 대해 더 살펴보자. 악비의 어린 시절, 그의 어머니는 아들의 등에 '정충보국(精忠報國, 정성과 충성을 다해 나라에 보답한다는 뜻 _옮긴이)'이라는 글귀를 새겼다. 한 조국을 받드는 백성이라면, 특히 나라를 지키는 최전방에 선 장수라면, 군이 말하지 않아도 당연히 갖췄어야 할 정신적 소양일 터인데 그런데도 군이 이를 등에까지 새길 필요가 있었을까? 이것이 바로 전형적인 형식주의다. 수없이 생각해도 내

상식으로는 이해가 되지 않는다.

형식주의가 과연 칭송할만한 가치가 있을까? 사실 악비의 어머니가 정말로 아들의 등에 정충보국이라는 글자를 새겼는지도 의심스럽다. 악씨 가문은 악비가 저지른 죄로 멸문지화를 당했는데 특히 그의 손자인 악가(岳珂)는 평생을 극도의 억울함과 불안감 속에서 살아야 했다. 이에 대한 반발로 악가는 악비와 관련된 수많은 일화와 전설을 지어냈다. 악비의 어머니가 정말로 아들의 등에 글자를 새겼다면, 악비 가문의 '형식주의적 가풍'은 찬양은커녕 오히려 비판받는 게 더 자연스럽다.

고종이 금패를 열두 번이나 내리면서 악비를 소환하려고 한 이유를 곰곰이 생각해보자. 사실 12금패 일화 역시 모두 악가가 꾸며낸 것이다. 그 점에서 볼 때, 악가는 할아버지 악비의 형식주의적 특징을 고스란히 물려받았다고 하겠다.

12금패에 관한 진실 여부는 차치하고, 악비는 이상을 꿈꾸는 젊은 장수였다. 그의 꿈은 무엇이었을까? 악비가 남긴 시와 사(詞)를 종합해보면 평생 꿈꾸었던 것이 바로 하란산(賀蘭山, 당시 흉노족이 지배하던 지역으로 오늘날 중국 닝샤 서북부 지역에 남북으로 길게 뻗은 산 _옮긴이)을 넘어 흉노족에게 끌려간 송나라 휘종(徽宗)과 흠종(欽宗) 두 황제를 모시고 조국으로 돌아오는 일이었다는 사실을 발견할 수 있다. 그렇다면 도대체 휘종과 흠종은 고종과 무슨 관계란 말인가? 휘종은 고종의 아버지요, 흠종은 고종의 형이다. 악비가 정말 이 두 사람을 모시고 송나라로 돌아왔다면 고종은 계속해서 황제의 자리에 머무를 수 있었을까? 게다가 당시 금나라는 계속되는 패전으로 휘종과 흠종을 송나라로 돌려보내 남송(南宋) 왕조의 내부 갈등을 촉발시킬 계획을 세우고 있었다.

이러한 상황에서 악비가 휘종과 흠종을 모시고 돌아오겠다고 계속해서 주장을 펴는 행동은 집권자에겐 상당히 위협적인 것이었다고 볼 수 있다. 게다가 송나라 왕조는 역대로 무장(武將)을 줄곧 꺼렸으며 심지어 멸시하기까지 했다. 용감하게 나아가 잃어버린 옛 땅을 되찾으려는 악비의 저돌적인 태도는 고종을 불안하게 하기에 충분했다. 이런 상황에서 쇠고집에 독선적이고 정치적 감각마저 결여된 악비의 성격은 논란의 여지가 없는 심각한 골칫거리였음이 틀림없다.

금패를 가지고 사건의 경위를 간단히 정리해보면 첫 번째 금패는 불복종, 두 번째 금패도 역시 불복종이라는 결과에 그쳤다. 계속해서 금패를 보낸 결과 마침내 열두 번째에야 악비를 불러들이는 데 성공했다. 이러한 과정에서 드러난 악비의 행동은 고종을 격노케 했고, 심지어 그에 대한 고종의 신뢰를 완전히 무너뜨리며 불행의 싹을 키웠다. 악비가 살해당할 때 전우인 유기가 침묵한 까닭이 바로 여기에 있다.

또 다른 예를 들어보자. 단오가 되면 중국인은 쫑즈(粽子, 콩이나 대추, 땅콩 같은 소를 넣은 찹쌀밥을 대나무 잎이나 대통에 넣고 찐 음식 _옮긴이)를 먹는다. 왜? 바로 굴원을 기리기 위해서다. 그렇다면 굴원은 지금까지도 사람들이 추모할 만한 위대한 인물이란 말인가? 굴원이 상당한 재능의 소유자라는 점에 대해서는 나도 100퍼센트 동감한다. 하지만 굴원에게는 한 가지 문제점이 있었다. 그것은 바로 '입단속'을 제대로 하지 못했다는 점이다.

평소 굴원을 아끼던 초나라 회왕은 그의 능력을 높이 사며 진귀한 허리띠를 하사했는데, 굴원은 황실에서 내린 허리띠를 차고 사방팔방 돌아다니며 허풍을 늘어놓았다. "흠흠, 이거 보시오, 이거! 초나라 회왕께서 내게 하사하신 것이라오. 그대도 이런 귀중한 보물을 받은 적 있소?" 결국 주변 사람들에게 미운털이 박힌 굴원은 자신의 목숨을 호시탐탐 노리는 많은 숙적을 만들어내고 말았다.

다재다능한 굴원을 처음 만났을 당시 초나라 회왕은 그를 총애했다. 하지만 굴원의 허풍이 늘어날수록 그를 못마땅하게 여기는 사람의 수 역시 늘어났고 결국 많은 사람이 굴원을 비난하기에 이르렀다. 그중에서도 그의 정적인 근상(斳尙)은 유독 굴원을 못살게 굴었는데, 그렇다고 근상을 무조건 나쁜 사람이라고 단정지을 수만도 없다. 초나라를 이끄는 지도자로서 각 세력을 균형 있게 조율해야 할 회왕에게 굴원의 개성은 확실히 지나친 감이 없지 않았기 때문이다.

정파 간 다툼과 주변의 모함으로 굴원은 지금의 장관급에서 국장급으로 좌천되었다. 당시 국장급 관리는 황제를 기쁘게 하면 언제든지 장관급으로 발탁될 수 있었다. 그런 까닭에 굴원으로서는 남쪽에서 몇 년 고생 좀 하다가 그럴듯한 보고서 하나만 제출해도 황성으로 복귀될 가능성이 상당히 컸다. 그런데도 끝끝내 황성으로 복귀하지 못한 까닭은 무엇인가? 불온한 보고서를 썼기 때문이었다.

도대체 굴원은 무슨 보고서를 쓴 것일까? 초나라 회왕을 통렬하게 비난한 「이소(離騷)」가 바로 그 보고서다. 그 내용을 한번 자세히 살펴보자. 먼저 굴원은 이 글에서 몇몇 유명한 문구를 남겼는데, 그중 하나는 초나라 회왕의 곁은 소인배로 가득해 회왕이 자신의 말은 듣지 않고 소인배의 말만 듣는다는 내용이다. 참으로 대단한 사람이 아닌가!

「이소」의 구절을 함께 살펴보자. '황종이 내는 화음의 선율이 깨지니, 질그릇 솥이 천둥소리를 내며 우네.' 여기서 말하는 황종은 태묘(太廟) 안에 있는 제사용 종을 가리킨다. 굴원은 글에서 자신을 위대한 황종이라고 묘사한 것이다. '내 말을 듣지 않고, 나를 없애버리려 하네. 그대 주변에 있는 소인배는 모두 질그릇과 같으니 시끄럽기 짝이 없다.' 이렇게 굴원이 자신을 황종에 빗댄 행동은 과연 적절했을까? 게다가 제 입으로 자신을 태묘 안에 둔 제사용 종이라고 이야기했다는 사실은 더욱 놀랍기만 하다. 당신이 초나라 회왕이라면 이 글을 보고 가장 먼저 어떤 생각이 들었을까? 쓰라는 보고서는 쓰지 않고 자신을 비방하는 글을 쓴 것도 모자라 스스로 위대한 황종이라고 칭하다니! 게다가 굴원은 초나라 회왕 주변의 사람을 '질그릇'이라고 불러 많은 이의 눈 밖에 났다.

당시 굴원에 대한 주변의 반응이 어떠했을지 쉽게 짐작이 되고도 남는다. 굴원이 틀렸다든가 초나라 회왕에게 문제가 있다고 비난할 의도는 전혀 없다. 그것은 그다지 중요한 문제가 아니다. 봉건 왕조의 통치자가 굴원을 어떻게 생각했는지에 주목해야 한다. '초나라 왕으로서 짐은 그대에게 돌아올 기회를 주고자 보고서를 쓰도록 했는데, 도리어 「이소」를 지어 짐을 비난하다니!' 결국 굴원은 어떻게 되었는가? 스스로 찔리는 것이 있었는지 멱라강으로 뛰어들어 자살하고 말았다. 나중에 이 사실을 알게 된 초나라 회왕도 크게 마음고생을 했을 것이다. 능력 있는 부하를 잃었기 때문이다. 현지에서 굴원은 유능한 지방간부로서의 능력을 확실히 입증했다. 부임한 곳에서 그는 백성을 조화롭게 다스렸고 백성 역시 그를 믿고 따랐다. 굴원이 강에 뛰어들어 자살한 이후 그를 기리고자 한 현지 주민들은 한 가지 묘안을 떠올렸다. '굴원 선생이 돌아가신 후 배를 곯으시면 어쩌려나? 강에 쌀이라도 던져 드리세.' 하지만 먹라강에 쌀을 던지면 굴원이 아닌 물고기들이 먹어치웠다. 이에 고민에 빠진 백성은 존경해 마지않는 굴원 선생이 배를 곯을 수도 있다는 걱정에 괴로워하다가 우연히 커다란 대나무 밭을 보게 되었다. 여기에서 착안해 대나무 잎으로 쌀을 감싼 것이 바로 쫑즈의 유래다. 물고기나 새우가 대나무 잎을 풀지 못하도록 끈으로 꽁꽁 묶어두면 굴원 선생만 손으로 끈을 풀어서 먹을 거라고 여긴 것이다. 굴원을 기리고자 한 백성의 고민이 오늘날 단오의 쫑즈로 이어지고 있는 것이다.

개인적으로 굴원에 대한 나의 관점은 중립적이다. 그저 쫑즈를 먹는 연유와 굴원이 강에 뛰어들어 자살하게 된 경위만 다룰 생각이다. 굴원 사건 뒤에 숨겨진 모든 것을 알게 되면 기존에 알고 있던 이야기와는 다르다는 것을 발견하게 된다. 사실 그리 감동적이라고 할 만한 것이 아니다. 중화 문화는 사건 뒤에 숨겨진 진정한 원인을 찾지 않고 겉으로 드러난 현상만 다룬다는 데 치명적인 약점이 있다. 수박 겉핥기식 전통이 있는 민족은 경박할 수밖에 없다.

무슨 일이든 중국인은 심층적으로 바라보지 못하고 진실한 존재도, 본질적인 존재도 보지 않고 그저 겉으로 드러난 현상에만 집착한다. 위에서 다양한 역사 이야기를 언급한 것은 독자 여러분에게 한 가지 관점을 전하기 위해서다. 즉 질적으로나 양적으로 앞선 중화 문화에 커다란 영향력을 미치는 두 가지 문화 저주, 즉 요행심과 경박함이다. 계속해서 이 두 가지 문화 저주에 걸린 중국 기업가들에 대해 이야기해보겠다.

중국 기업가의 이상심리

세계 500대 기업에 들기 위해 조급해하는 중국 기업가들의 이상심리를 여러 번 지적한 바 있다. 어느 정도 사업 규모를 갖췄다 싶으면 바로 몸집 부풀리기에 집착하는 행동은 경박함의 발현이다. 몸집 부풀리기에 몰두하는 이들 기업가에게 맹목적으로 규모 확장에 나서는 이유를 물으면 아마 속 시원한 대답을 듣지 못할 것이다. 기업이라면 응당 규모 확장에 힘써야 한다고 생각하고 무조건 기업을 크게 키우는 것이야말로 최고라고 여길 것이기 때문이다.

이러한 현상은 주변에서 쉽게 찾아볼 수 있다. 렌샹은 중국 국내에서 어느 정도 사업 기반을 갖춘 후 IBM의 PC 사업부를 인수했다. 도대체 무슨 생각에서 이런 결단을 내린 것일까? 해당 사업 부문의 인수가 과연 올바른 결정이었을까? 렌샹의 인수 결정은 틀린 것이었음이 훗날 입증되었다.

2009년 초 렌샹은 전반적인 실패를 인정하고 어쩔 수 없이 조직 개편에 나섰다. IBM이 PC사업 부문을 포기하고 렌샹에 넘긴 까닭이나 IBM의 전략이 무엇인지 생각해본 적이 있는가? 렌샹이 IBM의 PC 사업부를 인수한 행동을 문화적인 측면에서 분석해보면, 세계 500대 기업 리스트에 이름을 올리기 위해 몸부림치는 중국의 수많은 사업가의 이상심리를 발견할 수 있을 것이다. 구체적인 목적이 무엇인지 알 수 없지만 이러한 현상이 경박한 생각에서 비롯된 것만은 분명하다.

그밖에 중국 기업가는 어떻게 세계 500대 기업 리스트에 자신의 이름을 올리려고 할까? 바로 인수합병이다. 그들에게 인수합병은 자신의 목적을 달성할 수 있는 가장 쉽고 빠른 지름길이다. 요행을 노리는 이러한 현상은 반드시 눈여겨볼 필요가 있다.

렌샹 사건에 대한 분석을 통해 지금부터 중국 기업가의 이상심리를 설명해보겠다. 2004년 전만 해도 렌샹은 몸집 부풀리기를 통해 세계 500대 기업에 들어가려고 했다. 당시 그들은 IT 서비스, 휴대폰 및 인터넷 사업에 착수하려고 했지만 2004년 이후 이들 전략이 전부 실패하자, 즉각적으로 IBM의 PC 사업부를 인수하기 시작했다. 앞서 설명한 경박한 심리로 몸집 부풀리기를 선호하게 된 중국 기업의 성장과정, 즉 요행을 바라며 낮은 확률에 모든 것을 거는 무모한 행동이 렌샹을 통해 구체화되었다.

 2004년 12월 8일 렌샹 그룹은 12억 5천만 달러를 주고 IBM의 PC 사업부를 인수했다. 렌샹 그룹은 구미 시장에서 IBM의 PC사업이 차지하고 있던 시장 우위와 IBM의 기존 시장 점유율에 힘입어 8대 PC 제조업체에서 일약 전 세계 3대 PC 제조업체로 뛰어올랐다. 지난 20년 동안 힘든 고비를 무사히 넘긴 렌샹은 국제적인 규모를 자랑하는 장수 기업으로 성장하겠다는 목표 아래 각고의 노력 끝에 IBM과의 협력에 성공함으로써 기업 발전을 위한 계기를 맞이하게 되었다고 밝혔다. 그런데 전 세계 3대 컴퓨터 공급업체인 IBM이 자사의 PC사업 부문을 매각한 진짜 이유는 무엇일까? 이는 IBM의 전략과 또 무슨 관련이 있는 것일까?

많은 중국인이 사물의 본질을 보려고 하지 않고 표면적인 현상만 보려고 든다. 롄샹이 IBM의 PC 사업부를 인수한 사건은 표면적으로는 IBM이 자사의 PC 사업부를 포기한 것처럼 보인다. 현재 IBM의 최대 사업은 IT 서비스인 것처럼 보이지만 IBM의 전략이 무엇인지 과연 스스로 잘 알고 있다고 생각하는가? IBM의 전략은 분명하다. 바로 업계의 본질로 회귀하려는 것이다.

한 가지 예를 들어보겠다. 이전에 롄화(蓮花, 대만의 대표적인 전자업체로 세계 2위의 반도체 수탁 가공업체 _옮긴이)를 인수한 IBM의 전략은 어떠한 업계의 본질을 담아내고 있을까? 소프트웨어는 크게 세 종류로 나뉜다. 하나는 Windows와 같은 운영 시스템을 제공하는 기초 소프트웨어(Basic Software), 둘째는 IBM이나 오라클(Oracle) 같은 기업에서 제공하는 소프트웨어인 미들웨어(Middleware)로 이 분야에서 IBM이 오라클보다 우위에 있다. 그리고 마지막 소프트웨어로는 SAP, 중국 현지의 융유 소프트웨어(UFIDA, 用友軟件)와 진디에 소프트웨어(Kingdee, 金蝶軟件) 등이 속한 다운스트림 소프트웨어(Downstream Software)가 있다. IBM이 자사의 PC사업을 매각한 이유를 알아챘는가? 쉽게 말해서 IBM은 미들웨어에 자신의 모든 것을 쏟아붓겠다는 결심을 드러냈다.

미들웨어 업계의 본질은 바로 모든 미들웨어를 통합하는 것으로 관리, 구축 및 운영 3대 부문 중 어느 것 하나 빠져서는 안 된다. 이러한 전략은 어떤 장점을 가지고 있을까? 한 업체가 미들웨어의 모든 루트를 장악할 경우 다운스트림에 속한 최종 소비자로서는 반드시 해당 미들웨어를 경유해야만 업스트림에 접속할 수 있다. 이렇게 되면 다운스트림웨어가 많을수록 미들웨어는 많은 수익을 올릴 수 있게 된다. 이것이 바로 IBM이 미들웨어 산업에 올인하려는 본질적인 원인이다. 이러한 전략적 사고를 중국도 하고 있는가?

화웨이(Huawei, 華爲, 중국 최대 통신장비업체 _옮긴이)는 어떤가? 화웨이를 그저 단순한 설비 제조업체라고 생각한다면 그건 오산이다. 화웨이는 더 이상 단순한 설비 제조업체가 아니다. 그들은 상품 디자인, 발주, 창고 관리 및 수송, 원자재 조달 등 대형 유통 영역에 진출했다. 화웨이가 현재의 자리에 오를 수 있도록 치밀한 전략을 세워준 것은 누구일까? 바로 IBM이다. 이 점이 바로 그들이 대단하다고 인정할 수밖에 없는 대목이다. 거대한 성공 가능성을 보유한 분야는 과거 화웨이가 몸담았던 설비 제조업이 아니라 바로 대형 유통사업이다. 그렇다면 6대 부문(상품 디자인, 원자재 조달, 창고 수송, 주문서 처리, 도매 및 최종 소매 영역 _옮긴이)에서 IBM과 화웨이는 각각 어떤 평점을 받았을까? IBM은 5점, 화웨이는 2.7점이다. 여전히 화웨이가 IBM에 비해 많이 부족하지만 나름대로 건실한 기반을 갖췄다고 볼 수 있다. 화웨이는 현재 상황을 똑바로 직시하는 몇 안 되는 중국 기업 중 하나지만 아직도 가야 할 길이 멀다. 6대 부문에 제조 경험까지 가세한 통합이야말로 화웨이가 지향하는 본질이라 하겠다.

문화가 바로 서야 기업이 선다

중화 문화는 양적으로나 질적으로 우월함을 자랑한다. 그런 중화 문화를 비난하려고 여태껏 많은 이야기를 늘어놓은 것이 아니다. 중화 문화를 비난한다고 한들 많은 이에게 받아들여질 가능성도 없다. 하지만 나는 중화 문화가 현대 기업을 제대로 기르지 못하고 있다는 점은 널리 알리고 싶다. 중화 문화가 현대 기업이 성장할 수 있는 기반을 제공할 수 있다면 왜 여태껏 진정한 의미의 거대한 다국적 기업을 배출하지 못했는가? 바로 이런 점에서 중화 문화의 본질을 파악하는 일에 관심을 기울여야 할 것이다.

중화 문화의 무거운 속박에서 벗어나려면 어떻게 해야 할까? 무엇보다 창의력이 필요하다. 창의력에 관해 내가 자주 하는 농담이 있는데, 대학 4년을 무사히 마치면 기본적으로 창의력은 사라진다는 것이다. 중국의 모든 교육 시스템에서 강조하는 것은 창의력이 아니라 단순한 '문제풀이 실력'이기 때문이다.

독자 여러분의 자녀 혹은 독자 여러분은 학창시절 수학경시대회에 참가해본 적이 있는가? 경시대회의 시험은 단순히 문제풀이 실력만 겨루는 것일 뿐, 본질적인 학습 능력을 외면한다는 점에서 시간 낭비라고 볼 수 있다. 중국의 과학기술대학교에서 설립한 영재반이 실패한 원인도 여기에 있다. 내로라하는 영재들을 한데 모았는데도 설립 취지와 달리 영재를 배출하지 못한 이유는 무엇인가? 영재반에 선발된 학생들은 사실상

천재가 아니라 그저 문제풀이 실력이 우수한 아이들이었기 때문이다.

이러한 나의 주장을 많은 사람이 불쾌하게 생각하는데, 특히 내게 자주 항의 메일을 보내는 한 여학생은 무척 기분이 상한 듯하다. 하지만 나를 비난한다고 해서 영재반 아이들의 창의력 부족 문제가 해결되겠는가? 요행을 꿈꾸고 표면적인 현상에만 집착하다보니 중국인은 체계적인 업무 진행능력이나 창의력이 부족하게 되었고, 이는 현재 중국 기업이 직면한 현실을 있는 그대로 보여준다. 중국 기업의 창의력 부족이라는 현실은 실제 다양한 분야에서 확연하게 드러난다. 이러한 현실을 고려할 때, 중국 기업은 앞으로 더 어려운 길을 걸어가게 될 것이라고 나는 지금 이 자리에서 진지하게 충고하는 바이다.

창의력을 통해 깨달음을 얻어야만 문화적 속박에서 벗어날 수 있다. 그러나 중국이라는 민족에게서 창의력을 찾아보기는 어렵다. 그런 까닭에 중국 문화의 경직성이라는 현실을 깨닫기만 해도 중국 기업이 쇠퇴하게 될 것이라는 전망을 내놓을 수 있는 것이다. 한 국가에서 기업이 올바르게 섰다면 해당 국가의 문화 예술도 최고 수준을 자랑할 것임이 분명하다.

예를 들어, 미국의 기업은 세계적으로 그 경쟁력을 인정받고 있다. 할리우드로 대표되는 미국 문화와 예술이 세계적으로 얼마나 큰 영향력을 발휘하고 있는지 그 누구도 부정하지 못한다.

그렇다면 아시아에서는 누가 일본의 뒤를 이어 차세대 경제대국으로 떠오를까? 아마도 많은 이가 한국을 지목할 것이다. 한국 기업을 연구하기 전에 먼저 한국 문화에 대해 연구해보는 편이 이해를 도울 수 있다.

한국 문화가 가진 창의력은 중국에 많은 시사점을 던져준다. 〈대장금〉이라는 한국 드라마가 중국 시청자들에게 많은 사랑을 받으며 인기리에 방영되었다. 〈대장금〉의 줄거리는 왕실 수라간을 무대로 한 궁녀의 삶을 다루는데, 별것도 아닌 이런 소재로 뭘 할 수 있을까? 세 끼 먹는 밥을 만드는 일이 뭐 그리 대단한 일이라고 드라마까지 찍을 수 있는지 나더러 이 소재를 가지고 드라마를 찍으라고 한다면 방영 2회 만에 종영될 것 같다. 1편으로 어향육사(魚香肉絲, 중국어로는 위샹러우쓰. 돼지고기를 잘게 썰어 새콤달콤한 소스를 얹은 요리 _옮긴이), 2편은 회과육(回鍋肉, 중국어로는 후이궈러우. 돼지고기를 삶아 각종 채소와 함께 볶은 중국 요리 _옮긴이)을 찍고 나면 더 이상 찍을 소재가 없다. 내 수준이란 것이 겨우 이 정도다. 나 역시 번뜩이는 창의력이 부족하니 별다른 수가 없다. 그런데 한국에서는 평범한 소재를 가지고 무려 80편에 달하는 대하드라마를 찍었다. 게다가 한국에서 높은 시청률을 기록했을 뿐만 아니라 일본, 중국 대륙, 심지어 서양에서도 커다란 센세이션을 불러일으켰다.

역시 한국 작품으로 대만 등지에서 크게 유행한 만화책이 있는데 제목이 『식객』이다. 허영만이라는 만화가가 그린 이 『식객』 역시 아이디어가 톡톡 튀는 작품으로 한국 문화, 특히 한국의 독특한 식문화를 전반적으로 다룬다.

한국 문화를 만만하게 생각하면 안 된다. 〈대장금〉, 『식객』이 한국 문화의 전부라고 생각하면 오산이다. 한 국가의 기업이 발전하려면 먼저 든든한 창의력이 바탕이 되어야 한다. 그리고 이러한 종류의 창의력은 문화 예술 부문에서 가장 먼저 나타나기 때문에, 한 국가의 문화 예술을 관찰해보면 해당 국가의 기업 성장 가능성을 점쳐볼 수 있다.

이번에는 중국의 문화 예술을 살펴보자. 중국 영화계의 대표적인 인물인 장이머우를 예로 들어보자. 그가 찍은 영화 중에는 유럽에서 상을 받은 영화도 있는데 대표적인 작품이 바로 〈홍등(大紅燈籠高高掛)〉이다.

그가 유럽 영화제에서 상을 받을 수 있었던 까닭은 무엇일까? 중국이 가장 꺼리는 문화와 풍습을 있는 그대로 스크린으로 옮겨 담았기 때문이다. 이런 소재로 영화를 찍어서 상을 받았으니, 앞으로 이런 소재의 영화가 아니면 국제무대에서 수상하기 어려울 것이다. 이것이 과연 중국의 문화란 말인가? 이것이 과연 중국 예술의 전부인가?

그렇다면 이번에는 드라마를 살펴보자. 최근 몇 년 동안 중국 시청자로부터 뜨거운 사랑을 받은 드라마로는 〈무한대제(武漢大帝)〉, 〈주향공화(走向共和)〉가 있다. 개인적인 의견으로 보자면 두 드라마의 사실성은 90퍼센트를 넘는다. 특히 한나라를 배경으로 촬영된 대하드라마 〈무한대제〉는 극 중에 등장하는 의상, 무대 등이 역사적 사실에 상당히 충실하다. 그러나 이러한 현상은 비극일까, 아니면 희극일까?

중화 문화는 송 왕조를 기점으로 점차 창의력을 잃어버렸다고 생각한다. 송 왕조에 유행한 이학(理學)의 본질이 바로 옛것을 추구하는 고증학이기 때문이다. '경의(經義, 경서)'에 뿌리를 둔 송 왕조의 고시(高試)는 중국인의 창의력을 남김없이 말살했다. 그로부터 천 년이 지난 현재, 〈무한대제〉의 역사적 접근성이 90퍼센트나 된다면 이는 중국의 창의력이 실종되었음을 의미하지 않을까?

영화 산업은 또 어떤가? 최근에 유명세를 탄 〈색, 계(色, 戒)〉와 그보다 앞서 촬영된 〈영웅(英雄)〉은 모두 창의력을 잃어버린 대신 격정이 가미된, 다소 변형된 형태의 역사를 소재로 하고 있다. 이 영화들을 한데 모아놓고 중국의 문화 예술에 창의력이 있는지 자세히 살펴보라. 중국의 문화 예술이 창의력을 잃어버린 현실에서 중국 기업이 제대로 발전할 수 있다고 생각하는가? 아마도 그것은 상당히 어려울 것이다.

문화적인 속박 아래에서 중국 기업가는 표면적인 현상에 집착하는 경박함, 현실을 외면한 채 성공을 꿈꾸는 요행심, 그리고 체계적인 업무 처리능력이 사라진 경직된 사고에 물들어 있다. 그런 이유에서 나는 중화 문화가 중국 기업가들이 열심히 공부해야 하는 과목이 되어야 한다고 생각한다. 물론 중화 문화가 중국에 얼마나 큰 영향을 주었는지 그 누구도 부인할 수 없을 것이다. 그렇지 않았다면 중화 민족은 무려 5천 년 동안이나 살아남지 못했을 것이다. 하지만 그건 여기서 다루는 것과는 별도의 문제라는 것을 알아주기 바란다.

암묵적인 법칙이 부패를 만든다

천수이볜(陳水扁) 전 대만 총통의 뇌물 수수 혐의 건은 사건 당시 거의 매일 대만 매스컴에서 헤드라인으로 다뤄지다시피 했다. 이 사건을 통해 부패 예방에 대한 사회적 논쟁이 가열됐는데, 나는 업무처리 권력을 체계화하면 부패를 방지할 수 있다고 본다. 다음은 나와 루신즈(陸新之, 경제

평론 및 출판 기획자로 헝통탕 미디어 센터를 세웠으며 오랫동안 중국의 경제환경 변화와 기업 사례를 연구하고 있다 _옮긴이)의 대담 중 일부를 정리한 것으로, 독자 여러분과 함께 의견을 나누고자 한다.

루신즈 대만 천수이볜 일가의 수뢰 스캔들을 어떻게 보십니까?

랑셴핑 이 사건에 대한 논평이 상당히 많이 소개되었습니다만, 우리는 정작 중요한 의미를 놓치고 있습니다. 바로 천수이볜의 태도입니다. 그의 태도를 보며 많은 사람이 과거 대만을 주름잡던 조직 폭력배 흑사회(黑社會) 보스를 떠올립니다. 좀 더 구체적으로 이야기해서 민진당(民進黨, 대만 제1 야당으로 대만 독립을 주장하는 진보계열 _옮긴이) 내 수많은 경선 공직자가 천수이볜으로부터 돈을 받은 사건은 단순한 뇌물 수수 차원의 문제가 아니라, 자신이 모든 것을 책임질 테니 '형제들'은 자신만 믿고 따르라는 흑사회 보스와 같은 포스를 정치인이 풍기고 있다는 데 문제가 있는 것입니다. 천수이볜은 자신이 보유한 '자원'을 경선 후보자에게 제공해 경선에 참가하도록 독려함으로써 흑사회와 같은 조직을 이끄는 처지로 전락했습니다.

루신즈 랑 교수님의 말씀을 듣고 있자니 불현듯 생각나는 이야기가 있네요. 대만 사회가 겉으로는 민주적이고 공정한 선거를 강조하는 것처럼 보이지만 가장 핵심적인 문제에 관해서는 여전히 의리에 죽고 산다는 유비, 관우, 장비가 활약하던 『삼국연의』와 다름없죠.

랑셴핑 맞습니다. 중국은 수천 년 동안 문관(文官) 제도를 유지했음에도 명문화된 규정이 아니라 암묵적인 법칙이나 규율이 사회적으로 여전히 커다란 비중을 차지하고 있습니다. 그런 현실이야말로 가장 심각한 문제라고 할 수 있습니다. 규칙이라는 것은 다른 사람에게 보여주기 위해 존재할 뿐, 규정화되지 못한 암묵적인 법칙이 여전히 대만 사회에서 우위를 점하고 있습니다. 비록 대만이 체제 변혁이라는 역사적 사건을 경험했지만 여전히 암묵적 법칙이 세상을 지배하고 있습니다. 특히 흑사회 보스 식의 업무 스타일은 변할 기미조차 없습니다.

루신즈 민주 개혁 역시 이러한 문제를 해결할 수 없을까요?

랑셴핑 많은 사람이 체계가 이러이러해야 부패를 방지할 수 있다고 하지만 사실 모두 틀렸습니다. 개인적인 의견을 말씀드린다면, 현재 중국 내 관리 중 일부만 부패를 저지를 뿐 모든 관리가 부패를 저지른다고 보지 않습니다. 하지만 모두 너무 바쁘다는 데 문제가 있어요. 일주일 내내 일하는 것도 모자라, 하루에 14~15시간씩 일하기도 하죠. 도대체 무슨 이유로 누군가는 부패한 관리로 타락하고, 누구는 업무에 쫓겨 사는 것일까요? 저는 공공재의 공급 부족에 그 원인이 있다고 생각합니다. 그렇다면 공공재의 공급 부족이란 무엇을 가리킬까요?

컬러TV를 예로 들어보겠습니다. 대만에서 컬러TV가 출시되었을 당시, 컬러TV 100대를 사기 위해 1,000명의 소비자가 몰려들 정도로 컬러TV 시장은 호황을 맞이했습니다. 몰려드는 소비자의 행렬에 판매원은 눈코 뜰 새 없이 바빴죠. 1,000명은 일주일 내내

TV를 사려고 바쁘게 돌아다녔습니다만, 여기에는 중요한 사실이 있습니다.

물량이 부족한 상황에서 컬러TV를 사려는 소비자는 판매자인 직원에게 컬러TV를 자신에게 판매할 것인지 선택할 권리를 주게 됩니다. 이렇게 되면 판매자는 소비자에게서 10위안어치의 '별도 비용'을 받을 수 있는 위치에 서게 됩니다. 이처럼 해당 판매원에게 소비자를 선택할 기회가 있다면, 부패는 피할 수 없습니다.

그렇다면 그 권리를 어떻게 빼앗아야 할까요? 컬러TV를 사려는 소비자가 1,000명인데 매장에 진열된 상품 수는 100대에 불과하다면 1,000명 중 100명을 추첨으로 선발하거나 선착순으로 상품을 판매하면 됩니다. 늦게 왔다면 101번째 사람부터 빈손으로 돌아가야 하겠죠. 컬러TV를 살 수 있는 사람의 수가 1,000명에서 100으로 줄었기 때문에 판매원은 더 이상 바쁘게 일할 필요가 없습니다. 그리고 이와 동시에 판매원의 선택권도 박탈될 수 있습니다. 컬러TV 100대를 소비자 100명이 여유롭게 구입할 수 있기 때문에 판매원은 부패를 저지를 수 있는 '자원'을 잃게 됩니다.

또 다른 예를 들어볼까요? 국제표준평가에 따르면 싱가포르와 홍콩은 가장 청렴하고 효율적인 정부라고 합니다. 그들이 호평을 받을 수 있었던 이유는 무엇일까요? 여기에는 한 가지 원인이 있습니다. 싱가포르와 홍콩은 체계적인 업무처리 시스템을 구축함으로써 지도자의 선택권을 전부 분산시켰다는 것입니다.

루신즈 중국도 일찌감치 입찰제를 도입했습니다만, 문제는 입찰제에도 허점이 있다는 것이죠.

랑셴핑 네, 입찰제 역시 문제가 적지 않습니다. 법제화와 집행 가능한 체계적인 업무 시스템이 부재하기 때문입니다. 중국 관리들은 왜 그렇게 바쁜 걸까요? 1,000명이나 되는 소비자가 컬러TV 100대를 사려고 몰려들기 때문입니다. 추첨으로 컬러TV를 살 100명을 뽑는다면 관리들은 더 이상 바쁜 업무에 쫓기지 않아도 될 것입니다. 그리고 100명이 컬러TV 100대를 사고 나면 판매자로서는 소비자를 선택할 수 있는 권리를 잃어버리기 때문에 부패를 저지를 수도 없게 됩니다. 실제로 홍콩은 이러한 제도를 시행하고 있습니다. 홍콩에서 근무하는 공무원은 오후 5시가 되면 정시에 퇴근하고 일 년에 1~2개월의 휴가를 즐길 수 있습니다.

루신즈 홍콩의 토지 입찰제는 가장 공개적이죠.

랑셴핑 홍콩은 가장 공개적이고 투명한 입찰제를 시행합니다. 어떤 과정을 통해 운영될까요? 첫 번째 담당자는 입찰 후보자의 사진만 취급합니다. 입찰 후보자가 규격에 맞는 사진을 제출했는지 확인하는 거죠. 사진을 제출했으면 OK. 그리고 두 번째 담당자가 영업 허가증의 유무와 적격성을 확인합니다. 규정에 적합하면 OK, 도장을 찍죠. 그 후에 세 번째 담당자가 다시 한번 관련 내용을 확인합니다. 문제없다면 OK. 마지막 담당자에게 심사 서류가 넘어갑니다. 이때 공개 입찰가를 기록하게 됩니다. 이렇게 되면 윗선으로부터 별도의 비준을 받지 않아도 됩니다. 선택의 기회가 사라지는 순간, 더 이상 부패도 저지를 수 없게 됩니다.

루신즈 솔직히 말해서 분업이 가장 확실한 방법 같습니다.

랑셴핑 분업이 확실하죠. 그래서 지금 우리가 해야 할 일은 상급 관리자의 선택권에 관한 시스템을 체계화하고, 이를 몇 단계로 분산시켜야 합니다. 여기에는 반드시 정의로운 과정과 엄격한 법적 규정이 수반되어야 합니다.

홍콩에서 증명서 한 장 발급하는 과정을 살펴보면 모든 공무원이 마치 기계처럼 움직이는 것을 발견할 수 있습니다. 이쪽에서 사진을 붙일 문서를 발급하고 다른 쪽에서 다음 과정으로 넘어가도록 유도합니다.

루신즈 맞습니다. 그렇게 하면 부패를 저지르도록 누군가 부추긴다고 해도 부패를 저지를 엄두를 내지 못하겠죠.

랑셴핑 네, 당연히 부패를 저지를 생각도 못 할 것입니다. 프로세스를 통해 엄격한 법률이 관리, 감독하고 있으니까요. 이것이 바로 올바른 프로세스가 지닌 정의(正義)입니다. 비록 기계처럼 매뉴얼대로 움직여야 하지만 탁월한 부패 방지 효과를 가지고 있습니다.

2장

뿌리 깊은 중화 문화의 저주

'세계 최고를 꿈꾼다.'

'울지 않으면 그뿐이지만 한번 울면 주변을 놀라게 한다.'

중화 문화가 숭상해 마지않는 정신적 목표이다. 이로 말미암아 중국인은 기적을 믿고 맹목적으로 숭배한다. 중국 내 수많은 기업은 첨단 IT상품 개발 과정에서 지나치게 높은 목표를 추구하거나 걸핏하면 '세계에서 가장 빠른 슈퍼컴퓨터'를 만들겠다고 큰소리친다. 심지어 '중국 최초', '중국 경제의 발전을 선도하겠다', '세계 경제의 새로운 활력소가 되겠다'라는 목표를 상품 개발의 궁극적 목표로 삼기도 한다. 그렇다면 어떻게 그러한 목표를 달성할 것인가? 황당하게도 그들은 하나같이 '우공이산'이나 '쇠 절구를 갈아 바늘로 만든다'는 비과학적이고 유연하지 못한 사고를 좌우명으로 삼고 있다.

'렌샹'은 왜 실패했는가?

경박함, 요행심, 그리고 경직된 사고라는 세 가지 심각한 문제점이 골수까지 파고들어 오늘날 중국 기업들로 하여금 위의 잘못들을 되풀이하도록 부채질한 대표적인 기업이 렌샹이다. 앞 장에서 렌샹이 과거 저질렀던 잘못에 관해 잠시 설명한 바 있는데, 더 자세히 살펴보자.

렌샹은 IBM의 PC사업 인수라는 전략적 실패를 겪은 후 사업 통합이 예상보다 일찍 끝났다고 대대적으로 홍보한 것은 물론, 심지어 IBM이라는 브랜드를 하루라도 더 빨리 '벗어던지려고' 발버둥쳤다(당연하다. 렌샹 입장에서도 브랜드 사용료로 매년 수억 달러에 달하는 비용을 아끼려 했을 것이다). 하지만 주가는 어떻게 할 것인가? 주당 6위안(元) 이상을 기록했던 렌샹의 주가는 2위안으로 폭락했고, 2008년에는 한때 20퍼센트의 폭락세를 보이며 주당 1.32위안이라는 최저치를 기록하기도 했다.

렌샹에 대한 IBM의 판단과 자사에 대한 렌샹 경영진의 판단 사이에 뚜렷한 인식의 차이가 존재한다는 사실은 무척 흥미롭다. 렌샹 없이도 IBM은 중국 시장을 이해하고 있었을 뿐만 아니라, 자신의 가치를 알고 있었다. 하지만 렌샹은 어떠했는가? 2008년 상반기에 렌샹그룹이 상장된 홍콩 증권거래소에서 어떤 사건이 일어났는지 알고 있는가?

홍콩 증권거래소의 자료에 따르면 2008년 3월 7일부터 4월 16일까지 렌샹그룹은 주당 4.25~5.58홍콩달러로, 약 9천 931만 8천 주의 자사주를 매입(Stock repurchase)했는데 여기에 약 4억 8천 500만 홍콩달러가 동원되었다.

중국 A증시(내국인 전용 증시 _옮긴이)의 유통시간이 짧기 때문에 자사주 매입이라는 투자 스킬을 모르는 사람이 많다. 사실 미국에서 이러한 스킬은 상당히 널리 사용되고 있는데 금융학 교수로서 나는 대학교의 기업재무 수업에서 학생들에게 이러한 기본적인 내용을 가르친다. 그렇다면 미국에서는 무슨 목적으로 자사주를 매입하는 것일까? 자사의 주가가 시장에서 심하게 저평가된다고 판단한 대주주가 주주에게 수익을 가져다주기 위해 직접 출자를 통해 유통시장(Secondary Market)에 있는 주식을 대량으로 매입함으로써 전체 주가를 끌어올린다. 본래 자사주 매입은 대주주와 소주주 모두에게 수익을 가져다준다는 점에서 윈윈 전략에 속한다. 게다가 전문 경영인으로서 자신에게 부여된 경영 책임 중 일부를 수행할 수도 있다. 그렇다면 똑같은 투자 스킬이 렌샹의 손에서는 어떤 결과를 가져왔을까?

홍콩 H증시(홍콩 증시에 상장되어 있는 중국 국영기업 주식을 취급하는 시장 _옮긴이)에 대한 통계자료에 따르면, 홍콩 H증시에서 활동 중인 주주가 자사주 매입을 통해 얻는 평균 가공 이익(Paper Profit)은 약 10~20퍼센트에 달하는 것으로 나타났다. 하지만 이처럼 높은 수익률을 자랑하는 주식을 매입했을 경우 심각한 리스크가 수반될 수 있다. 표면적으로 봤을 때 자사주 매입은 단기적으로 주가를 지탱할 뿐만 아니라 멋들어진 재무 보고서를 내놓는 데 한몫한다. 실제로 2008년 3월 평균 매입가가 주당 4.88홍콩달러였던 렌샹의 주가는 지속적인 자사주 매입을 통해 2008년 5월 8일 폐장 직전 5.87홍콩달러까지 올라 약 20퍼센트의 수익률을 기록했다. 다시 말해서 2개월 동안 20퍼센트의 수익률을 기록한 것으로, 한 달에 평균 10퍼센트의 이익을 본 셈이다. 일 년 동안 컴퓨터를 판매한다고 해도 이렇게 높은 수익률을 달성할 수는 없으리라!

하지만 이러한 성적은 그저 '장부'에 찍힌 숫자에 불과할 뿐이다. 펀더멘털(fundamental, 국가 경제 따위에서 기본적인 내재 가치를 나타내는 기초 경제 여건 _옮긴이)의 강력한 지지가 없다면 한꺼번에 구입한 유통주를 과연 누구에게 팔 것인가? 설사 매입자가 나선다고 해도 렌샹의 주가를 있는 그대로 받아들일까? 렌샹의 대주주 중 하나인 IBM이 렌샹 주식을 팔겠다고 선언하기만 하면 렌샹의 주가는 당일 5퍼센트 이상 폭락할 것이 분명했다.

실제로 합병 때문에 렌샹의 주식을 보유하고 있던 IBM은 2008년 2차 감축을 실시했다. 씨티은행의 분배에 따라 IBM은 주당 5.61~5.76홍콩달러로 렌샹이 기존에 발행한 출자금 중 1.3퍼센트에 해당하는 1억 1,619만 주의 주식을 매각해 6억 693만 홍콩달러를 확보했다. 이는 무엇을 의미하는가? 내가 생각하는 가장 그럴듯한 시나리오는 바로 IBM이 렌샹의 주식을 보유할 가치가 없다는 결론에 도달했다는 것이다. 주가가 높은 상황에서 IBM은 렌샹의 주식을 내다 팔아 재빨리 현금을 확보하고 증시에서 손을 털려는 것이 분명했다! 물론 렌샹이 IBM의 '손 털기'

에 맞춰 IBM에 유리하도록 주가를 끌어올렸을 가능성에 대해서는 솔직히 잘 모르겠다.

다만, IBM이 롄샹을 부정적으로 보는 상황에서 나보다 훨씬 똑똑한 롄샹 경영진이 전문적인 지식을 외면한 채, 지사의 미래를 긍정적으로 평가하여 자사의 주식을 매입하기 위해 출자했을 것이라고는 생각하지 않는다. 롄샹이 거액을 들여 자사 주식을 매입한 진짜 이유는 과거 수년 동안 자사의 손실을 중간상에게 떠밀어 실적을 꾸며낸 문제를 감추기 위해서다.

여기서 손실을 중간상에게 떠넘기는 방법을 간단히 설명해보겠다. 과거 수년 동안 심각한 경영상의 문제가 있었던 롄샹은 얼마 되지 않은 가공이익을 유지하기 위해 100위안이라는 가격(예를 들어)으로 중간상에게 억지로 상품을 떠넘겼다. 하지만 실제 중간 판매가는 80위안에 불과했다. 롄샹은 추후 나머지 20위안을 중간상에게 돌려주겠다고 호언장담했지만 몇 년이 지나도록 그 약속은 지켜지지 않았다. 상황 파악에 나선 중간상이 더 이상 손해를 볼 수 없다며 롄샹의 말을 따르지 않아, 롄샹은 현상 유지에 실패하고 말았다. 롄샹은 결국, 이른바 전략 재편을 통해 2009년 1월 6일 해당 피해액을 책임지고 갚겠다고 약속했지만 고위 경영진은 무거운 부담감을 이기지 못하고 연이어 사직서를 던졌다. 상황이 점차 악화되자 결국 옛 지도자 류촨즈가 직접 나서는 상황에 이르렀다.

사실 진짜 문제는 이러한 리스크가 순전히 주주들의 몫이라는 점이다. 2009년 1월 6일 전략 재편을 통해 피해액을 갚을 계획이라는 사실을 사전에 알게 된 롄샹의 경영진이 주가 인상 후 수중에 있는 주식을 먼저 팔고 나서, 어쩔 수 없이 재편될 '골칫덩어리'를 일반 투자자에게 떠넘기려 하지 않았다고 누가 보장할 수 있단 말인가? 실제로 렌샹그룹이 어떻게 행동했는지 살펴보자. 무려 26번이나 자사주를 매입했다. 홍콩증시에서 렌샹보다 미친 회사를 절대로 찾아볼 수 없을 것이다!

이처럼 요행을 바라고 내실보다 체면을 강조한 렌샹이 증시에서 실적을 올렸다면 그야말로 기적이라고 하겠다. 홍콩의 항셍지수(Hang Seng stock price index)의 6개월, 1년, 2년 혹은 5년 치 수익 그래프를 살펴보면 렌샹이 실적확보에 실패했다는 사실을 예외 없이 목격할 수 있다. 나는 2008년 렌샹이 한창 자사주를 매입하던 시기에 렌샹 경영진이 주식을 매각한 직접적 결과가 2008~2009년의 주가 폭락 사태로 이어졌다고 생각한다.

가장 흥미로운 점은 이러한 상황에서도 렌샹은 여전히 자신의 운을 시험하고 있다는 것이다! 2008년 류촨즈는 서버 사업에 착수할 것이라고 밝혔지만 아직 별다른 기미가 포착되지 않고 있다. 게다가 2009년에는 중소기업 시장, 슈퍼컴퓨터, 서버사업, 그리고 1,500개의 체험관, 넷북에 이르기까지 다양한 분야에 도전장을 내밀었다. 이것만 봐도 렌샹의 전략은 일관성을 상실했음을 쉽게 알 수 있다!

현실성이 결여된 '허풍' 전략

사실 렌샹이 정신없이 전략을 쏟아내는 모습은 유독 체면과 간판만 좇는 중국 IT업체의 특징을 고스란히 드러내고 있다. 렌샹은 2005년 IBM보다 10배나 빠른, 세계에서 가장 빠른 슈퍼컴퓨터를 만들어내겠다며 호언장담했다. 이러한 현상을 촉발시킨 원인은 무엇인가?

'세계 최고를 꿈꾼다', '울지 않으면 그뿐이지만 한 번 울면 주변을 놀라게 한다'는 말처럼 중화 문화가 숭상해 마지않는 정신적 목표 때문이다. 이러한 생각은 앞에서 이야기한 경박함의 발현으로, 이로 말미암아 중국인은 기적을 믿고 심지어 맹목적으로 숭배한다.

이처럼 진지함을 상실한 문화적 영향으로 중국 내 수많은 기업은 첨단 IT상품 개발 과정에서 지나치게 높은 목표를 추구하거나 걸핏하면 '세계에서 가장 빠른 슈퍼컴퓨터'를 만들겠다고 큰소리친다. 심지어 '중국 최초', '중국 경제의 발전을 선도하겠다', '세계 경제의 새로운 활력소가 되겠다'라는 목표를 상품 개발의 궁극적 목표로 삼기도 한다. 그렇다면 어떻게 그러한 목표를 달성할 것인가? 황당하게도 그들은 하나같이 '우공이산'이나 '쇠 절구를 갈아 바늘로 만든다'는 비과학적이고 유연하지 못한 사고를 좌우명으로 삼고 있다.

목표는 너무 높은 반면, 많은 IT업체에서 선보이는 상품의 연구개발 속도는 더디고 경비 역시 계속해서 늘어난다. 이는 중국 기업의 기술 연구 개발이 실패하게 된 주요 원인 중 하나로 자리 잡았다. 시장 현황을 자세히 분석해보면, 렌샹의 기업 전략에 현실성이 결여되었음을 발견할 수 있다.

첫째, 중소기업 시장은 델(Dell)과 HP가 최근 2~3년 동안 공들인 PC사업 전략 부문이다. 후발주자인 렌샹이 어떻게 이들과 경쟁할 수 있단 말인가?

둘째, 체험관의 효과적인 운영이 애플의 주특기라고 하지만 미국 전역에 설치된 애플 체험관이 얼마나 되나? 그런데 현재 렌샹은 이미 5천 개의 전문매장과 2천 개의 Think 체험관을 운영하고 있다. 최신 유행 컴퓨터는 소니와 애플의 주요 공략 시장이다. '시원치 않은 성능'과 '후진 디자인'에도 '턱없이 비싼' 렌샹 제품이 과연 소비자의 마음을 사로잡을 수 있을까?

셋째, 넷북 시장에서 렌샹은 상상할 수 없을 정도로 뒤처져 있다. 화쉬(華碩, ASUS, 대만의 대표적인 노트북 제조업체 _옮긴이)가 넷북을 출시했을 당시, 렌샹은 이윤이 낮은 저가 시장에 진출하면 고급화를 지향하는 자사의 이미지에 영향을 줄 수 있다고 판단했다. 이러한 사고는 서양 열강에 나라를 빼앗기고 있던 만청(滿淸)이 여전히 '천조상국(天朝上國)'이라고 자위하던 것과 다름없다! 이 얼마나 우스운 일인가? 그렇게 해서 어떤 결과가 그들을 기다리고 있었는가?

화쉬가 2007년 6월 6일 최초로 두 가지 타입의 넷북 제품을 선보인 뒤 렌샹은 2008년 8월에 제품 출시에 나섰다. 한 달 동안의 판매량이 3만 대를 넘어섰다고 하지만, 이미 '대세'로 떠오른 화쉬, 훙치(宏棋, Acer, 세계 2위의 노트북 제조업체로 대만의 대표적 IT기업 _옮긴이)에게 그 정도의 판매량은 대수롭지 않은 숫자다. 통계에 따르면, 연말 쇼핑 성수기가 모여 있는 4/4분기 화숴의 EeePC 넷북 판매량은 무려 180만 대를 기록했다. 그뿐만 아니라 2008년 한 해 동안 500만 대 판매라는 목표치 역시 손쉽게 달성했다.

렌샹은 겨울 시즌이라는 둥, 금융위기로 경기가 죽었다는 둥의 시대적 상황에서 판매부진의 원인을 찾았지만 2008년 10월 말 왕전탕(王振堂) 훙치 CEO는 주주총회에서 금융위기는 넷북의 판매에 아무런 영향을 주지 않았다고 밝혔다. 넷북의 판매에 힘입어 4/4분기 훙치의 노트북 컴퓨터 판매량의 성장폭은 무려 60퍼센트를 기록했다. 한 데이터에 따르면, 2008년 9월 훙치 노트북 컴퓨터의 전체 출하량은 360만 대로, 단월 판매 기준으로는 처음 HP를 따돌리며 전 세계 노트북 컴퓨터 출하 1위를 차지했다.

넷째, 슈퍼컴퓨터는 IBM이 전통적으로 강세를 보이는 시장이다. 여기에 HP가 가세하면서 전 세계 500대 슈퍼컴퓨터 중에서 두 업체가 무려 80퍼센트에 달하는 시장 점유율을 차지하고 있다. 중국 서버 시장에서 외국 기업의 시장 점유율은 73퍼센트로, 나머지는 중국 업체 수광(曙光, Dawning Information Industry Company)과 랑차오(浪潮, Inspur Company)가 치열한 경합을 보이고 있다. 반면에 렌샹은 명함도 내밀지 못하고 있다. 2009년 4월 20일 중국과학원(中科院)은 렌샹, 수광과 함께 연산 속도가 최고 '100 T-플롭스(T-FLOPS, Tera Floating Point Operations Per Second, 1초당 부동소수점 연산 실행횟수가 1천 조)'에 달하는 슈퍼컴퓨터 시스템을 개발하겠다고 밝혔다.

그러나 현실은 과연 어떠한가? 슈퍼컴퓨터는 사실 중국에만 존재하는 표현으로, 본질적으로는 대형컴퓨터를 가리킨다. HP의 전 세계 서버 서비스를 총괄하는 부사장 폴 밀러(Paul Miller)는 대형컴퓨터는 운영 소유권 소프트웨어와 고액의 연간 서비스 비용이 필요하기 때문에 골칫덩어리 취급을 받는다고 지적했다. 그는 대형컴퓨터는 현재 내리막길을 걷고 있으며, 블레이드센터(BladeCenter) 서버가 대형컴퓨터의 공백을 재빨리 메우며 빠르게 성장하고 있다고 밝혔다.

2008년 4/4분기 세계 서버 시장이 큰 폭으로 추락하자 IBM, HP, 델과 선마이크로시스템 등 대형 서버 업체의 판매 수입은 2007년 같은 기간 대비 감소했다. 낙폭은 업체마다 다소 차이가 있지만 전체적인 수익 하락은 공통된 현상이었다. 이렇게 판매수익이 모두 하락하는 상태에서 유일하게 플러스 성장을 한 사업 부문이 바로 블레이드센터 서버다. 2008년 4/4분기 블레이드센터 서버의 수익률은 재작년 동기 대비 16퍼센트 성장했다. 54.8퍼센트의 수익 점유율을 기록한 HP를 필두로 IBM이 21.7퍼센트로 그 뒤를 이었다. 2008년 전 세계적으로 블레이드센터 서버의 수익률은 33퍼센트, 시장 규모는 54억 달러에 달한다.

장기적으로 봤을 때 폴 밀러의 예언은 과연 실현될 것인가? 아마도 그렇지는 않을 것이다. 대형컴퓨터 분야에 강한 경쟁력이 있기 때문이 아니라(특히 중국 대형컴퓨터의 경쟁력은 그럴 가능성조차 없다) 클라우드 컴퓨팅(Cloud Computing)의 도전 때문이다. 대형컴퓨터는 막대한 비용이 들 뿐만 아니라 점검 및 수리가 쉽지 않아 하드웨어가 고장날 경우 무조건 장비를 교체해야 하는 단점을 가지고 있다. 하지만 클라우드 컴퓨팅을 사용하면 아무런 영향을 받지 않고 기존처럼 시스템을 운영할 수 있는 장점을 누릴 수 있다.

첫째, 클라우드 컴퓨팅 기술을 가지고 있다면 막강한 자본력을 갖추지 못한 사이트도 대규모의 연산능력을 확보하고 저장 공간을 얻을 수 있다. 1997년 창립 당시 자금 부족 문제에 시달리던 구글(Google)에게 가장 절실한 문제는 인터넷상의 모든 웹페이지 콘텐츠를 저장할 수 있는 대형 공간과 검색 엔진 구축 및 동시다발적으로 발생하는 클라이언트의 니즈를 만족시켜줄 수 있는 초대형 연산능력이었다.

결국 구글은 저렴한 서버를 과감히 사용해 초대형 규모의 저장 공간과 연산능력에 대한 수요를 만족시켰는데, 이것이 바로 클라우드 컴퓨팅 플랫폼이다. 2006년 구글의 클라우드 컴퓨팅 플랫폼 시장 규모는 45만 대였는데 2년 뒤에는 그 규모가 지금의 두 배 이상 증가했을 것이라는 추측도 있다. 규모 확대는 물론, 10여 년이라는 긴 세월을 거치며 클라우드 컴퓨팅의 안정성 역시 만족스러운 수준까지 향상되었음이 입증되었다.

둘째, 앞에서 이야기한 것처럼 1997년부터 지금까지 구글의 클라우드 컴퓨팅 플랫폼은 인터넷 콘텐츠의 확대에 따라 빠르게 성장했다. 일반적인 상황에서 연산플랫폼의 규모 확대는 필연적으로 관리상의 추가 비용 부담을 가중시켜 전체 시스템의 효율 하락을 일으킨다. 구글의 플랫폼 규모가 빠르게 증가했음에도 전체 효율의 현저한 하락은 목격되지 않았다.

셋째, 예측이 어려운 방문량의 경우, 클라우드 컴퓨팅 플랫폼은 방문량의 변화에 따라 연산능력과 저장 공간의 확대 혹은 축소를 탄력적으로 처리한다. 사이트를 방문하는 유저 수는 항상 일정하지 않다. 피크일 때는 방문량이 폭증해 장비가 정신없이 돌아가지만 한가할 때는 대부분 장비가 방치된다는 점에서 자원이 낭비된다고 볼 수 있다. 게다가 각 사이트의 시기가 일정하지 않기 때문에 누구는 정신없이 바쁘지만 누구는 할 일 없이 빈둥거리는 상황이 일어나기도 한다. 이러한 관점에서 중국의 10대 고성능 컴퓨터를 다시 한번 살펴보자.

현재 실전에 투입된 고성능 컴퓨터 중 절반이 모두 지질탐사에 사용될 뿐 여태껏 대규모 연산임무를 수행한 적이 없다. 금융서비스에 활용되는 대형컴퓨터나 대형서버도 주로 오전 개장 때에만 연산 서비스를 제공한다. 반면에 클라우드 컴퓨팅은 광대역의 급격한 확대에 따라 탄력적으로 연산능력을 효과적으로 조정한다.

다양한 이야기를 살펴보다보면 한 가지 사실을 인정할 수밖에 없다. 대형컴퓨터에 집중하는 IBM이나 블레이드센터 서버를 운영하는 HP, 그리고 클라우드 컴퓨팅을 개척하는 MS, 구글과 비교해 렌샹이 얼마나 뒤처져 있는지를 말이다. 렌샹의 고위 경영진 중에 나보다 똑똑한 사람이 얼마나 많은데 이런 배경 지식이나 시장상황도 모르겠느냐고 반문하는 독자도 있을 것이다. 그렇다면, 렌샹이 일말의 망설임도 없이 이러한 시장에 용감하게 뛰어드는 까닭은 무엇이란 말인가?

사실 이는 렌샹만의 문제가 아니다. 본질적인 문제는 바로 중국인의 태도와 생각에 있다. 중국인은 기적을 믿고, 기적을 숭배한다. 기적에 대한 굳건한 믿음은 바로 앞에서 이야기한 '저확률 사건'이다. 예를 들어 동풍의 힘을 빌린 제갈량이나 사마의의 심중을 꿰뚫은 공성계 등이 그러하다. 광둥(廣東) 지역에서 개인적으로 조사한 연구 결과에 따르면, 자사 연구원이 뜻밖의 대히트 상품을 개발해내기를 바라는 현지 업체가 무려 54.6퍼센트에 달하는 것으로 나타났다. 예를 들어 중국과학원은 롄샹, 수광과 함께 '100 T-플롭스'에 달하는 슈퍼컴퓨터 시스템을 개발하겠다고 밝혔다. 기적을 통해 큰 수익을 기대하는 전형적인 중국의 모습이다. 하지만 서양은 그렇지 않다. 그들은 기적이 아니라 객관적 사실과 법칙을 믿는다. 앞에서 언급한 HP사의 폴 밀러는 대형컴퓨터가 현재 내리막길을 걷고 있다고 밝혔다. 그의 주장은 객관적 현실에 기반을 둔 필연적인 추론을 바탕으로 한 것이지, 기적을 꿈꾸는 헛된 바람에서 비롯된 것이 아니다.

계속해서 롄샹만 이야기하는 것은 불공평한 것 같다. 실제로 중국에는 롄샹과 같은 IT 기업이 아주 많은데, 그중에서 롄샹과 비슷한 생각을 하는 업체 한 곳을 더 소개하겠다. 바로 수광이다. 먼저 실컷 웃어둘 준비를 하기 바란다.

'수광 4000A'는 2004년 중국 수광이 상하이 슈퍼컴퓨터센터를 위해 제작한 것이다. 당시 수광의 기술력은 세계 10위였으나 지금은 250위로 밀려났다. 2008년 출시된 수광 5000A는 '최고가 되자', '울지 않으면 그뿐이지만 한번 울면 주변을 놀라게 한다'라는 중화 문화의 훌륭한 전통을 다시 한번 보여준다. 지나치게 전문적인 내용을 다루지 않고 독자의 이해를 돕기 위해 중점만 다루도록 하겠다.

해당 컴퓨터는 모두 3만 720개에 달하는 연산기술을 보유하고 있는데, 세계 500대 슈퍼컴퓨터와 비교해보면 가장 보편적으로 사용되고 있는 솔루션의 연산기술이 2,049~4,096개에 불과하다는 것을 발견할 수 있다(http://www.top500.org/stats/list/32/proclass). IBM과 HP가 페트로차이나(中國石油, Petro China)와 차이나 텔레콤(中國電信, China Telecom)에 제공한 슈퍼컴퓨터 역시 위에서 제시한 보편적 수량의 연산기술을 사용하고 있는데, 중국에서 사용 중인 대형컴퓨터는 사실상 대부분이 IBM과 HP의 지배 하에 있다고 해도 과언이 아니다.

그렇다면 수광 4000A가 5년이라는 짧은 기간에 250위로 밀려난 이유는 무엇일까? IBM과 HP는 막강한 소프트웨어 솔루션을 보유하고 있기 때문에 적극적으로 시장을 구축했지만 연산능력만 갖춘 중국의 대형컴퓨터는 쉽사리 시장에서 명함을 내밀지 못했다. 예를 들어 베이징 올림픽 기간, 베이징 시 기상국에서 사용한 대형컴퓨터는 IBM에서 제공한 것으로, 황사와 같은 상당히 복잡한 기상문제에 대한 연산과 예보를 제공하는 솔루션을 사용했다. 중국 대형컴퓨터의 연산능력이 강하다고 하지만 시대의 변화에 발맞춘 솔루션이 부족하기 때문에 대세가 될 수 없었다.

하드 드라이버 분야의 상황도 이와 비슷하다. 중국은 해당 산업 분야에서 낙후했음에도 산업성장을 위한 기본원칙이나 과학적인 규칙에 따라 재료공학이나 연산과학 같은 기초과학을 강조하기는커녕 도외시했다. 근본적으로 하드 드라이버의 저장량을 높일 수 있는 객관적 해결책을 연구하지 않은 채 정치적 논리만 앞세워 세계 10위권에 들겠다는 목표를 정하는 데 급급할 뿐이다.

"네 푼의 힘으로 천 근을 튕긴다", "닭 잡는 데 어찌 소 잡는 칼을 쓰리오?"라고 말하는 중국인 특유의 요행심이 발휘되는 순간이다. 그렇게 큰소리 뻥뻥 치더니 결국 수만 개의 작은 하드 드라이버를 한데 연결해놓고는 제품개발에 성공했다고 발표한다! 하지만 여기서 동원된 프로그램은 MS에서 제공하는 것이고, 투입된 소형 하드 드라이버 장비 역시 외국에서 생산된 것이다! 정말 우습지 않은가? 그런데도 중국은 왜 이런 허풍을 받아들이는 것일까? 기적을 믿고, 기적을 숭배하는 게 중국 민족이기 때문이다.

'오라클'이 주는 교훈

앞에서 다룬 이야기 대부분이 기술적인 내용이라 아마도 읽기가 쉽지 않았을 것이다. 분위기를 바꾸는 뜻에서 이번에는 미국의 IT기업에 관한 이야기를 들려주겠다. 중국에서라면 상상도 할 수 없는 이야기라고 감히 확신한다. 빌 게이츠 이야기가 아니다. 대학을 미처 다 마치지도 않은 빌 게이츠가 MS를 세웠다는 이야기를 모르는 사람은 없을 것이다. 모두 알고 있는 것은 굳이 다룰 생각은 없으니 말이다.

내가 다루고자 하는 인물은 최근 IBM을 제치고 선마이크로시스템(Sun Microsystems)을 인수하는 데 성공한 오라클(Oracle)의 CEO 래리 엘리슨(Larry Ellison)에 관한 이야기다. 왜 하필 그에 관한 이야기인지 궁금한가? 물론 그의 이름이 나와 같은 래리(Larry, 저자의 영문 이름)라는 점도 작용했지만 그보다 더 중요한 이유는 그가 빌 게이츠보다 더 대단한 인물이기 때문이다.

1977년 서른두 살의 래리 엘리슨은 두 명의 창업 파트너와 함께 오라클을 세웠다. 대학 세 곳에서 수학한 래리였지만 어느 한 곳에서도 제대로 된 졸업장을 받지 못하고 학교를 그만두었다. 이런 그의 인생은 중국인들이 보기엔 한마디로 '막장'이었다. 남들은 나이 서른에 뜻을 세운다고 하건만, 서른을 넘기고도 래리는 여전히 '잉여 인생'이었기 때문이다.

당시 그는 어떻게 생계를 이었을까? 간간이 프로그램을 짜주는 대가로 돈을 벌었다. 사실 당시에는 소프트웨어 프로그래머라는 직업조차 없는 상태였다. 프로그램에 관한 서적 역시 잡지 몇 권에 불과했다. 당시 컴퓨터 부문에서 가장 중시되는 분야는 하드웨어 개발이었기 때문에 소프트웨어 코딩이라고 해봤자 현재 컴퓨터 공장에서 조립 작업을 하는 일반 기능직 같은 보조적인 역할 정도로 취급되었다.

미국에서 가장 중요한 것은 무엇일까? 바로 능력이다. 제조한 상품으로 무엇을 할 수 있는가에 주안점을 두지, 석사나 박사 학위증이 몇 개나 있는지 혹은 어느 대학교 출신인지는 그들에게 아무런 의미도 없다. 중퇴생이라고 해서 함부로 볼 것이 아니다. 실제로 오라클을 창업한 세

청년은 적어도 업계에서 가장 앞선 논문을 이해할 정도의 실력을 갖추었기 때문이다.

세 청년 중 한 명이 에드기 코드(Edgar Frank Codd) 박사의 논문을 보고 나서 나머지 동업자들에게 사업 추진을 건의했다. 박사의 논문에서 DB 소프트웨어가 지닌 성장 가능성을 눈여겨본 세 청년은 상용화가 가능한 '관계형 DB(Relational Database)'를 구축할 계획을 세웠다. 아래에서 '관계형 DB'와 같은 전문용어가 등장할 예정인데 너무 겁먹을 필요는 없다. 그저 몇 번 듣기만 하면 된다. 사실 나 역시 이 전문용어들을 처음 접할 당시는 여러분과 비슷한 수준이었지만, 여러 번 꾹꾹 참고 듣다보니 어느새 조금은 알아들을 수 있는 수준이 되었다. 독자 여러분의 부담을 덜기 위해서 굳이 알 필요가 없는 전문용어에는 따옴표를 달았다.

먼저 몇 가지 궁금증을 짚고 넘어가보자. 첫 번째 문제, 논문을 쓴 에드거 코드는 왜 직접 회사를 세우지 않았을까? 중국 쿵푸 영화에서 문을 걸어 잠그고 외부와의 연락을 일체 끊은 채 오로지 무술 연마에만 몰두하는 장면을 본 적이 있을 것이다. 중국에서는 논문을 쓸 때에도 마치 무술 수련 때처럼 현실을 등지고 원하는 결과가 나올 때까지 행동으로 옮겨서는 안 된다고 생각한다. 하지만 서양에서는 그렇게 생각하지 않는다. 그들은 현실에 항상 관심을 두면서 머리로만 그치지 않고 실제 행동으로 옮긴다.

에드거 코드가 전문학술지 『미국 컴퓨터 학회 보고 *Communication of ACM*(Association of Computer Machinery)』에서 발표한 「대규모 공유 데이터 뱅크를 위한 관계형 데이터 모델(A Relational Model of Data for Large

Shared Data Banks)」이라는 논문은 DB 발전사상 중요한 전환점으로 평가받고 있다. 기술성이 다소 낮은 '상하 체계 데이터베이스 모델'과 '네트워크 데이터베이스 모델'에 기반을 둔 DB제품에 점령된 당시 컴퓨터 시장에서 에드거 코드의 논문은 '관계형 DB' 소프트웨어 혁명의 시작을 알리는 신호탄이었다. 그런데 에드거 코드는 왜 직접 회사를 차리지 않았나? 에드거 자신이 IBM의 프로그래머였는데도 말이다!

여기서 한 가지 궁금한 점이 있다. IBM은 왜 시장에 나서지 않았을까? 이를 이해하려고 살펴보다보면 역사라는 거대한 무대에는 놀랍도록 비슷한 상황이 항상 되풀이되고 있다는 사실을 발견할 수 있다. 에드거 코드의 논문은 1970년 6월에 발표되었지만 IBM은 미적거리며 해당 프로젝트에 착수하지 않았다. 당시 IBM은 지금의 렌샹처럼 스스로 제 눈을 가리고, 제 귀를 틀어막고 있었기 때문이다.

방대하고 복잡한 IBM의 관료 시스템은 반나절에 가까운 시간 동안 열띤 토론을 벌이며 어떤 결과를 얻었을까? 그들은 '관계형 DB'의 속도가 당시 뒤처졌다고 평가되던 '상하 체계 데이터베이스'와도 비교하지 못할 만큼 형편없이 느릴 것이라고 예상했다. 한 가지 우스운 사실은 IBM이 3년 뒤(즉 1973년)에 '관계형 DB'의 상용화를 위한 새로운 프로젝트를 추진했다는 사실이다. 하지만 당시 IBM은 자사의 '상하 체계 데이터베이스'가 시장에서 인기리에 판매 중이라는 이유로 제품발표를 차일피일 미뤄왔다. '관계형 DB'를 출시한다면 IBM과 관련된 많은 사람의 이익에 피해를 줄 수 있다는 우려에서 비롯된 판단이었다.

이와 대조적으로 세 명의 '아웃사이더'는 1979년 여름 오라클 최초의 상용화 제품을 출시했다. 비록 새로운 DB의 시스템은 안정성이 떨어지고 일부 중요 기능도 누락되었지만 그래도 해당 제품을 찾는 고객이 있었다. 바로 미국의 중앙정보국(CIA)이었다. 자신들의 요구를 만족시킬 수 있는 소프트웨어를 구입하기 위해 시장조사에 나선 당시 CIA는 IBM에 문의했으나 상용 가능성이 있는 제품이 없다는 답변을 듣고 에드거 코드 등에게 연락을 취했다. 1983년 세 젊은이가 오라클의 세 번째 버전인 포터블 오라클(Portable Oracle)을 선보였을 때, IBM은 뒤늦게 두 번째 버전(DB2)을 발표했다. 이러한 발전 과정에서 우리는 다음과 같은 사실을 쉽게 발견할 수 있다.

첫째, 미국이라는 환경에서는 새로운 기술연구 성과가 즉시 빛을 볼 수 있다. 내부적인 문제로 한 기업의 운영이 불가능해진다고 해도 이들이 달성한 기술적 성과는 소리소문없이 사라지기는커녕 착실히 축적되고 전승된다. 상황이 이렇게 되면 후발주자는 낮은 차원에서의 지식 습득에 소중한 시간을 낭비하지 않아도 된다. 이른바 과학 연구는 바로 이러한 과정이 쉼 없이 축적되고 성실하게 전해지는 일련의 과정이다. 하지만 중국의 과학 연구는 이와는 정반대다. 중국은 연구 성과의 축적과 전승이 부족하기 때문에 낮은 차원에서의 지식 습득에 여전히 많은 시간을 허비한다.

낮은 수준의 지식 습득이 무엇인가? 가령 중국의 초등학교 2학년 학생은 아무 생각 없이 기계적으로 구구단을 외운다. '낮은 수준의 습득을 위한 전형적인 낭비'라고 할 수 있다. 별 의미 없는 내용의 지식을 외우지 못한다고 해서 중국의 과학 발전에 부정적인 영향을 주지는 않는다. 어쩌면 낮은 수준의 지식 습득에 소중한 시간과 열정을 낭비하는 악순환에서 중국 학생들이 벗어날 수 있도록 도울 수도 있다.

미국을 방문할 기회가 있다면 잠깐이라도 시간을 내서 슈퍼마켓에 들러보라. 미국 슈퍼마켓에서 일하는 캐셔가 곱셈은 물론 때로는 뺄셈에도 애를 먹는 광경을 목격할 수 있을 것이다. 슈퍼마켓의 캐셔가 뺄셈에 서투르다고 해서 최첨단 과학기술 강국이라는 목표를 향해 달려나가는 미국의 앞길을 방해한다고 할 수 있겠는가?

"수리학을 배우면 세상 어디를 가도 무섭지 않다"라는 말을 수많은 중국 학생과 학부모들은 귀에 못이 박히게 들어왔다. 헛소리에 불과한 이 말은 귀중한 시간이 낭비되는 중국의 전형적인 교육 현장을 간접적으로 보여주고 있다. 미국에서 말하는 일류 인재는 중국과 반대로 수학이나 물리가 아니라 법학, 경영학, 의학을 공부한다. 세계 곳곳에서 영향력을 떨치는 미국의 일류 인재 중에서 수리학을 강조하는 사람을 본 적도 없을뿐더러 심지어 수리학을 배우지 않아도 상관없다는 사람도 있다.

지식의 축적과 전승이 무엇인지 다시 한번 정리해보겠다. 연구를 통해 A라는 성과를 얻었다고 가정해보자. 일반적인 과학 연구는 A라는 기반 위에서 B라는 연구 결과를 만들어내는 것으로, A에서 B에 이르는 과정이 바로 과학 연구의 전승과 축적이다. 아무것도 없는 상태에서 B라는 결과를 절대로 얻을 수 없다. 쉽게 말해서 A가 없다면 B도 존재할 수 없다는 뜻이다.

그렇다면 중국에서 이루어지는 과학 연구의 상황은 어떠한가? 금융학을 예로 들어보자. 일부 연구에 A에서 B에 이르는 과정의 전승과 축적이 누락되었으며 아무런 연구 성과도 없는 상태에서 도출된 새로운 이론이라고 자처하는 C라는 논문이 수없이 존재하고 있음을 목격할 수 있다. 하지만 결론적으로 C는 A, B와 아무런 관련도 없다. 심지어 관련성이 없는 C라는 결과를 세계적으로 유일한, 위대한 성과로 치부하는 웃기지도 않은 상황을 목격할 수 있다.

충칭(重慶)에 있는 한 대학교에서 금융학 박사 과정을 이수한 학생이 들려준 이야기가 여태껏 잊히지 않는다. 그 친구가 박사과정을 이수하던 당시, 지도교수에게서 '대기 물리'라는 과목을 이수하라는 충고를 들었다고 했다. 개인적인 호기심에서 그 학생에게 지도교수가 그렇게 말한 까닭이 무엇이냐고 물으니, 증시 변화가 날씨처럼 변화무쌍하고 예측 불허니 대기 물리를 배우는 편이 좋다는 것이 지도교수의 대답이었다고한다. 그 말을 듣고서 나는 체면이고 뭐고 그만 큰 소리로 웃고 말았다.

교수라는 사람이 국제 및 증시 과목과 관련된 학술논문을 들춰보지도 않고 얻은 A와 B를 바탕으로 집에서 혼자 C라는 결론을 냈다니 정말 실소를 금할 수 없다. 그밖에 상하이에 있는 한 사범대학교에서 금융학 박사과정을 이수하던 학생이 내게 전화를 걸어 학교 측에서 국제적으로 유명한 금융 학술지에 박사 논문을 발표하도록 규정해놓았다며 무엇을 어떻게 해야 하느냐고 물었다. 나는 웃음을 터뜨리며 대답해주었다.

"학생이 다니는 학교의 교수 중에서 국제적인 학술 잡지에 논문을 발표한 사람이 거의 없을 텐데, 박사를 준비하는 자네가 뭘 발표할 수 있겠나?"

나중에 우연한 기회에 그의 논문을 읽게 되었는데, 그저 웃음밖에 나오지 않았다. 그도 그럴 것이 논문에는 심지어 '참고문헌'도 없었다. 이러한 현상은 A와 B의 축적과 전승이라는 정상적인 과정 없이, 그저 상상만으로 C라는 결론을 만들어냈기 때문이다. 현재 중국 내륙에 설립된 많은 금융학 관련 교육기관의 연구 수준을 직접적으로 보여주는 대목이다.

지식⁺ 얼핏 봤을 때 과학 연구에 투입되는 중국 내 자원과 연구 인원수가 상당한 듯 보이지만 실제 연구 효율은 낮고 연구결과를 상품화한 경우도 많지 않다. 박사, 석사 학력을 지닌 사람이 수두룩하지만, 발명이나 아이디어에 특화된 재능을 가진 사람은 많지 않다. 한 조사 결과에 따르면, 과학연구 전문기업이 기술개발 분야에서 보유한 박사전공 출신은 전 직원의 30퍼센트, 석사전공은 45퍼센트이며 학사전공 출신자는 24퍼센트라고 한다. 해당 결과를 통해 중국의 첨단기술 분야에 종사하는 전문 인력의 학력구조가 해외 선진국의 것과 유사하다는 사실을 발견할 수 있다. 70퍼센트에 해당하는 기업의 연구개발팀에서 근무 중인 전문 연구원 가운데 90퍼센트 이상이 학사 이상의 학력을 보유하고 있지만 1만 명당 특허상품 수는 세계 최하위를 기록하고 있다. 다시 말해서 과학 연구개발 분야에 대한 중국의 전문 연구원 및 경비 투입 효과는 대부분 축적되거나 전승되지 않고 낮은 수준의 지식 습득에서 허비되고 있다. 최근 중국 내에서 이러한 현상에 대한 활발한 논의가 이루어졌지만 결과적으로는 문제의 핵심을 찌르는 데 실패했다고 생각한다! 가장 중요한 문제는 과학 연구의 축적과 전승에 활용할 수 있는 인재를 중국이 과연 보유하고 있는가다.

둘째, 서양 기업은 창업과정에서 자신의 운을 시험해보는 저확률 사건에 올인하지 않고 학술논문에 대한 분석과 연구를 바탕으로 실천 가능성을 검증받은 뒤, 각종 연구개발과 관련된 조건을 구비한 후에야 고객의 니즈에 따라 상품을 연구개발한다. 이것이 바로 진정한 연구개발의 원칙으로, 해당 원칙을 준수해야만 연구개발의 성공률을 향상시킬 수 있다.

서양인의 관점에서 과학연구는 원칙 혹은 법칙을 준수하는 행위지만 중국은 그렇게 생각하지 않는다. 법칙을 존중하기는커녕 오히려 법칙을 깨거나 심지어 법칙이나 규율을 어기는 자신을 자랑스럽게 생각한다. 나 역시 여타의 중국인처럼 규칙을 어기는 행동을 자랑스럽게 생각했다.

2008년 10월 초 강연을 해달라는 초청을 흔쾌히 받아들인 나는 광시(廣西) 성(省) 우저우(梧州)로 가야 했지만 그곳으로 가는 항공편이 없어 차로 이동해야 했다. 하지만 가는 데만 무려 5시간이나 걸릴 것으로 예상되자 당시 주최 측에서는 급한 나머지 내게 경찰차를 불러줬다. 나를 태운 경찰차는 우저우로 가는 내내 사이렌을 울리며 달렸다. 빨간불도 무시하고, 톨게이트비도 내지 않고 달리는 경찰차 안에서 얼마나 통쾌했는지 모른다. 교통법규를 위반했지만 부끄럽기는커녕 득의양양했던 것이다.

 중화 문화의 영향으로 첨단기술을 보유한 많은 중국 기업은 신제품 개발에서도 최소의 비용을 치르는 대신 최대의 성과를 꿈꾸는 저확률 사건을 기대하고 있다. 이러한 행위가 바로 규칙을 깨는 태도다. 규칙을 깨는 방식은 다양한데, 한 가지 예를 들자면 많은 기업에서 조건 미비(자금이나 설비 혹은 환경), 준비 부족(기술 및 경험 부족), 상식에서 벗어난 과정(프로그램과 규범을 위반한 진행)이라는 상황에서 성공을 거둔 프로젝트나 개인을 널리 알리거나 독려하고 있다. 하지만 이들 프로젝트는 리스크가 높아 성공할 가능성이 상당히 낮다.

셋째, 오라클이 재빨리 두 번째 버전을 출시할 수 있었던 까닭을 곰곰이 생각해보라. 오라클이 출시한 두 번째 버전 포터블 데이터베이스(Portable Database)는 사실 최초 버전에 존재하는 오류를 고친 수정판으로, 실제 오류수정이 철저하게 이루어지지 않은데다 안정성이 부족하고 일부 중요기능마저 빠져 있다. 아마도 중국 독자들은 이러한 사실에 당혹스러워 할 것이다. '오라클이라는 첨단 IT기업에서 출시한 제품조차 문제가 있다니? IT 제품이면 오류가 없어야 당연한 것 아닌가? 그렇지 않다면 IT 제품이라고 할 수 없지!' 이 점이 바로 IT에 대한 중국의 이해가 얼마나 부족한지를 보여주는 대목이라 하겠다.

넷째, 오라클의 세 번째 버전은 어떤 점에서 업그레이드되었나? 오라클의 창업자들은 첫 번째 버전을 출시한 이후에도 현재의 성과에 기뻐하며 샴페인을 터뜨리지 않았다. 해당 제품을 업그레이드하지 않으면 금세 IBM에게 추격당할 것이라는 점을 정확하게 간파했기 때문이다. 그리고 현재와 달리 당시의 컴퓨터는 대부분 MS의 운영 시스템을 사용하지 않았다. 실제로 CIA 내부에서도 다양한 컴퓨터 운영 시스템을 사용하고 있었다. 어떻게 해야 멀티 플랫폼 운영이라는 목적을 실현할 수 있을까? 이는 중요하고도 현실적인 문제였다.

오라클은 한 가지 사실을 정확하게 이해하고 있었다. 직면한 문제를 반드시 해결해야만 미래의 성공을 보장받을 수 있다는 것이었다. 다시 말해서 서양인의 관점에서 실패는 통제와 관리상의 잘못을 의미한다.

그렇다면 상황을 어떻게 통제하고 관리해야 하는가? 통제와 관리라는 단어는 말하기는 쉽지만 이를 진짜 실천으로 옮기는 중국 기업이 과연 얼마나 될까? 오라클이 1983년에 세 번째 버전을 출시했을 당시 이미 이러한 관리와 통제를 이뤄냈다는 사실을 알고 있는가? 전체적인 통제와 관리의 원칙은 목표 관리(Management by Objective)가 아닌 과정 관리(Management by Process)여야 한다. 알 듯 모를 듯한 말이지만 다음의 설명을 들으면 금방 이해될 것이다.

목표 관리와 과정 관리

목표 관리란 무엇인가? 맛있는 음식을 내놓은 총주방장을 예로 들면, 어향육사를 손님이 만족스러울 정도로 맛있게 만드는 것이 바로 목표 관리다. 하지만 누구도 주방장이 어떻게 음식을 만드는지 알지 못한다.

이번에는 과정 관리를 살펴보자. 주방장이 음식을 내놓기까지의 조리 과정을 20단계로 나눈다. 첫 번째 사람이 파를 다지고, 두 번째 사람이 고기를 얇게 썬다…… 열여덟 번째 사람이 간장 두 술을 붓고, 열아홉 번째 사람이 팬을 섭씨 600도까지 달구며, 스무 번째 사람이 3초 정도 재료를 볶는다. 맛이 없으면 2번, 5번 그리고 9번 조리 과정을 재조정한다. 그래도 여전히 맛이 없다면 3번, 7번, 14번 조리 과정을 재조정한다. 여러 번 조리 과정을 재조정했는데도 맛이 없다면 다시 18번, 19번 과정을 재조정한다. 이렇게 조리 과정을 수없이 재조정해서 1,001번째에 완성된 음식이 유명한 총주방장이 만든 요리처럼 맛있다고 가정해보자.

해당 과정을 거쳐 완성된 레시피에 따르면, 파의 두께는 1.1센티미터, 얇게 저민 고기의 두께는 1.3센티미터, 간장은 두 큰 술이어야 한다. 1,001번째에서 완성된 레시피대로 각자가 맡은 조리 과정을 엄격하게 준수하되 마음대로 레시피를 변경해서는 결코 안 된다. 맛이 어떠한가는 관심의 대상이 못 된다. 주어진 프로세스대로 일하고 그 결과에는 개의치 않는 것, 이것이 바로 과정 관리다.

지식+ 중국인의 사고는 '목표 관리' 지향적이다. 한 연구결과에 따르면 "검은 고양이든, 흰 고양이든 쥐만 잘 잡으면 된다"라는 결과 지향적 특징은 약 70.5퍼센트에 해당하는 첨단 IT기업의 신제품 개발과정에서 목격된다. 그 결과 신제품 개발 과정에서 많은 기업이 과정에서의 관리 통제를 포기하고 연구개발 인원의 '자유 창작'이라는 목표 관리에 희망을 걸고 있는 것으로 나타났다. 현재까지 여전히 53.1퍼센트에 해당하는 첨단 IT기업은 과정 관리를 무시한 채 연구개발 결과만을 강조하는 것으로 나타났다.

목표 관리에 존재하는 필연적 약점으로는 무엇이 있을까?

첫째, 총주방장이 떠나면 모든 것이 사라진다. 그러므로 중국에 필요한 것은 온전한 과정 관리다. 과정 관리를 실현해야만 총주방장의 솜씨를 그대로 유지할 수 있다. 나중에는 총주방장 없이도 20명의 조리사(나사못이라고 불러도 무방하다)가 1,001번째 레시피대로 자신이 맡은 바 임무에 충실하면 떠나버린 총주방장이 만든 것과 같은 음식을 손님상에 내놓을 수 있다.

둘째, 총주방장이 어떻게 음식을 만들었는지 아무도 모르기 때문에 목표 관리는 수정할 수 없다. 하지만 모든 조리 과정을 알았다면 과정관리는 수정될 수 있다. 이것이 바로 두 관리 방식 간의 현저한 차이다. 중국의 소프트웨어 제품과 첨단 IT 제품이 고객의 니즈에 따라 수정되지 못하는 것은 해당 프로세스가 없어서 어떻게 수정해야 할지 알지 못하기 때문이다.

과정 관리야말로 첨단 IT와 자본 집약형 산업의 초석(礎石)이다. 과정 관리가 있었기에 오라클은 세 번째 버전을 출시할 수 있었다. 과정 관리를 실천한 오라클은 각 과정의 수준이 전체 결과에 어떤 영향을 주는지 이해했고, 20단계에 달하는 프로세스를 효과적으로 관리함으로써 최종 결과를 통제할 수 있었다. 이것이 바로 통제와 관리의 본질이다. 하지만 20개나 되는 프로세스를 관리하지 못했다면 최종 결과도 통제할 수 없다. 총주방장이 무슨 요리를 만들든지 그대로 손님상에 내놓을 수밖에 없는 것이 목표 관리이기 때문이다. 손님의 입맛에 맞게 요리를 선보일 수 있는 능력이 중국에는 전혀 존재하지 않는다.

중국 기업의 목표 관리 경향을 좀 더 구체적으로 설명해보겠다. 우리의 연구조사에 따르면, 중국 내 43.2퍼센트에 해당하는 첨단 IT기업은 시장수요 중심의 목표 관리를 추진하고 있는 것으로 확인됐다. 이처럼 시장의 수요를 만족시키기 위해서 실적 쌓기에만 급급한 나머지, 중국 기업은 첨단 IT제품의 과정 관리 규칙을 완전히 무시한다. 중국 내 첨단 IT제품의 연구개발 오류 증가와 기술력 향상을 저해하는 원인이 바로 여기에 있다.

오라클의 세 번째 버전은 이른바 '원자성(Atomic SQL Execution and transaction)'을 강조한 새로운 기능을 담고 있다. 여기서 말하는 원자성은 무엇을 의미하는가? 바로 어향육사를 만드는 20단계를 두 단계씩 하나의 파트로 묶어 모두 10개 파트로 정리, 구분하는 것이다. 예를 들어, 첫 번째 파트에는 파와 고기 썰기가 포함된다. 이 과정에서 고기의 품질이 기준치를 통과했지만 파가 기준치에 부합되지 못했다면 제1파트의 전 과정을 취소하고 재확인한다. 기존에 20단계의 과정을 일일이 관리해야 했다면 지금은 10개 파트만 관리해도 기존과 동일한 최종제품을 선보일 수 있다. 이렇게 업그레이드된 방식으로 업무량은 대폭 감소된다.

'원자성'이라는 원칙에 독자 여러분이 집중할 수 있도록 나머지 기능은 따로 설명하지 않겠다. '원자성'은 절대로 중국인에게서 나올 수 없는 개념이다. 설사 몇몇 중국인이 생각해낸다고 해도 사장한테 제대로 깨지고 난 뒤에 폐기처분될 것이 뻔하다. 원자성 원칙을 귀찮은 존재로 인식하기 때문이다. 쉽게 말해서, 어느 한 곳에서 문제가 터지면 그전에 했던 일이 모두 헛수고가 될 수 있기 때문에 무슨 일이든 대충대충, 얼렁뚱땅 넘어가면 된다고 생각한다. 이러한 현상이 나타나게 된 원인이 무엇인가? 중국인이 본질보다는 겉으로 드러난 성과에 집착하고, 과정이 아니라 결과에만 목매달기 때문인 것이다.

지식⁺ 오라클은 지금도 여전히 해당 업계의 최전선을 달리고 있다. 전 세계의 대다수 업체가 오라클의 기술을 채택하고 있는데, 〈포춘(*Fortune*)〉에 소개된 100대 기업 중 98개 업체가 모두 오라클 기술을 사용하는 것으로 나타났다. 오라클의 기술이 이렇게 전 세계적으로 환영을 받을 수 있었던 까닭은 무엇일까?

최초 버전에서부터 세 번째 버전에 이르기까지 오라클은 과정 관리에 뿌리를 두고 지속적인 업그레이드를 통해 시장 수요를 만족시키고자 최선을 다했기 때문이다. 이러한 노력과 열정이 지금의 오라클을 만들었다고 해도 과언이 아니다. 최초 버전에서 세 번째 버전으로 업그레이드되는 과정은 오라클이 지속적인 경쟁력을 유지할 수 있는 원동력이라 하겠다.

중국에서는 매년 수많은 첨단 IT기업이 태어나고 수많은 기업이 사라진다. '선열들'이 하나둘씩 스러지면 새로운 후발주자가 속속 그 빈자리를 채운다. 이는 중국의 첨단 IT기업계에 보편적으로 존재하는 현상이다. 1990년대부터 창립 10주년을 맞는 첨단 IT업체를 거의 본 적이 없다. 이러한 현상이 끊임없이 재현된다면 아마도 3년 후에는 지금 설립된 업체들도 하나둘씩 사라질 것이다. 누구도 이러한 상황을 원치 않는다. 중국에 필요한 것은 오라클처럼 지속적인 경쟁력을 확보하는 일이다.

하지만 중국 기업은 지속적인 경쟁력을 심각할 정도로 오해하고 있다. 조사 결과에 따르면, 중국에 설립된 업체 중 15퍼센트만이 과정 관리가 기업이 지속적인 경쟁력을 유지하는 비결이라는 사실을 이해하고 있으며, 대다수의 중국 기업은 기술 인재(27.1퍼센트)와 시장 수요(43.2퍼센트)가 기업이 지속적으로 경쟁력을 유지할 수 있는 비결이라고 생각하는 것으로 나타났다.

인재와 기술이 특정 상품만을 겨냥한 특화된 경쟁력을 만들어 낼 수 있지만, 첨단 IT 기업에게 그러한 경쟁력은 성공을 위한 '만능열쇠'가 아니다. 지속적인 경쟁력이야말로 성공의 열쇠이며, 이는 효과적인 과정 관리를 통해서만 확보될 수 있다.

오라클이 지속적인 경쟁력을 확보할 수 있었던 것은 기술혁신이 아니라, 기술축적을 강조했기 때문이다. 음식을 예로 들어 지속적인 경쟁력을 설명해보겠다. 외부 환경에 갑자기 변화가 나타났다면, 즉 짭짤한 어향육사를 건강상의 이유로 손님이 갑자기 꺼린다면 당장 파와 고기를 다듬는 과정을 제외한 18단계의 조리 과정을 재조정해야 한다. 예를 들어 간장 두 큰 술이 아니라, 한 큰 술만 넣는 것이다. 이렇게 해서 완성된 어향육사를 손님이 마음에 들어 한다면 간장 한 큰 술을 넣은 과정을 새로운 레시피에 적용해야 한다. 이것이 바로 기술의 축적이다.

간장 한 큰 술을 넣은 과정을 거쳐 완성된 요리를 모든 손님이 마음에 들어 한다면 지속적인 경쟁력은 확보될 수 있다. 총주방장의 솜씨만 믿고 무슨 요리를 만들든 상관하지 않는다면 총주방장 없이는 짜지 않은 어향육사를 손님상에 올리지 못할 것이다. 짜지 않은 어향육사를 어떻게 만들었는지 모르기 때문에 짜지 않은 어향육사를 먹겠다는 주문이 들어오더라도 손님이 원하는 음식을 선보일 가능성은 거의 희박하다. 손님이 원하는 음식이 간장 한 큰 술만 넣은 어향육사이기 때문에 총주방장이 엉뚱한 레시피를 내놓을수록 최종 상품은 지속적인 경쟁력을 상실하게 된다.

아쉽게도 중국의 첨단 IT기업에 가장 부족한 것이 바로 지속적인 경쟁력이다. 우리의 조사 결과에 따르면 64.9퍼센트의 기업이 기술혁신을 강조하고 35.1퍼센트에 해당하는 기업만이 기술축적을 중시하는 것으로 나타났다. 이는 상당히 위험한 신호라 하겠다.

결론적으로 중국인은 항상 조금이라도 빨리 첨단 IT제품을 만들어 시장에 내다 팔아 돈 벌 생각만 하지, 그 과정에서의 관리 규칙을 다듬는 데 아무런 관심도 기울이지 않는다. 과정 관리의 규칙에 따른 상품의 연구개발 과정은 상당히 오랜 시간을 필요로 한다. '한 달만에 끝내도록 최선을 다하겠다'는 이야기는 말도 안 된다.

그럼에도 중국에서는 '무슨 방법을 쓰든 신상품을 개발하기만 하면 된다'는 이야기를 자주 접할 수 있다. 하지만 이런 과정을 거쳐 생산된 신제품은 대부분 지속적인 경쟁력을 갖추지 못해 시장의 변화에 순응하지 못하고 찬밥 취급을 받을 뿐이다. 이러한 상황에 직면했을 때 어떻게 하는가? 대부분 원점부터 다시 시작해야 한다. 총주방장이 내놓은 요리를 손님이 좋아하지 않는다면 조리 과정 중 일부를 재조정하는 것이 아니라 총주방장더러 새로 음식을 만들라고 해야 한다. 음식점 사장 입장에서는 가게에 제대로 된 레시피가 없는데다 어떻게 조리 과정을 고쳐야할지조차 모른다는 것이야말로 가장 절망적인 상황이라 하겠다.

저가 상품의 기술에 대한 중국의 연구개발은 계속해서 같은 자리에서 맴돌 뿐만 아니라 그 과정에서 유럽, 미국보다 10배 이상 되는 자금과 인력을 쏟아붓는다. 거대한 인적 자원과 자본력을 그저 상품생산에 무턱대고 쏟아붓는 것보다는 과정 관리가 가능한 시스템을 구축하는 데 활용해야 할 것이다.

2부

중국은 어리석다

3장

중국인은 돈 벌 궁리만 한다

자연재해의 '습격'이라는 예상치 못한 사건을 통해 기업의 사회적 책임에 대해 짚어보자. '자선'이라는 현상은 문화적 특징에서 비롯된다. 그 가치를 되돌아보고 사회적 책임을 되짚어보자. 중국에는 이러한 책임감이 존재하는가?

2008년 5월 12일 쓰촨(四川) 성 원촨 현에서 리터 규모 8.0의 대지진이 발생해 10만 제곱킬로미터가 넘는 광대한 지역이 심각한 피해를 입었다. 대지진이 발생한 이후 중국 정부와 사회 각계는 재해복구 성금 및 구호품 지원활동을 비롯해 즉시 도움의 손길을 내밀었다. 그뿐만 아니라 일반 대중과 기업으로부터 역대 최대 규모의 구호성금이 쇄도했다. 피해주민을 돕겠다고 나선 사람들은 난관을 뚫고 원촨으로 달려가 순식간에 무너져 내린 삶의 터전을 다시 일구는 데 많은 땀방울을 흘렸다. 이 모습에 중국 전역은 큰 감동에 휩싸였다. 그런데 예상치 못한 이번 대지진 사태에서 드러난 일부 기업의 행태와 기업 경영인의 발언이 중국 전역을 뜨거운 논란 속으로 몰고 갔다.

'자선'이라는 두 글자 뒤에 숨겨진 서로 다른 생각

원촨 대지진은 많은 중국인에게 커다란 아픔으로 기억된다. 물론 지진의 발생 과정, 인민해방군의 용기와 피해주민이 겪은 고통과 슬픔을 여기서 또다시 다룰 생각은 없다. 대지진으로 직접 피해를 본 이재민뿐만 아니라 일반 독자, 나를 포함한 모든 중국인에게 원촨 대지진은 쉽게 아물 수 있는 상처가 아니기 때문이다. 그저 독자 여러분과 함께 한 가지 문제를 함께 되짚어보려고 한다. 무엇을 되돌아보려는지 궁금한가? 그전에 먼저 내 이야기에 귀 기울여보라.

원촨 대지진이 터진 후 완커 부동산(萬科地産, 중국 최대의 부동산 개발 업체 _옮긴이) CEO 왕스(王石)는 구제성금으로 200만 위안을 내놨는데 네티즌으로부터 금액이 너무 적다는 비난을 받았다. 여론의 뭇매에 시달리던 왕스는 한 언론과의 인터뷰에서 이번 사태에 대한 자신의 생각을 분명히 밝혔다.

"중국은 자연재해가 자주 발생하는 국가이기 때문에, 성의를 가지고 기부하는 기업이나 개인에게 그 금액이 부담스러운 것이 되어서는 안 될 것입니다."

지식+ 중국 부동산 개발 및 중국 기업계의 대표주자인 왕
스의 발언은 많은 사람으로부터 비난과 불만을 사며
순식간에 핫이슈로 떠올랐다. 결국, 왕스는 2008년 5월 21일 한 인
터뷰에서 자신의 지난 발언을 유감스럽게 생각한다는 이야기와 함
께 재해 복구사업에 1억 위안을 내놓겠다고 밝혔다.

알리바바(阿里巴巴, Alibaba, 중국 최대 전자 상거래 업체 _옮긴이)의 CEO
마윈(馬雲) 역시 비슷한 발언을 한 적이 있다. 2006년 때의 발언으로 그
내용은 이러하다(훗날 마윈은 자신이 한 말이 아니라고 주장했다).

"중국 기업가에게 능력이 있다고 해도 자선사업에 그 능력을 활용
하지 말고 재생산을 확대하는 데 사용해야 합니다. 카메라 플래시 세례
를 의식한 자선행사라면 1위안만 내도 충분하다고 생각합니다."

지식+ 2006년 당시 마윈의 발언은 중국 내 일부 기업의
'생색내기'용 자선활동을 겨냥한 말로, 커다란 반향
을 일으키지 못했다가 원촨 대지진 사태 후 네티즌에게 포착되었다.
40억 위안의 몸값을 자랑하는 '중국 최고의 전자상거래 사업가'인
마윈이라고 해도 여론의 뭇매를 피하지는 못했다.

나는 국가와 사회를 위해서라면 반대편에 선 사람들에게 무조건 적
의부터 드러내는 '극우파'가 될 생각도 없지만, 그렇다고 해서 국가라는
미명 하에 도덕이라는 날카로운 검을 막무가내로 휘두르는 것을 잠자코

지켜볼 생각도 없다. 나는 그저 역사적인 관점에서 이 문제를 다뤄보려고 한다. 먼저 한 가지 묻고 싶은 것이 있다. 어느 날 당신도 마윈이나 왕스와 같은 성공을 거둬 그들의 입장에 섰다면 어떻게 말했을까?

누군가 잘못된 발언을 할 때마다 중국 사회는 비난하는 데만 급급했지 그들이 무슨 이유에서 그런 말을 하는지 진지하게 생각해본 적이 없다. 물론 그들의 말에 나 역시 동조할 생각은 없다. 아니, 오히려 그들의 발언에 문제가 있으며 여론으로부터 비난을 받는다고 해도 일말의 동정심도 없다. 그런데 한 가지 놀라운 것은 잘못된 발언으로 사회적 물의를 일으킨 이들을 비판하는 네티즌의 수준이 상당하다는 점이었다. 한 네티즌이 왕스에게 한 말은 나를 감동시키기까지 했다. 왕스를 비난할 의도로 꺼낸 말은 아니라고 생각되지만 그 네티즌의 말은 평소의 우리 자신을 되돌아보게 한다.

"왕스, 당신이 얼마나 많은 고산의 정상을 정복했건 그 인품은 죽어서 묻힐 무덤보다 한참 아래요!"

마윈에 대한 평가 중에도 괜찮은 내용이 있는데, 그 말 덕분에 네티즌의 유머감각이 얼마나 대단한지 알게 되었다.

"당신의 영혼은 당신의 외모와 같소!"

그밖에 한 네티즌은 나름 치밀한 자료를 내놓기도 했다.

"완커에게 200만 위안은 어떤 의미일까? 200만 위안은 완커가 2007년에 벌어들인 전체 이윤의 단 0.04퍼센트에 불과하다. 어마어마하게 많은 돈을 벌면서 마윈은 이윤의 0.04퍼센트에 불과한 금액을 성금으로 내놨다."

또 다른 네티즌 역시 마윈에 관한 자료를 제시했는데, 그 내용이 정확한지는 알 수 없지만 독자 여러분에게 소개할까 한다. 네티즌의 주장에 따르면 왕스가 유명한 세계의 고산을 열두 번 등산하는 데 부려 3천 684만 위안을 썼다고 한다(왕스의 취미는 등산으로, 이미 7대륙 최고봉을 모두 정복했다 _옮긴이). 그렇다면 왕스의 연봉은 얼마일까? 691만 위안이다.

이처럼 중국의 기업가는 '도움'이라는 문제에 대해 다른 생각을 가진 듯하다. 문화적인 관점에서 이 문제를 살펴보자. 먼저 두 사람을 소개하겠다. 한 사람은 빌 게이츠, 나머지 한 사람은 워런 버핏이다. 이 두 사람은 그저 그런 전문 경영인이 아니라 상장사를 보유한 소수의 억만장자다. 특히 빌 게이츠는 세계 부호(富豪) 리스트에서도 줄곧 1위를 차지했고 워런 버핏 역시 그에 못지않은 자산을 보유하고 있다. 두 사람의 행보는 상당히 흥미로운데 중국 내 부호들과는 분명한 대조를 보인다. 빌 게이츠와 워런 버핏은 각각 자선재단을 세웠다. '빌 & 멜린다 게이츠 재단(Bill & Melinda Gates Foundation)'이라고 불리는 재단에 빌 게이츠는 자신의 모든 재산을 기부했을 뿐만 아니라 TV에 출연해 자선사업에 대한 자신의 생각을 밝혔는데 그중에는 나를 감동케 한 구절도 있다.

"(재산은) 사회로부터 받은 것이니 이제는 사회에 돌려줄 생각입니다. 저는 그저 그 재산이 제대로 관리되도록 도왔을 뿐입니다."

참 이상한 말이다. 중국인은 흔히 재물은 제 손으로 만드는 것이라고 이야기한다. 제대로 관리되도록 도왔다는 것이 무슨 뜻이란 말인가? 어쨌든 내 손을 거쳐 만든 것이라면 결국 내 것이 아니던가! 하지만 빌 게이츠는 그렇게 생각하지 않았다. 1억 달러에 상당하는 건물을 남기겠다고 밝힌 그는 아이들 앞으로 각각 천만 달러를 남겨 두었다면서 자녀들이 대학을 졸업할 때까지 아버지로서의 역할에 충실하겠지만 그 후에는 아이들 스스로 살아가야 할 것이라고 이야기했다. 2008년 수백억 달러에 달하는 기부금을 자신의 자선 단체에 기부한 워런 버핏 역시 빌 게이츠와 같은 생각이다.

그리고 나를 놀라게 한 또 다른 사건이 있었다. 상속세 완전폐지에 대한 이른바 미국 '사회 지도층'의 거센 반발이었다. 조지 부시 전 미국 대통령은 취임한 이후 2010년 전까지 단계적으로 상속세를 폐지하겠다는, 16조 달러 규모의 감세계획을 발표했다. 이 소식에 수많은 미국 사업가가 쾌재를 불렀을 것이라고 중국인은 생각했다. '상속세를 폐지한다니, 와우! 피 같은 내 재산을 세금으로 바치는 것이 아니라 고스란히 내 새끼들에게 남겨줄 수 있다니!' 이렇게 기뻐할 것이 분명하다고, 미국 부호 중에서도 가장 좋아할 사람이 빌 게이츠일 것이라고 생각했다. 빌 게이츠가 미국 최고 부자이기 때문이다. 이것이 바로 중국인의 사고방식이다.

하지만 중국인의 예상을 뒤엎고 미국 내 부호 120명이 상속세를 폐지하겠다는 정부에 반대한다는 공동성명을 발표했다. 그중에는 빌 게이츠의 아버지 윌리엄 게이츠, 워런 버핏, 조지 소로스, 석유재벌 록펠러 등이 포함되어 있었다. 이들은 상속세를 폐지하면 미국 내 젊은이들이 실력을 겨룰 공정한 기회를 빼앗을 수 있다고 주장했다. 미국의 장기적인 발전을 위해서 정부의 정책에 동조할 수 없다는 것이 그들의 생각이었다. 빌 게이츠와 워런 버핏이 미쳤다고 생각하는가?

해당 정책이 기업가들에게 유리함에도 그들은 도대체 무슨 생각을 하는 것일까? 그들의 속내를 진지하게 생각해본 적 있는가? 먼저 한 가지 사실을 명심해두기 바란다. 나는 빌 게이츠를 칭찬할 생각은 전혀 없다. 그렇다고 중국의 기업가를 비난할 생각도 없다. 그저 독자들에게 이 문제를 잠시 고민해달라고 부탁하고 싶다.

위에서 언급한 중국과 미국의 부호들은 모두 하나같이 능력 있는 사업가다. 그럼에도 이들이 서로 다른 생각을 품게 된 이유는 무엇인가? 그리고 한 가지 사실을 덧붙이자면 이것은 옳고 그름의 문제가 아니다. 빌 게이츠가 옳고 중국이 틀렸다고 쉽게 단정짓지 마라. 이는 단순한 문제가 아니다. 이들 미국 부호들의 행동에는 도대체 어떠한 사회문화적 유전자가 들어 있는 것일까? 이 점이 바로 내가 다루려고 하는 문제다.

전문 경영인의 DNA는 어디에서 비롯되는가?

도덕이라는 날카로운 검을 마구잡이로 휘둘러서는 안 된다. 무작정 칼을 들이대는 것은 사실 누구도 할 수 있을 만큼 쉬운 일이다. 마음대로 부자를 욕할 수야 있겠지만 그저 욕만 한다고 해서 얻는 것은 아무것도 없다. 일시적인 감정에 휘둘려 비난을 퍼붓기보다는 현상에서 소중한 교훈을 찾는 편이 현명하다고 생각한다.

개인적으로 역사에 관한 이야기를 나누는 것을 무척 좋아하는데, 비단 나뿐만 아니라 내 글을 읽는 독자들 역시 내가 들려주는 역사 이야기를 좋아한다. 내가 들려주는 역사 이야기가 난생처음 듣는 이야기이기 때문이다. 대학에서 배우는 역사와 다르기 때문에 재미있다는 것이 많은 독자의 평이다. 그렇다면 먼저 서방에서 비롯된 기업가 정신 혹은 서방에 뿌리를 둔 현대적 기업은 어떻게 형성되었는지 이야기해보겠다. 또 그러한 문화에서 형성된 사고가 중국과 다른 까닭에 대해서도 살펴보겠다. 자, 역사 속으로 들어가 보자.

AD 10세기에 주식회사가 설립되면서 서양은 최초의 기업가를 탄생시켰다. 당시 교황은 많은 이의 머릿속에 죽은 후 지옥에 떨어지는 것이 얼마나 무서운 일인지를 또렷이 새겨넣었다. 교황의 설교에 겁을 먹은 가련한 민중은 어떻게 해야 지옥에 떨어지지 않을지 고민했고, 부자들은 죽기 전에 재산을 교회에 헌납하기 시작했다. 이렇게 해서 AD 10세기 중엽에는 영국 전체 토지의 60퍼센트가 교회의 소유지로 변했다.

하지만 교회 성직자는 직접 기업을 경영할 수 없었을 뿐만 아니라 합법적인 후손이 없기 때문에 힘들게 모은 재물을 물려줄 수도 없었다. 상황이 이렇게 되자 성직자들은 문제를 해결하는 데 몰두하기 시작했다. 그 해결책이 바로 현대적인 주식회사였다. 즉, 주식회사를 세운 뒤 전문 경영인을 초빙해 교회 기업을 경영토록 했다. 이 전문 경영인들이 관리자라면 이 기업들의 소유자는 누구일까? 바로 교회다. 기업의 경영권과 소유권이 분리된 최초의 순간이다. 이러한 제도가 얼마나 좋은지 이야기하려는 것이 아니라, 교회가 기업을 보유한 환경 속에서 해당 시스템의 탄생이 필연적이었다는 것을 강조하고자 한다.

교회의 신권이 절대 세력을 구가하던 시절, 영국 농
민들은 상속이나 계약을 통해 토지를 교회에 헌납하
고 경영권은 존경받는 교사(敎士)에게 넘겼다. 여기에서 존경받는
교사가 바로 지금의 현대적 전문 경영인의 전신이다.

교회 기업을 경영하던 전문 경영인을, 당시 영국에서는 '전문 인재'
라는 뜻의 'Profess(교수를 의미하는 영어 'Professor'와 'Profess'의 어근이 같
다)'라고 불렀다. 그렇다면 전문 경영인이 된 이들에게는 어떤 믿음을 있
었을까? 열심히 기업을 경영하는 까닭은 무엇이었을까? 그것은 바로 하
나님이 사랑하는 인간을 위해 봉사하는 것이었다. 좀 더 구체적으로 이
야기해보겠다. 그들의 가슴 속은 막중한 책임감으로 가득 차 있었다. 그
들은 모두 교회의 신실한 신자였고 교회가 파견한 가장 뛰어난 'Profess'
였으며 순수한 의미의 기술자, 전문가였다. 쉽게 말해서 이들은 기업의
효율적 경영을 하나님에게 영광을 돌리는 일이라고 생각했다. 여기서 우
리는 한 가지 사실을 발견할 수 있다. 하나님은 인간을 사랑한다고 주장
하던 이 'Profess'들이 기업의 전문 경영인이 된 후 자신의 사회적 책임
감을 어떻게 짊어져야 할지 고민했다는 점이다. 다시 말해 '부여받은 책
임', 어떻게 하나님이 사랑한 사람들을 행복하게 만들어줄 것인지를 고민
하기 시작했다. 이것이 바로 주식회사가 탄생하게 된 배경이다.

주식회사라는 개념을 떠올리며 이러한 배경을 과연 얼마나 제대로
이해하고 있는지 독자들에게 묻고 싶다. 중화 민족은 책을 멀리하는 민
족인데다 서양 역사에 대한 기본적인 이해의 틀마저 부실하다. 심지어

빌 게이츠의 가치관이나 사고방식을 어디서부터 찾아야 하는지도 모른다. 이 서양 기업가들의 사상적 뿌리는 바로 여기에서 시작된다. 즉, 그들이 경영한 것은 신성한 하나님의 기업이기 때문에 그들의 윤리 도덕과 사회적 책임감은 주식회사의 발전과 궤를 같이해왔다고 볼 수 있다. 이들 전문 경영인은 자신이 하나님으로부터 부름을 받은 존재라고 생각하며, 하나님이 사랑한 백성, 다시 말해서 전체 사회와 모든 백성을 위해 자신이 재물을 창조해야 한다고 생각한다. 이는 서양 전문 경영인에게는 삶의 궁극적 목적이지만 중국 독자에게는 헛소리나 신화로 들릴 것이다.

내 설명을 듣고 중국 독자들은 기분이 상하거나 화가 날 수도 있을 것이다. 하지만 부디 감정을 가라앉히고 냉정하게 생각해주기를 바란다. 중국의 많은 전문가와 학자는 중국 국유기업에 문제가 있는 것은 기업이 경영자의 소유가 아니어서 제대로 운영되지 못하는 탓이라고 이야기한다. 그러면서 이들 전문가와 학자는 '아이스바(Ice bar) 이론'을 제시했다.

'아이스바 이론'이란 무엇일까? 자신의 소유가 아닌 기업은 제대로 운영하지 않아서 마치 상온에 내놓은 아이스바처럼 서서히 녹게 되는데, 아이스바가 녹아서 없어져버릴 바에야 다 녹기 전에 팔자는 이론이다. 이른바 MBO(Management Buy Out, 경영자 매수. 경영진 또는 종업원이 인수자금의 일부를 조달하는 형태인 경영진에 의한 인수합병을 가리킨다 _옮긴이)로, 경영인이 국유기업을 인수해 제대로 운영한다는 뜻이다.

중국 내 많은 학자들의 이론에 따르면 기업이 반드시 경영주의 소유일 때만 제대로 운영되며, 그렇지 않은 경우 사회 구성원은 기업을 제대로 운영하지 않아도 된다는 결론에 도달한다고 한다. 이것이 바로 중국인이 받은 교육이다. 바로 이 찰나의 순간에 중국인에게 주어진 책임 감과 서양의 것은 완전히 다른 방향을 향하게 된다. 이런 교육 속에서 중화 문화의 미덕, 시비(是非), 선악(善惡)의 판단기준은 몽땅 사라지고 만다.

국유기업이 최대의 피해자라고 생각하는가? 그렇지 않다. 진정한 피해자는 오늘날 우리가 목격하고 있는 수많은 민간 기업인이다. 그 근거는 무엇일까? 민간 기업을 경영하는 사업가가 반드시 해당 기업을 몽땅 자신의 것으로 소유하고 있는가? 그렇지 않다. 그럼에도 이들은 기업 경영을 위해 부사장을 초빙하고, 사장단을 초빙한다. 그리고 과장 후보자를 물색하고 직원을 고용한다. 그렇다면 여기서 질문 하나! 해당 업체가 민간 기업인의 소유라면 이 업체는 민간 경영인이 고용한 직원들의 것인가? 역시 그렇지 않다. 다시 질문! 자신의 것이 아니니 직원들로서는 기업을 제대로 운영하지 않아도 되지 않을까? 민영 기업을 운영하는 많은 경영인은 직원들이 사장을 위해 주지 않는다며 한탄을 늘어놓거나, 회사를 위해 있는 힘껏 일하는 사람이 없다고 불평을 늘어놓는 이유가 바로 여기에 있다. 이러한 나의 주장은 절대 틀리지 않았다.

현재 많은 젊은이가 한 업체에서 2~3년 정도 일한 뒤에 자신도 사장이 되겠다는 꿈에 취해 지금의 자신을 만들어준 회사의 가르침과 노력을 모른 체하는 것도 모자라 'Profess'로서 기업 경영주나 주주로부터 부여받은 책임조차 다하지 않는다. 'Profess'로서 맡은 역할을 무시하는 중국인은 도대체 무엇을 위해 고민할까? 바로 자기 자신이다. 자신만 좋으면 다 좋다며, 제 자신이 그 무엇보다도 중요하다고 생각한다. 기업이 자신의 소유가 아니므로 잘 운영하지 못해도 된다고 생각하는 반면, 기업 혹은 특정 대상이 자신의 것이라야 최선을 다한다. 중국인이 가장 아끼는 존재가 누구인가? 내 가족, 나 자신, 그리고 내 손에 쥐어진 돈만 챙기고 사랑한다. 그렇다면 사회적 책임감은? 부여된 책임은? 사람들에 대한 책임감은? 중국인에게 그런 것은 아무런 의미도 되지 못한다.

바로 여기서부터 중국인과 서양인의 DNA는 달라지기 시작했다고 이야기할 수 있다. 서양인의 피는 종교로부터 주어진 책임감에서 비롯된 것이지만, 중국인의 피는 자아를 중심으로 이루어진 것이다. 여기까지 읽은 독자라면 이제 왕스나 마윈의 발언을 이해할 수 있을 것이다. 자신만 위하는 환경에서 그들의 발언은 지극히 자연스러운 것이다. 금액이 기업가에게 부담이 되어서는 안 된다는 그들의 주장도 일리가 있는 것 같다. 이들 기업가는 충분한 능력이 있지만 자선 활동을 해서는 안 된다고 이야기한다. 자선은 자신과는 아무런 관계도 없는 '남의 일'이기 때문이다. 그렇다면 이 기업가들은 무엇을 하려고 할까? 더 많은 돈을 벌기 위해 재생산을 확대하려고 한다. 그렇게 해서 번 돈을 누구에게 주려고 하는 것일까? 바로 그 자신에게다.

우리 세대에게 문제가 있다

2008년 12월 8일, 관련 문제에 대해 『독자(讀者)』와 인터뷰한 적이 있다. 아래 내용은 당시의 인터뷰 내용을 정리한 것으로 여러분에게 도움이 되리라 생각한다.

독자 대학생 문제는 비단 실업문제로만 국한되는 것이 아니라 많은 심리적 문제도 내포되어 있습니다. 일자리를 구하지 못하는 것도 물론 두려운 일이지만 이보다 무서운 것은 냉담, 이기심, 고독 같은 심리적인 '실업'이죠. 이러한 심리적 문제는 삶에 대한 희망을 잃게 하고 약소 계층에 대한 동정심을 빼앗고 가족에 대한 믿음마저 무너뜨립니다. 심지어 극단적인 행동마저 감행케 하죠. 예를 들어 중국 정치법률대학교(中國政法大學)에 재학 중인 학생이 교수에게 흉기를 휘두른 사건도 있었습니다. 중국 대학생에게 무엇이 부족하다고 생각하십니까? 인문 교육일까요? 중국 대학생, 심지어 중국 내 모든 학생에게 어떠한 교육적 풍토가 마련되어야 한다고 생각하십니까?

랑셴핑 제 생각은 이렇습니다. 먼저 다른 관점에서 위의 문제에 대한 답변을 들려드리자면, 오늘날 우리는 대학생에게 너무 많은 것을 요구하고 있습니다. 반면에 저와 같은 또래, 특히 40~50대가 자신을 바라보는 눈높이는 높기는커녕 지나치게 낮습니다. 오늘 인터뷰에서 가장 이야기하고 싶었던 문제였는데, 물어주셔서 고맙습니다.

독자 감사합니다.

랑셴핑 오늘날 우리는 대학생을 비난하지만 정작 그들을 비난하는 자신을 진지하게 되돌아보는 경우는 많지 않습니다. 이 모든 것은 사실 우리 세대가 저지른 잘못입니다.

독자　우리 세대에게 문제가 있다는 말씀이신가요?

랑셴핑　네, 바로 우리 세대가 저지른 잘못이죠. 지금의 대학생이 냉소적으로 변한 까닭은 무엇일까요? 왜 그들은 이기적이고 괴팍하게 변했을까요? 이러한 현상은 그냥 생겨난 것이 아닙니다. 여기에는 분명한 이유가 있죠. 국유기업의 개혁을 예로 들어 설명해보겠습니다. 많은 학자가 현재 중국인은 자신의 소유가 아니면 신경 쓰지도 않지만, 자신의 소유라면 지나치게 집착하고 자신의 모든 것을 쏟아 붓는다고 주장합니다. 국유기업 역시 자신의 소유가 아니므로 망해도 된다고 생각합니다. 하지만 자신의 소유로 변한 뒤에는 반드시 성공해야 한다고 생각하죠. 이렇게 다음 세대를 교육한다면 우리처럼 자신만 아는 이기적인 존재가 생겨나지 않겠습니까? 미국인의 경우는 어떠한가요? 제가 조금 전에 말한 미국 120대 부호가 광고를 낸 사건을 떠올려보십시오. 만일 중국이 이러한 방식으로 미래의 후손을 교육한다면 그들은 여전히 이기적인 존재로 남을까요? 냉담하고 사회에 무관심한 존재가 될까요? 아닐 겁니다. 요새 대학생이 이기적이고 냉소적이라고 비난하기 전에 먼저 자신이 그러하지는 않은지 살펴봐야 할 것입니다.

독자　정작 감기에 걸린 것은 우리 세대인데, 우리 대신 대학생에게 약을 먹이려고 하는 거군요.

랑셴핑　네, 제 생각도 그렇습니다. 틀림없다고 생각합니다. 끔찍하게 이기적인 것은 자신이면서도 정작 자신을 되돌아보지 않죠. 쉬운 말로 똥 묻은 개가 겨 묻은 개 나무란다는 격일까요?

누가 미국을 지배하는가?

다시, 유럽의 역사에 대해 계속해서 이야기해보겠다. 속세에 얽매이지 않는 신성한 책임감은 사회적 풍요로움에 따라 와해되었다. 다시 말해서 AD 10세기에 형성된 숭고한 교회 기업의 경영이념은 AD 14세기 이후에 이르러 미처 손 쓸 새도 없이 무너져내리기 시작했다. 붕괴의 원인은 다름 아닌 자본의 증가였다. 자금 사정이 넉넉해졌으니 무엇을 가장 먼저 할까?

사람들의 머릿속에 가장 먼저 떠오른 것은 바로 자신이었다. 즉, 다른 사람의 처지 따위는 아랑곳하지 않고 오로지 자신만 생각하며 사치스러운 삶을 향유하기 시작했다. 바로 이러한 이유에서 중세 이후 유럽사회에는 현재의 중국과 비슷한 상황이 출현했고 종교에서 비롯된 사회적 책임감은 자취를 감춰버렸다.

서양의 현대적 기업은 여전히 교회 기업으로서의 전통을 유지하고 있다고 생각하지만 10세기부터 13세기까지 유행한 교회 기업의 이념에 바탕을 둔 경영이념은 중세기의 암흑시대를 거치면서 이기적인 방향으로 선회했다. 그러던 것이 19, 20세기에 접어들면서 새로운 역사적 단계에 도약했는데 대표적인 업체로는 코카콜라가 있다.

역사적으로도 상당히 중요한 의미가 있는 이 기간은 바로 1890년대로, 미국 정부가 엄격한 법적 조치를 통해 미국 기업에 주어진 책임을 다하도록 압박하는 '반독점법'(경제법에서 가장 중요하고 핵심적인 법률로서, 자유

경제대헌장이라고도 불린다 _옮긴이)을 제정하면서 시작되었다. 이는 자발성을 강조했던 초기의 모습과 완연히 다른 형태로, 19세기 이후에는 강제성이 동반되었다. 그렇다면 미국 정부는 기업을 어떻게 압박했을까? 해당 문제를 전문적으로 연구한 끝에 얻은 결론을 2002년에 「유럽 금융 경영」이라는 학보에 소개했는데, 그 글의 제목이 '누가 미국을 지배하는가?'였다.

누가 미국을 지배하고 있을까? 당시 내가 찾은 자료에서는 이렇게 설명한다. '미국 정부'는 '반독점법'을 이용해 혈연을 바탕으로 똘똘 뭉친 '대가족'을 해당 경제 시스템 밖으로 쫓아냈다. 그 방법은 무엇이었을까? 높은 주가 수익률을 미끼로 이들을 시장에서 빼낸 뒤에 미국 기업을 과거의 족벌형 기업에서 대중이 주식을 보유하는 기업으로 변화시켰다. 이러한 정부의 노력 덕분에 오늘날 미국의 상장사 대부분은 일반 대중이 해당 기업의 주식을 보유한 주식회사로 자리잡았다. 사실상 이는 미국 정부가 취한 조치에 따른 결과라고 볼 수 있다.

당시 기업을 경영하던 전문 경영인들은 '중세의 위기'를 겪으며 현재의 중국처럼 자신만 위할 줄 하는 DNA를 갖게 되었지만 엄격한 법률을 앞세운 미국 정부는 초기 유럽의 전문 경영인이 지녔던 책임감을 저버리지 않도록 이들 전문 경영인을 단단히 교육시켰다. 그 결과 이들 기업은 미국에서 법을 준수하고 과거의 사회적 책임감을 여전히 제 두 어깨에 짊어지고 있다.

다시 말해서 그들은 여전히 사회를 위해 재화를 창출하고 있다. 구체적으로 어떻게 창출하고 있을까? 바로 미국의 증시에서, 대중이 주식을 보유한 기업을 통해 창출하고 있다. 하지만 중국의 상장사는 미국과는 전혀 다르다. 중국 내 상장사의 대주주는 가족, 개인이지만 미국은 그렇지 않다. 미국 내 상장사를 떠받치는 주주는 대부분 중·소형 투자자다. 미국 정부는 법률의 힘을 빌려 중·소형 투자자가 재화를 창출할 수 있도록 전문 경영인들을 압박하는데, 기업을 제대로 운영하지 못하면 법률에 따라 죗값을 치르게 하거나, 최악의 경우 옥살이를 각오해야 한다. 전문 경영인이 주어진 책임을 망각해 고발되거나 체포된다면 심각한 결과를 초래할 수 있기 때문이다. 이렇게 엄격하게 법률을 집행하는 목적은 천 년 전 유럽의 제도를 계승함으로써 이들 전문 경영인에게 사회를 위해 재화를 창출하라는 사회적 책임감을 단단히 심어주기 위함이다.

모든 상장사는 해당 사회의 중·소형 주주와 일반 대중으로 구성되기 때문에 상장사를 경영하는 모든 전문 경영인은 자신이 맡은 바 책임을 다해야 하며, 단 1달러를 벌어도 증시의 주가 수익률 향상을 통해 전체 사회에 그 30배에 달하는 수익을 돌려줄 수 있어야 한다! 기업이 1달러를 벌었다고 해도 자사 주가가 30배 올랐다면 모든 소형 투자자에게 주가 상승에 따른 혜택을 고루 나눠줄 수 있을 것이다.

전문 경영인이 자신에게 주어진 책임을 성실하게 수행하고 이를 나라에서 엄격하게 감시한다면, 대중은 안심하고 기업에 투자하게 된다. 이렇게 해서 형성된 증시에서의 수익률 확대를 통해 사회 전체가 재화 증가에 따른 혜택을 누린다. 이러한 이유로 미국이 성장할수록 미국 국민은 부유해진다.

재화는 누가 창출하는 것일까? 미국 내 전문 경영인이 창출하는 것이다. 이들 전문 경영인과 AD 10세기의 전문 경영인을 비교해보면 한 가지 사실을 발견할 수 있다. 즉 이들은 평생 목표인 사회를 위한 재화 창출이라는 똑같은 임무를 수행하지만 태도는 완전히 다르다. 초기에는 하나님에 대한 경외심에서 비롯된 것이라면 지금은 법률에 대한 공포감 때문에 사회를 위해 재화를 창출한다.

그렇다면 현재 중국의 전문 경영인의 심리는 어느 시대에 머물러 있을까? 바로 유럽의 중세기, 모든 것을 자신 위주로 생각하던 시절에 머물러 있다. 중국의 전문 경영인은 하나님을 경외하는가? 아니다. 중국인은 신을 믿지 않는다.

미국처럼 중국에도 엄격한 법률이 있다면 그들에게 주어진 책임을 끝까지 짊어지라고 압박할 수 있었을까? 그것도 아니다. 하나님에 대한 최초의 경외감도 없고 법률에 대한 후반의 공포심도 부족한 상태에서 중국의 전문 경영인은 오로지 모든 것을 자기 위주로 계산할 수 있었다. 이러한 상황에서 '아이스바 이론'이라는 이론이 등장하게 된 경위를 이상하게 생각할 필요 없다. 왜냐하면 '아이스바 이론'은 바로 우리 세대의 특수한 산물이기 때문이다.

여기까지 내 이야기에 귀를 기울인 독자라면 빌 게이츠와 워런 버핏이 자신의 재산을 사회에 기부한 까닭이 무엇인지, 서구의 전문 경영인이 그러한 사회적 의식을 갖게 된 경위는 무엇인지, 그리고 그들이 왜 '나는 그저 모두를 대신해서 사회의 부를 관리했을 뿐입니다'라고, 중국 기업가들은 도통 알아듣지 못하는 소리를 하는지 이해할 수 있을 것이다. 왜냐하면, 그들은 서양의 기업가이기 때문이다. 그것도 천 년이라는 유럽 역사가 낳고 기른 빌 게이츠와 워런 버핏 같은 기업가이기 때문이다. 신권과 법률에 대한 경외심으로 서양의 전문 경영인은 대중에게 봉사해야 한다는 의식을 갖게 되었고, 이러한 의식이 널리 보급된 후 사회적 책임감이라는 개념 역시 사람들의 가슴 속에 파고들기 시작했다는 점을 기억해두기 바란다.

중화 문화를 '아이스바 이론'에서 떨어뜨려놓자

빌 게이츠와 워런 버핏이 중국 기업가보다 더 투철한 도덕의식을 갖추었을까? 반드시 그렇지만은 않다고 생각한다. 그들과 중국은 서로 다른 역사를 가지고 있기 때문에 왕스, 마윈 같은 중국 기업가는 자선 사업을 할 바에야 제 사업에 투자하겠다고 이야기한 것이다. 그런 말을 한 후에 그들 자신도 분명히 후회했으리라. 말이 많아지다보니 마음속 깊은 곳에 숨겨둔 생각을 자신도 모르게 털어놓다가 사회 여론으로부터 뭇매를 맞고 말았다. 결국 왕스도, 마윈도 기부 행렬에 동참했다. 이는 지극히 당연한 결과로, 이른바 위기 경영이라는 것이다.

여론으로부터 뭇매를 맞은 왕스는 피해지역의 복구사업에 1억 위안을 내놓겠다는 뜻을 밝혔다. 알리바바가 성금으로 5천만 위안을 내놓겠다고 발표한 뒤, 마윈 본인 역시 개인 명의로 100만 위안을 기부하겠다는 뜻을 밝혔다. 그들의 행동은 쉽게 이해가 된다. 해서는 안 되는 말을 내뱉었기 때문이다. 하지만 그들이 이런 발언을 하게 된 것은 그들 개인만의 문제가 아니라고 생각한다.

좀 더 심층적인 측면에서 지금의 현상을 바라보면 중국 역사가 현 세대 기업가를 만들어낸 방법과 과정을 발견할 수 있다. 중국 기업가는 서구의 초기 기업가가 지닌 'Profess'로서의 의식이 부족할 뿐만 아니라, 법률적 구속력에 대한 후기 기업가의 공포심마저 부족하다. 이러한 상황에서 마음속에 담아둔 이야기를 꺼내놓은 것은 전혀 이상한 것이 못 된다. 이 같은 역사관은 사실 내 머리와 손으로 만든 것으로, 다른 데서라면 전혀 듣지 못했을 이론이다. 역사적 이론은 도덕적 비난과 전혀 다른 성질의 것이다. 평소라면 도덕이라는 날카로운 검을 마구잡이로 휘두를 수 있겠지만, 왕스나 마윈 같은 성공을 거둔 뒤라면 그들의 전철을 밟게 될 것이 분명하다. 우리는 모두 '아이스바 이론'을 길러낸 문화가 낳고 기른 후손이기 때문이다. 이들을 향한 도덕적 비난이 잘못되었다고는 생각하지 않지만, 그보다는 근본적으로 문제 해결을 고민하는 편이 더 현명할 것이다. 이제 내가 뭐라 이야기할지 감이 오는가? 다음 세대에 대한 현 세대의 가르침, 즉 모든 것을 자신을 중심으로, 이기적으로 사는 법을 가르치는 것이 과연 옳은 것인지 스스로 진지하게 고민해보라고 진심으로 호소하는 바다.

상하이에서 내 눈으로 똑똑히 목격한 사건을 잠깐 소개하겠다. 당시 나는 홍커우(虹口) 구 화훙샤오취(華虹小區)의 골목을 지나가던 택시 한 대를 우연히 목격했다. 택시는 규정대로 주행 중이었는데, 갑자기 같은 도로의 맞은편에서 택시를 향해 달려오는 승용차가 나타났다. 운전석에는 40~50대로 보이는 아줌마가 앉아 있었고 설상가상으로 뒷자리에는 사내아이 둘이 앉아 있었다. 같은 차선에서 맞닥뜨린 두 차 중 어느 쪽이 먼저 후진해야 할까? 교통 상식대로라면 여성 운전자가 후진해야 하지만, 어찌 된 영문인지 여성 운전자는 후진하기는커녕 그 자리에서 시동을 끄더니 자동차 키를 뽑아든 채 뒷자리에 앉아 있던 아이들을 안아 들고 재빨리 옆에 있던 주택가로 사라져버렸다. 그렇다면 반대편 운전자는 이 상황을 어떻게 받아들여야 했을까? 상대방 여성 운전자가 사라져버렸으니 택시 운전사는 차를 후진할 수밖에 없었다.

여성 운전자에게 진심으로 묻고 싶다. '그렇게 댁의 아이들을 가르칠 겁니까? 댁의 아이가 자신만 편하면 만사형통이라고 생각하도록 내버려둘 작정인가요? 남이 고통을 받든 어쨌든 제 한 몸만 좋으면 뭐든지 좋다고 생각하도록 내버려둬도 되나요?' 이 얼마나 슬프기 짝이 없는 문화란 말인가!

지난 원촨 대지진을 겪으며 모든 중국인이 나와 마찬가지로 비통했으리라 확신한다. 하지만 그 사태를 통해 나는 한 가지 사실을 발견했다. 윤리 도덕과 시비와 선악 판단에 대한 중국인의 잣대가 한 단계 높아졌다는 것을 말이다. 얼마나 많은 고산의 정상을 정복했든 그 인품이 죽어서 묻힐 무덤보다 낮다는 몇몇 네티즌의 발언은 수십 년 동안 중국 전체 사회에서 뿌리박혀 있던 고질적인 가치관에 일침을 가했을 뿐만 아니라, 현재 중국 사회의 가치관에 문제가 있음을 경고했다. 그러므로 왕스나 마윈을 무조건 비난할 것이 아니라 자신도 그런 사람이 아닌지, 위에서 소개한 여성 운전자와 같은 행동을 하고 있는 것은 아닌지 먼저 생각해봐야 할 것이다. 엄연히 잘못을 저지르고도 차 시동을 꺼버리고 아이들만 데리고 집으로 돌아가는 행동을 혹시나 다음 세대에게 가르치고 있지는 않은가? 차에서 내리기 전에 먼저 상대방이 지나가도록 배려해주어야 한다고 생각하고 있는가?

사실 나는 그렇게 한다. 상대방이 먼저 지나가도록 기다리고 있으면 오히려 상대방은 이상한 눈빛으로 나를 쳐다본다. 마치 그 눈빛은 '이거 미친 놈 아냐?'라고 말하는 듯하다. 심지어 많은 네티즌은 내게 지진 피해 지역에 얼마나 기부했느냐고 묻기도 한다. 내 대답은 이렇다.

"당신들이 나를 몰라도 한참 모르는군."

물어볼 필요도 없다. 어찌 성금을 내지 않을 수 있겠는가? 그렇다고 그걸 굳이 대대적으로 떠벌릴 필요는 없다고 본다. 같은 국가에서 함께 살아가는 사회 구성원이라면 당연히 져야 할 일이기 때문이다. 게다가 제아무리 많은 기부금을 낸다고 한들, 피해지역 어린이가 자신보다 힘든 사람을 위해 기부한 1마오(毛)보다 귀하랴? 그렇지 않다. 왜? 그것이 바로 사회적 책임이라는 것이기 때문이다.

중국인에게 이런 의미의 책임감이 존재할까? 여기 나온 사례를 통해 중국 문화에 도대체 무슨 문제가 있는지 전체 사회 구성원이 진지하게 되돌아보기를 바란다. 사실 원촨 대지진이 중국 사회에 가져다 준 '충격파'는 지진 그 자체가 아니라 대자연의 참사 앞에서 전 국민이 보여준 새로운 문화로의 발돋움이었다. 중국인 스스로 똑똑히 목격한 강인함, 단결력, 주변을 향한 따스한 관심과 책임감이라는 울림이 중국인의 뜨거운 피에 흘러들어 이기적인 문화에 오염되었던 피를 씻어주기를 바란다.

4장

중국은 세계를, 세계는 중국을
이해하지 못하다

서양인의 눈에 비친 중국은 어떤 모습일까? 어떤 거인인가? 거대한 몸집에 5천 살이나 먹은 거인은 역사라는 거대한 무대에 첫 발자국을 디딘 순간부터 지금까지 쉬지 않고 몸집을 키우고 있다.

2008년 7월 8일 베이징 서우두(首都) 국제공항은 베이징 올림픽을 취재하러 온 외국 기자단을 맞이했다. 제29회 베이징 올림픽을 취재하기 위해 중국을 찾은 외국 기자단의 첫 업무가 시작되면서 각국 기자단이 속속 중국 땅을 밟았다. 통계에 따르면 베이징 올림픽 대회 기간 보도에 참여한 외국 매스컴 종사자 수가 무려 3만 명에 가깝다고 한다. 이들에게 취재 대상은 경기 하나로 국한되지 않았다. 중국의 경제, 문화 및 환경 등 다양한 분야가 이들에게는 흥미로운 취재 대상이었다. 미국 CNN의 한 담당자는 중국에 대한 미국인의 관심이 뜨겁다며 올림픽 경기 외에도 중국의 사회·경제·인문 등 다양한 분야를 다룬 프로그램을 마련했다고 소개했다. 이들에게 올림픽은 단순한 스포츠 대회가 아니라, 중국을 이해하기 위한 좋은 기회다. 반대로 중국에게 올림픽은 전 세계에 자신을 좀 더 제대로 알릴 수 있는 무대라고 하겠다.

올림픽은 기적을 가져다주지 않는다

2008년 베이징 올림픽이 개최되기 전, 올림픽을 통한 새로운 발전(증권을 포함한 다른 분야에서의 발전)을 기대해도 좋다고 주장한 많은 경제학자의 발언이 생각난다. 여기에 상하이 엑스포까지 가세하면 중국 경제가 지속적으로 발전할 것이라고 그들은 주장했다. 중국 경제의 장기적 성장을 낙관한 대표적인 인물로는 린이푸(林毅夫) 세계은행 부총재가 있다(참고로 이 책은 베이징 올림픽 이후인 2009년에 집필되었으며, 상하이 엑스포는 2010년에 개최되었다 _옮긴이).

중국 경제의 지속적인 발전은 모든 중국인의 희망이지만 중국인은 상당히 현실적이지 못한 민족이라는 사실을 명심해야 한다. 베이징 올림픽과 중국 윈난(雲南) 지역 사이에 무슨 관련성이 있을까? 흥분을 가라앉히고 현실적인 경제적 의의가 어디 있는지 살펴봐야 할 것이다.

이 글을 쓰는 가장 큰 목적은 남이 하는 말을 아무 생각 없이 되풀이하자는 데 있는 것이 아니다. 100퍼센트 현실적으로, 있는 그대로 올림픽을 바라보는 데 의의가 있다고 생각한다. 본격적인 이야기에 앞서 한 가지 사실을 밝히자면, 나를 포함한 모든 중국인이 올림픽 그 자체에 상당한 기대감을 가지고 있다는 것이다.

2008년 5월에 펑황(鳳凰) 위성TV의 〈창창싼런싱(鏘鏘三人行)〉(홍콩 펑황 위성TV의 대표적인 토크쇼로 세 명의 진행자가 나와서 사회 이슈에 대한 토론을 벌인다 _옮긴이)으로부터 더우원타오(竇文濤) 등과 함께 올림픽에 대한 이야기를 나눠달라는 인터뷰 요청을 받았다. 이 프로그램은 시청자로부터 많은 관심을 받았는데, 당시 그들은 내게 이러한 질문을 던졌다.

"랑 교수님, 베이징 올림픽이 열리기 전에 주가가 오를 거라고 생각하십니까?"

나는 올림픽에 대한 모두의 흥분과 관심은 충분히 이해할 수 있으며, 그런 사고 자체가 당연하다고 설명했다. 그렇다고 해서 올림픽에 대한 환상을 키우지 말라는 충고도 덧붙였다.

"증시라는 것은 엄연히 자신만의 법칙과 펀더멘털을 갖추고 있으며 그 흐름에 맞춰 흘러갑니다. 현재 수많은 중국 기업이 지금 경영상의 어려움에 처해 있는데, 그 충격이 증시에도 고스란히 반영되어 올림픽 개최 전에 주가는 오르지 않고 떨어질 것입니다. 기업 실적이 건전한 방향으로 선회했다면 이러한 경향이 증시에도 나타나겠지만 현재 시장의 모습은 그렇지 않습니다. 그러므로 올림픽이 경제성장을 이끌 것이라는 헛된 기대를 품고 맹목적으로 개인의 미래 투자 계획을 수립하거나 중국 경제의 발전이라는 장밋빛 미래를 꿈꿔서는 안 될 것입니다. 이는 현실을 외면한 망상에 불과할 뿐입니다. 올림픽에 대한 잘못된 환상은 올림픽에 대한 중국인의 오해에서 비롯되었다고 생각합니다."

중국 경제에 대한 올림픽의 영향력은 중국 사회에서
줄곧 뜨거운 화제였다. 올림픽이 중국 경제를 한 단
계 성장시킬 것이라는 낙관론과 올림픽 개최 후 경제가 침체할 것
이라는 비관론이 한 판 대결을 벌이기도 했다. 양측은 자신의 주장
을 뒷받침할 수 있는 자료를 제시하는 등 적극적인 모습을 보였다.
역사적인 자료에 따르면, 1992년 바르셀로나 올림픽은 올림픽 역사
상 최대 수익인 260억 4천 800만 달러라는 경제적 이익을 올렸다.
1996년 애틀랜타 올림픽은 51억 달러에 달하는 총수익을 거뒀으
며, 2000년 시드니 올림픽도 63억 달러라는 이익을 가져왔다. 하지
만 2004년 아테네 올림픽은 많은 이의 예상과 달리 그리스에 경제
성장이라는 선물을 안겨주지 못했다. 그렇다면 베이징 올림픽은 과
연 중국에 어떤 결과를 선사했는가? 과연 서울 올림픽 때의 비약적
경제성장이라는 선물을 가져올 수 있었을까?

그런 의미에서 서울 올림픽을 한번 짚어볼 필요가 있다. 대다수 중
국인은 서울 올림픽을 계기로 올림픽을 오해하고 있기 때문이다. 다시
말해서 중국인 대다수는 한국의 비약적인 경제성장을 1988년 서울 올림
픽이 가져다준 결과물이라고 생각한다. 심지어 삼성이 지금의 성과를 거
둘 수 있었던 것도 1988년 서울 올림픽을 통해 별 볼 일 없는 중소기업
에서 세계적인 대기업으로 성장할 수 있는 발판을 마련했기 때문이라고
주장하는 기사를 본 적도 있다.

이러한 주장은 100퍼센트 잘못된 것이라는 것을 독자는 깨달아야

할 것이다. 삼성과 같은 거대기업이 올림픽 한 번 치렀다고 해서 이름도 모르던 변두리 기업에서 세계적인 다국적 기업이 될 수 있다고 생각하는가? 만일 그렇다면 혹시 자신을 풍부한 상상력의 소유자라고 생각해본 석은 없는가?

이 문제에 관한 심층적인 분석결과를 소개하겠다. 결론적으로 이야기해서 역대 올림픽 중에서 가장 성공적으로 개최된 올림픽은 서울 올림픽임이 틀림없다. 서울 올림픽을 제외한 나머지 올림픽은 그다지 성공하지 못했다. 도쿄 올림픽(1964년)만 봐도 그렇다. 대규모로 치러진 도쿄 올림픽으로 일본은 이후 경제 침체라는 심각한 후유증에 시달려야 했다. 또 인프라 건설에만 치중한 나머지 오염물 단속 및 관리가 상대적으로 느슨해져 심각한 환경문제로 골치도 앓아야 했다. 쓰레기 폐기물이 나날이 급증하면서 새로운 오염원으로 떠오르기도 했다. 많은 자료와 데이터를 수집한 끝에 올림픽 개최를 통한 긍정적인 영향, 그리고 영향력 면에서 서울 올림픽만이 성공적이었다는 결과를 도출할 수 있었다.

올림픽에 관한 중국인의 오해 중 대부분이 서울 올림픽에서 비롯된다. 올바르고 정확한 관점에서 올림픽을 바라볼 수 있도록 독자의 시선을 '교정'하자면, 서울 올림픽이 성공적으로 치러질 수 있었던 것은 본질적으로 한국의 지리적 특징 때문이다. 즉 한국은 땅덩어리가 상당히 작기 때문에, 그것도 전체 인구의 4분의 1 이상이 서울에 거주하고 있었기 때문에 한 번의 올림픽으로 서울 전역에 건설 붐이 일어날 수 있었고, 많은 국민이 올림픽에 따른 혜택을 누릴 수 있었다. 이러한 응집력을 통해 한국 경제는 비약적으로 성장할 수 있었다.

한국의 전체 면적을 모르는 독자라면, 중국의 성(省) 하나보다도 작다고 생각하면 된다. 그렇다면 베이징 올림픽이 베이징 시가 자리한 허베이(河北) 성 전체의 성장을 뒷받침할 수 있을지 진지하게 생각해보자. 티베트는 말할 것도 없고, 신장(新疆), 윈난, 광둥(廣東)처럼 베이징에서 멀리 떨어진 곳에도 올림픽에 따른 직접적인 수혜가 돌아갈 수 있을까?

사실상 수이리팡(水立方, Water Cube, 베이징 올림픽 수영 경기장 _옮긴이), 냐오차오(鳥巢, Bird's Nest, 베이징 올림픽 공식 스타디움 _옮긴이) 모두 십여 년 동안 중국이 꾸준히 추진한 기본 인프라 건설사업의 일환이었다는 점을 상기하기 바란다. 심지어 중국의 오랜 경제발전 과정은 하나같이 대규모의 고정자산 투자를 통해 지금의 성과를 얻을 수 있었다. 바로 이런 이유로 중국의 GDP는 기형적인 형태로 발전하고 있다.

미국, 일본, 유럽을 예로 들어 살펴보자. 해당 국가의 GDP 중 70퍼센트는 소비에서 비롯된다. 물을 원하는 소비자가 있다면 식음료 업체는 생수를 생산하고, 소비자가 컴퓨터를 원하면 기업은 컴퓨터를 생산한다. 이처럼 소비가 GDP를 이끄는 모습이야말로 정상적인 경제성장 방식이라고 할 수 있는데 아쉽게도 중국은 그렇지 않다. 중국의 GDP에서 소비는 어느 정도의 비중을 차지하고 있을까? 겨우 35퍼센트에 불과하다. 일본, 유럽, 미국의 절반에 해당하는 수치다. 그렇다면 중국 GDP는 무엇으로 구성되어 있을까? 바로 수이리팡, 냐오차오 같은 철근 콘크리트 (Ferroconcrete)가 압도적인 비중을 차지하고 있는데, 고정자산 투자라고도 불리는 철근 콘크리트는 중국 GDP의 50퍼센트 이상을 차지한다. 경제 건설이라는 관점에서 볼 때, 베이징 올림픽을 위해 추진한 토지 개발 사업 및 건설 사업이 과열 조짐을 보인 모습에서 과거 철근 콘크리트를 통해 성장을 지향했던 기존의 방식이 종전보다 심화되었으며, 수혜를 받는 대상도 중국 전역이 아닌 베이징 시 하나로 국한되었다는 점을 발견할 수 있다.

지금까지 설명한 이야기를 독자 여러분도 모두 이해했으리라 믿는다. 올림픽에 대한 투자와 과거 십여 년 동안 중국이 일궈온 경제 발전은 토지 개발 사업, 인프라 건설 등 철근 콘크리트를 통한 경제 발전이었다는 점에서 본질적으로 동일하다고 이야기할 수 있다. 올림픽으로 중국 경제의 기본적인 속성은 변하지 않는다. 다시 말해서 베이징 올림픽 이후 중국의 GDP는 여전히 기형적인 형태를 유지할 것이다. 그뿐만 아니라, 유럽과 미국의 절반밖에 안 되는 소비 수준을 유지하며, 전체 GDP의 절반 이상을 철근 콘크리트에 의존할 것이다.

그렇다면 이러한 형태의 GDP가 가진 약점으로는 무엇이 있을까? 철근 콘크리트를 통한 경제 건설에 치중된 올림픽으로 중국 내 소비는 지속적으로 힘을 잃게 될 것이다. 중국은 수많은 상품을 쉴 새 없이 생산해내고 있다. 그 결과 전체 GDP에서 생산 능력은 65퍼센트를 차지하는 데 반해 소비는 35퍼센트에 불과하다. 생산 과잉으로 소비자에게 팔리지 못한 상품을 어떻게 처리해야 할까? 유일한 해결책은 수출뿐이다. 이른바 수출을 통한 외화 벌이로, 사실상 부득이한 수출이라고 볼 수 있다.

중국의 수출이 계속해서 상승하는 까닭은 철근 콘크리트가 중국 내 소비를 위축시키기 때문이다. 이 점이 현재 중국이 직면한 현실이라는 것을 독자 여러분이 깨닫기 바란다. 그리고 토지 개발 사업은 베이징 시에 의해 추진되는 것으로, 나머지 지역과는 아무런 관련도 없다. 이는 단순한 토지 개발 사업으로, 중국 증시나 부동산 시장 활성화는 물론 독자 여러분과도 그다지 직접적인 관계를 맺고 있지 못하다.

그러므로 올림픽 특수를 기대하며 증시나 부동산 투자에 함부로 나서서는 안 될 것이다. 증시, 부동산 시장 모두 올림픽으로 파급력이 강한 새로운 기적을 일구지 못할 것이기 때문이다. 내가 2008년 5월 올림픽 전에 주가가 반드시 하락할 것이라고 강력하게 주장했던 본질적인 이유가 바로 여기에 있다. 실제 데이터를 통해서도 올림픽 전에 주가가 하락한다는 내 예측이 정확했음을 확인할 수 있다.

지식＋ 경제 규모가 상대적으로 작은 국가에 올림픽은 상당한 영향력을 발휘한다. 1988년 올림픽을 개최한 한국의 경우, 올림픽 개최 전과 당시 경제성장세를 포함해 10퍼센트 이상에 달하는 경제성장률을 유지했다. 하지만 경제 규모가 큰 국가에 있어 올림픽의 영향력은 다소 제한적이다. 1996년 애틀랜타 올림픽을 개최한 미국의 경우, 올림픽이 개최되기 1년 전의 경제성장률은 2.5퍼센트였으며, 올림픽이 개최된 해에는 3.7퍼센트, 1997년의 성장률은 4.5퍼센트에 그쳤다. 경제 규모가 큰 중국 역시 올림픽 개최에 따른 경제성장 효과가 발생하겠지만 그 파급력은 결코 크지 않을 것이다. 경제 발전은 여전히 경제의 펀더멘털에 달려 있기 때문이다.

기적이 일어나지 않을 것이 뻔한 상태에서 증시에 새로운 바람이 불 것이라고 어떻게 주식 투자자를 설득한단 말인가? 그리고 올림픽이 부동산 가격을 끌어올릴 것이라고 섣불리 기대하지 마라. 그런 일은 절대로 없다. 오히려 베이징의 집값은 계속해서 떨어질 것이다.

예를 늘어 싱허완(星河灣), 우환(伍環) 지역 내 3차 개발지구의 1제곱미터당 가격은 4만 위안으로 그중 1만 위안은 인테리어 비용에 해당한다. 2008년 당시 베이징의 집값이 계속해서 떨어질 것이라는 나의 예상은 2009년에 사실임이 입증되었다. 2008년 연말 주택 거래량은 상당히 낮은 수치로 떨어졌는데, 이는 올림픽 때문에 주택을 구입하려는 소비자가 없다는 뜻으로 풀이할 수 있다. 그리고 2009년 초 베이징의 집값은 올림픽 개최 당시의 시장수준에도 미치지 못할 만큼 여전히 뚜렷한 기력을 회복하지 못했다. 올림픽 기간에 상하이 지역의 부동산 시장은 당시 상하이 현지 경제 사정으로 오히려 둔화세를 보이고 있었다.

올림픽 개최 전에 떨어지던 주가가 올림픽 때문에 갑자기 오름세로 돌아설 수 있을까? 2008년 7월 주가는 하락세를 유지하더니 급기야 2,600포인트까지 떨어지지 않았던가? 올림픽 때문에 주가는 오를까? 그렇지 않았다. 10월이 되자 주가는 1,700포인트까지 떨어졌다. 2008년 5월 〈창창쌴런싱〉에서 밝힌 내 주장이 옳다는 것이 다시 한번 입증된 셈이다.

여기까지 내 설명을 들은 독자라면 이미 올림픽에 대한 환상을 모두 버렸으리라 확신한다. 철근 콘크리트에 기댄 경제성장 방식을 채택한 베이징 올림픽이 중국 경제에 희소식을 들려줄 것이라는 기대를 접는 편이 현명할 것이다.

중국인에게 필요한 것은 현실을 있는 그대로 바라보는 것이다. 한 걸음 한 걸음, 완벽에 완벽을 가하는 현실적인 마음으로 올림픽을 바라봐야 한다. 올림픽이 중국의 국가 이미지를 한 단계 끌어올리는 계기가 되기를 바라는 심정은 충분히 이해된다. 그렇다고 해서 올림픽 특수에 기댄 경제성장에는 희망도, 기대도 품지 않아야 한다. 올림픽의 진정한 정신은 경제성장 촉진이라는 단순한 목적에 있는 것이 아니라, 한 국가의 문화를 전 세계에 제대로 보여주는 데 있기 때문이다.

거대한 몸집의 거인을 바라보는 두 개의 시선

지식+ 올림픽 개최국은 올림픽이라는 세계 최대의 스포츠 제전을 통해 자국의 전통문화를 자랑할 수 있다. 특히 올림픽 개막식은 한 국가의 문화 정체성이 고도로 응집된 결과물이라고 할 수 있다. 2004년 아테네 올림픽에서는 고대 도시국가인 아테네의 상징이자 올림픽 우승자에게 주어지던 올리브 가지로 만든 관(冠) 코티노스(Kotinos)가 등장했다. 2000년 시드니 올림픽 개막식에는 오스트레일리아 원주민의 독특한 문화를 여과 없이 전 세계에 선보였는데, 그중에서도 성화 점화식은 백미로 손꼽힌다. 오케스트라의 협연 속에 물과 불이 만나면서 마치 영화의 한 장면을 보는 듯한 환상적인 상황이 연출되었다. 높은 계단에서 물이 흐르고 그 물이 폭포로 변해 떨어지면 마지막 성화주자가 잔잔한 물결 한 가운데에 서서 성화대에 불을 붙인다. 순식간에 시뻘건 불길이 물속에서 공중으로 솟구치자 전 세계는 숨을 멈췄다.

1992년 바르셀로나 올림픽으로 스페인은 정열의 나라라는 이미지를 다시 한번 굳힐 수 있었다. 세계적인 남성 성악가의 유려한 음색 속에서 장애인 양궁 선수 안토니오 레볼로가 성화대에 활을 쏴 올림픽의 개막을 알렸다. 바르셀로나 올림픽은 가장 아름다운 올림픽 개막식으로 선정되기도 했다. 1988년 서울 올림픽의 주제곡인 〈손에 손잡고〉는 전 세계로 울려 퍼지며, 한국에 대한 강렬한 인상을 심어 주었다.

중국 역시 올림픽을 통해 자국의 매력과 진정한 면모를 알리려고 했다. 여유국(旅游局, 국가 관광국 _옮긴이)이 올림픽 개최 전에 내놓은 전망에 따르면 2008년 베이징 올림픽 기간에 올림픽 경기 관전을 위해 베이징을 찾는 해외 관광객과 여행자 수가 연인원 55만 명에 이를 것이라고 예상했다. 이들은 단순히 경기를 관전하는 일 외에도 중국의 평범한 일상 속으로 파고들어 중국인의 행동 하나하나, 말 한 마디 한 마디에 관심을 갖고 귀를 기울일 것이었다. 베이징 올림픽에 등장하는 모든 마스코트나 엠블럼에는 중화 문명의 정수가 고스란히 담겨 있는데, 이들은 중국 문화의 개성을 전 세계에 전파하는 역할을 담당한 셈이다.

제29회 베이징 올림픽의 공식 엠블럼 '중국인장(中國印章)'은 선정 당시 국내외 평가위원회로부터 만장일치로 채택되는 등 일찌감치 호평을 받았다. 엠블럼의 이미지에 등장하는 '중국인장'에는 인장(印章), 한자(漢字), 서예(書藝)라는 세 가지 요소가 한데 어우러져 있다. 디자인 면에서도 중국의 개성을 흠뻑 머금고 있을 뿐만 아니라, 해석적인 면에서 더욱 선명하게 중국적 색채를 드러내고 있다. 중국인에게 '인장(印)'은 가장 중요한 약속으로 통한다. "한 번 약속한 것은 천금같이 귀중하다(一諾千金)", "말 한 마디가 구정(九鼎)만큼 무겁다(一言九鼎, 구정은 중국 하나라 우왕 때 전국에서 거둔 금으로 만든 솥이다. 주나라 때까지 대대로 천자에게 전해진 보물이라고 한다 _옮긴이)"라는 표현은 신용을 지키고 약속을 중시하는 중국인의 품격을 대표한다. '중국인장'은 베이징 올림픽의 공식 엠블럼일 뿐만 아니라, 세계를 향한 중국의 약속을 담고 있다. 이 모든 것은 전 세계를 향한 중국의 진심이다.

창의력이 가장 절실하게 필요한 분야가 바로 문화, 예술이다. 개막식이 열리는 짧은 시간 동안 중화 문화의 개성과 아름다움을 남김없이 보여주는 건 결코 쉽지 않은 일이다. 어떻게 해야 하는가? 아직까지 그 누구에게도 선보인 적이 없는 방법과 표현으로 중화 문화의 정수를 조목조목 짚어내는 것은 물론, 보는 이에게 감동을 줘야 하는 것이다.

하지만 그렇게 한다고 해서 과연 외국인이 중국을 제대로 이해할 수 있을까? 그리고 중국인 스스로 자신을 100퍼센트 이해한다고 이야기할 수 있을까? 한 가지 묻고 싶은 것이 있다. 독일인 하면 가장 먼저 무엇이 떠오르는가? 아마도 베토벤, 바흐, 헤겔, 마르크스…… 어쩌면 『파우스트』나 독일인 특유의 엄격함일 것이다. 프랑스인 하면 무엇이 떠오르는가? 에펠 탑이나 유유히 흐르는 센강에서 로맨틱하게 산책하는 모습…… 그럼 일본인은 어떠한가? 작은 눈, 국화와 사무라이 칼, 담백한 일본 요리, 소박하지만 섬세한 기술로 완성된 일본식 정원을 떠올릴지도 모르겠다. 미국인 하면 맥도날드, 최고의 엔터테인먼트, 할리우드, 그리고 디즈니 등 …….

그렇다면 중화 문화는 어떠한가? 『손자병법』, 『삼국연의』, 『홍루몽(紅樓夢)』을 떠올릴 것이다. 물론 그 외에도 서예, 경극(京劇), 도자기, 카오야(烤鴨, 구운 오리고기 _옮긴이) 등도 있다. 이것들은 한때 외국인의 눈에 비친 중국의 상징이었다. 그렇다면 지금은 무엇이 중국을 상징하고 있을까?

중국에 대한 세계적인 관심과 시선은 할리우드 영화에서도 찾아볼 수 있다.

지식⁺ 최근 2년 동안 영화 〈베트맨2 : 다크 나이트〉, 〈미이라3〉 등 할리우드 액션 블록버스터가 모두 중국에서 촬영되었고, 드림웍스는 아예 중국을 소재로 한 영화 〈쿵푸 팬더〉를 제작하기도 했다. 중국이라는 소재가 국내외 은막을 석권했다고 과언이 아니다. 중국에 관한 각국의 보도 역시 쉽게 찾아볼 수 있다. CNN 등 해외 언론은 올림픽 기간 동안 매일 중국을 소재로 한 프로그램을 내보냈고, 해외 유력지 역시 중국의 모습과 사회상을 담은 기사를 지면에 대폭 할애해 다루었다. 이러한 현상으로부터 중국의 전통적인 문화가 직접 중국을 찾아오게 할 만큼 외국인의 호기심을 자극하고 있음을 알 수 있다. 하지만 중국의 매스컴을 통해 중화 문화를 더 온전하게 외국인에게 선보이는 문제에 관해서 좀 더 노력할 필요가 있지 않나 생각한다.

오늘날 외국인은 중국인에게서 어떤 인상을 받고 있을까? 내 연구 결과에 따르면 중국의 이미지는 5,000살이나 먹은 노쇠한 늙은이다. 게다가 몸집이 얼마나 큰지 성(省) 하나의 크기가 한국 전체 면적보다 크다. 그런 성이 20개도 넘는다. 쉽게 말해서 세계에서 가장 큰 국가라고 볼 수 있는데 이런 사실이 세계 각국에 얼마나 큰 부담으로 작용하는지 알고 있는가?

중국은 세계에서 가장 많은 인구를 거느리고 있을 뿐만 아니라, 상당히 저렴한 상품을 쉴 새 없이 수출하고 있다. 미국인이 소비하는 상품 대부분이 'Made in China'다. 중국이 갑자기 상품가격을 인상한다면 아마도 미국인은 제대로 된 삶을 누리지 못할 것이다. 이것이 바로 중국에 대한 세계 각국의 평가다. 이러한 상황에서 중국인은 올림픽을 통해 계속해서 몸집을 부풀리려고 한다. 게다가 올림픽 의식, 올림픽 특수라는 신조어를 마구 쏟아냈다. 가뜩이나 엄청난 몸집을 자랑하는 중국이 계속해서 성장을 추구한다면 그 후에는 어떻게 될 것인가?

중국은 아마도 이렇게 말할 것이다. "걱정하지 마시오. 우린 당신네 외국인을 깔볼 생각은 없소. 우린 평화롭게 발전(和平堀起)할 거라오." 이렇게 해서 늙은이는 점차 몸집을 키우더니 급기야 제 스스로 크다고 인정할 정도로 거대한 몸집을 가지게 되었다. "우린 세계 최대의 외환 보유고를 가지고 있다네. 자그마치 2조 달러나 된다고!" 와, 엄청난 금액이 아닐 수 없다! 2조 달러면 과연 얼마나 되는 것일까? 여러 국가의 GDP를 훌쩍 넘는 액수다. 이처럼 거대한 몸집을 자랑하는 거인은 도대체 무엇을 원하는 것일까? 아무도 모른다. 그래서 군사 위협론이 등장한다.

군사 위협론이 등장하게 된 원인은 중국이 무엇을 하려고 하는지 세계 각국이 알지 못했기 때문이다. 엄청난 몸집을 자랑하는 중국을 우려하는 세계 각국은 설상가상 중국이 어떤 나라인지조차 알지 못한다. 이것이야말로 사실 가장 심각한 문제라고 할 수 있다.

그래서 올림픽이라는 기회를 통해 중국은 세계 각국에 자신을 알리고, 그들에게 분명한 메시지를 전달할 수 있다. 과거 이러한 문제에 관해 중국은 지나치게 물질적인 면만을 강조했다. 앞서 올림픽을 통한 철근 콘크리트로 중국 경제를 일으킬 수 없다고 설명한 바 있다. 올림픽의 진정한 목적은 물질적인 구속에서 벗어나 중국의 정신적인 측면을 강조하고 세상에 중국을 이해시키는 일이다.

푸와(福娃, 복덩이. 베이징 올림픽 공식 마스코트 _옮긴이)에 관한 일화를 소개해보겠다. 영어로 '푸와'를 뭐라고 할까? 바로, 친하다는 뜻의 'Friendly'이다. 하지만 중국은 이를 명사화해 'Friendliness'라고 지었다. 즉 'y'를 'i'로 수정하고 'ness'를 덧붙여 'Friendliness'라고 지은 중국식 영어인 셈이다. 하지만 이 단어는 우연치 않게도 '친구가 없다'는 뜻의 'Friendless'와 발음이 비슷하다. 이렇게 해서까지 중국은 도대체 무엇을 전하려고 했던 것일까? 외국인이 알아들을 수 있는 언어로 푸와가 상징하는 함의를 전하려고 했던 것일까? 그렇다면 그 방식은 잘못되었다. 중국인이 전달하고자 한 것은 중화 문화의 본질이다. 그럼 여기서 말하는 본질은 무엇을 가리키는가? 본질에 관한 정의는 수백 가지지만 내가 생각하는 괜찮은 정의는 바로 생활방식, 정신문명이다.

자, 그럼 정신문명에 관한 이야기까지 나왔으니 자국의 문학에 관해 외국인과 이야기를 나눌 때 중국인이 꺼내놓는 가장 유명한 문학작품에 대해 얘기해보자. 아마도 『삼국연의』, 『손자병법』일 것이다. 심지어 미국의 웨스트포인트 사관학교에서도 『손자병법』 이론을 다룬다며 자랑스럽게 이야기할지도 모른다. 『손자병법』은 '꾀(術)'를 중심으로, 온갖 지략과 수단을 강조하는 책이다.

그밖에 외국에서 자주 번역되는 중국의 유명 작품으로 『홍루몽』도 있다. 하지만 『홍루몽』에서 다루는 내용은 사랑을 쟁취하기 위한 여인네 간의 치열한 '머리싸움'이다. 그리고 『삼국연의』 역시 '계략(術)'을 소재로 한 대작이다. '가슴'이 아닌 '머리'를 강조한 고전 문학이 중국의 전체 문화를 대표한다고 볼 수 있을까? 이것이 외국인에게 자랑스럽게 내놓을 만한 중국 문화의 정수란 말인가? 그렇다면 한 가지 묻겠다. 중화 문화에서 말하는 '도(道)'란 무엇인가? 아마도 쉽게 생각나지 않을 것이다.

중국은 어떤 문화를 수출하고 있을까? 중국의 문화, 예술을 담아내고 있는 영화로 무엇이 있는지 한번 생각해보자. 중국 영화 중 유일하게 오스카상을 받은 영화로 〈와호장룡(臥虎藏龍)〉이 있다. 이 영화의 내용은 무엇인가? 죽고 죽이는 영화다. 한 번에 많은 사람을 죽이는 '수단'과 '방법'에 관한 연구나 고민이 중화 문화인 것 같다. 이 영화가 오스카상을 수상한 후 외국인은 영화에 등장하는 신비한 인물들을 전형적인 중국인이라고 생각한다. 『손자병법』, 『홍루몽』, 『삼국연의』 등 서로 속고 속이는 '계략'을 강조한 작품을 써내고, 비술로 무림 최고봉이 되는 〈와호장룡〉이라는 무술 영화를 찍어낸 중국인은 서양인에게는 신비롭기 짝이 없는 존재다.

베이징 올림픽의 개막식은 장이머우가 연출했다. 그는 어떤 영화를 찍었는가? 영화 〈붉은 수수밭(紅高梁)〉, 〈홍등〉, 〈귀주 이야기(秋菊打官司)〉 등이 있다. 그중에서 〈홍등〉을 예로 들어 살펴보자. 이 영화의 줄거리는 네 명의 이타이타이(姨太太, 첩 _옮긴이)에 관한 이야기다. 『홍루몽』과 『손자병법』에 등장하는 인물처럼 네 명의 첩 사이에도 남편의 총애를 받기 위한 치열한 신경전이 벌어진다. 이 영화 역시 '모략'을 다루고 있다.

영화 〈홍등〉이 서양인에게 선보인 것은 진정한 예술이 아니라 중화 문화의 좋지 않은 일면일 뿐이다. 국제무대에서 수상한 중국 영화를 가만히 살펴보면 한 가지 놀라운 사실을 발견할 수 있다. 하나같이 모두 '꾀'나 '계략'을 소재로 하고 있다는 점이다. 그 외에도 영화 〈색, 계〉가 있다. 이 영화가 과연 중화 문화를 대표할 수 있다고 생각하는가? 이 우스운 영화를 들고 많은 국제영화제에 참가했지만 별다른 반응도 얻지 못했다고 하니 참으로 비참하지 않은가?

과거 문화, 예술을 통한 중국 알리기의 대표적인 수단으로 영화가 적극적으로 활용되었다. 하지만 영화에서 묘사된 모습과 중국이 자랑스럽게 생각하는 문학 모두 무엇을 다루고 있는가? 하나같이 '잔꾀'나 '음모', '계략' 등을 강조하고 있다. 더군다나 목적을 이루기 위한 효율이 아니라 원하는 것을 위해서라면 수단 방법을 가리지 않는다는 비열한 모습을 담고 있다. 이것이야말로 가장 슬픈 현실이라고 하겠다. 외국인의 눈에 비친 중국이라는 거인은 어떤 모습을 하고 있을까?

거대한 몸집에 5,000살이나 먹은 거인은 역사라는 거대한 무대에 첫 발자국을 디딘 순간부터 지금까지 쉬지 않고 몸집을 키우고 있다. 중국이라는 거인이 무엇을 사든 가격은 올라가고, 심지어 세계적인 인플레이션조차 중국이 일으키고 있다고 생각한다. 중국이라는 거인은 누구인가? 『손자병법』 등에 등장하는 주인공, 원하는 것을 위해서라면 수단과 방법을 가리지 않는 존재가 바로 중국이다.

이러한 문화, 예술의 전파를 통해 중국은 제 손으로 자신을 괴물로 만들었다. 이러한 현상은 지금껏 계속해서 유지되고 있으며 이를 세계인의 가슴속에 새겨넣었다. 그런 까닭에 반년 동안 서양의 매스컴이나 학자, 심지어 서양의 영화감독, 유명 배우마저 중국의 올림픽 개최를 반대하고 나선 것이다. 그들의 반응을 의아하게 바라볼 필요 없다.

예를 들어 할리우드의 유명한 영화감독인 스티븐 스필버그는 수단 사태(중국이 수단 다르푸르 학살 사태 해결에 미온적이라는 이유로 베이징 올림픽 예술고문직에서 물러났다 _옮긴이)를 이유로 베이징 올림픽을 반대한다고 밝혔다. 수단과 스티븐 스필버그 사이에 도대체 무슨 관계가 있는 것일까? 수단과 중국 사이에 또 무슨 관련이 있단 말인가? 아무런 관련도 없다. 하지만 중국이라고 하면 외국인은 자연스럽게 '잔꾀'를 강조하는 거대한 몸집의 거인을 떠올린다. 도대체 중국이라는 거인은 무엇을 하려고 하는 것일까? 그들은 알지 못한다. 수단 사건을 계기로 중국은 미국에 어떤 영향을 줄 것인가? 이 점 역시 그들은 알지 못한다.

그들에게 중국이라는 거인은 신비롭고 온갖 계략과 '결과'만 생각하는 거인이기 때문이다. 이러한 현상의 원인은 중화 문화의 전파가 실패했다는 것을 보여준다. 원촨 대지진이 일어나기 전에 중국에 관한 서양의 평가를 살펴보면 한 가지 사실을 발견할 수 있다. 그들의 곱지 않은 시선이 시간이 갈수록 더욱 따가워지고 있으며, 비난의 목소리 역시 점점 커지고 있다는 것이다.

중국을 바라보는 곱지 않은 시선과 비관의 목소리, 하지만 이를 단숨에 바꿔놓은 것이 원촨 대지진이다. 원촨 대지진이 일어난 후 중국에 대한 서구의 태도가 어떻게 변했는지 검색해보라. 적어도 중국을 비난하는 언론의 70퍼센트가 사라졌을 뿐만 아니라, 오히려 중국을 높이 평가하는 기사가 대폭 늘어났다. 중요한 건, 이러한 변화를 가져온 게 베이징 올림픽이 아니라 원촨 대지진이라는 것이다. 도대체 그 이유는 무엇인가?

그동안 거대한 몸집에 가려져 있던 자비와 사랑을 서양인이 마침내 깨달았기 때문이다. 원촨 대지진을 통해 여태껏 외부인에게 단 한 번도 드러내지 않았던 중국의 '도'와 중국인의 '사랑'이 전 세계에 알려진 것이다.

중국인의 사랑은 쉽게 드러나지 않는다. 예를 들어 부모님이 제아무리 자녀를 사랑한다고 해도 "사랑해"라는 말을 잘 하지 않는다. 그럼 자녀는 부모님에게 "엄마, 아빠, 사랑해요"라는 말을 잘 하는가? 아마도 아닐 것이다. 미국에서 자란 내 아들 녀석은 나와 전화 통화를 할 때마다 "아빠, 사랑해요"라는 말로 작별인사를 대신한다. 그 말이 듣기 싫을 리

만무하지만 그래도 어째 영 적응이 되지 않는다. 심지어 낯간지러울 때도 있다.

겉으로 보기에 무뚝뚝한 것 같지만 사실 중국인은 사랑, 그것도 커다란 사랑으로 가득하다. 그저 경직된 문화적 속박에 얽매여 그것을 밖으로 드러내지 않았을 뿐이다. 주변 사물과 사람에 대한 사랑을 여태껏 밖으로 드러내지 않았기 때문에 모두 거인을 두려워했다. 거인의 머릿속에는 오로지 '계략'만 있다고 생각했다.

원촨 대지진과 베이징 올림픽을 지켜보며 전 세계는 중국의 새로운 일면을 목격했다. 5천 년 전부터 지금에 이르기까지 중국이라는 거인이 걸어온 발걸음 하나하나에는 마음속 깊이 숨겨진 뜨거운 사랑이 담겨 있다는 것을 말이다. 지금까지 속내 깊은 곳에 그 마음을 간직한 채 한 걸음 한 걸음 발걸음을 내디딘 거인은 수단과 미국에 아무런 부정적 영향도 주지 않을 것이다. 비록 거인이 여태껏 보여준 '방법(術)'은 거칠기 짝이 없었지만 그것은 그저 표면적인 현상일 뿐이다. 거인은 자신의 사랑을 어떻게 표현해야 할지 몰랐다. 당신의 부모가 당신을 사랑하지만 그 사랑을 어떻게 표현할 줄 모르는 것과 같은 이치다. 이것이 바로 중화 민족의 모습이다.

지식+ 원촨 대지진이 일어난 후, 전 세계는 중국이 결코 피도 눈물도 없는 냉혈한이 아니라는 사실을 발견했다. 중국인의 가슴속 깊이 숨겨진 사랑은 2008년 베이징 올림픽을 밝힌 올림픽 성화가 전 세계를 여행하는 여정을 따라 퍼져나갔다. 상윈(祥雲, 약속의 구름) 성화봉은 중국의 전통적인 종이 두루마리에서 모티브를 따왔다. 중국 고대에는 "천 리 길을 가고, 만 권의 책을 읽는다(行千里路, 讀萬卷書)"라는 말이 유행했다. 이 고언에서 고대 중국인이 '책(書)'과 '길(行)'의 관계를 강조했음을 알 수 있다. 베이징 올림픽의 성화 봉송은 현대 올림픽 역사상 최장 거리, 최대 범위, 최대 참여자라는 기록을 세웠다. 상윈 성화는 올림픽에 대한 중국인의 열정, 중국인의 사랑을 종이 두루마리에 고스란히 담아내 전 세계에 전파했다.

원촨 대지진으로 중국인은 큰 아픔을 치렀지만 이를 겪으며 중국은 원촨 대지진과 진짜 중화 문화, 중국인의 속내, 민족적 개성을 온전히 전 세계인에게 보여주었다. 마음속 깊이 우리를 사랑하고 있지만 어떻게 그 사랑을 표현할지 몰랐던 우리네 부모님 세대를 지금의 우리가 이해하는 것처럼 전 세계가 똑같은 시선으로 중국을 바라보기 시작했다.

원촨 대지진 이후에는 베이징 올림픽에 대한 서구 언론의 견제가 거의 사라졌다. 심지어 수많은 반(反)중국 단체 조직원조차 찾아보기 어려울 정도다. 이들을 바라보는 외국인의 시선 역시 이전과 달라졌다. 이전에 서양인들은 반중국 인사가 중국으로부터 핍박을 받고 있다고 생각했지만 지금은 그렇게 생각하지 않는다. 사랑이 넘치는 중국에 반기를 든 이들을 이해하지 못하는 사람들이 점점 늘어나고 있다. 모두 가슴 아파하는 원촨 대지진과 뒤이어 열린 베이징 올림픽은 이처럼 생각지도 못하게 성공적인 문화 전도사로서의 역할을 해냈다.

2008년 베이징 올림픽은 오랫동안 가슴 깊은 곳에 숨겨둔 중국인의 꿈을 담고 있다. 단순한 스포츠 대제전일 뿐만 아니라, 전 세계에 제대로 된 중화 문화를 알려줄 수 있는 계기이기 때문이다. 올림픽에 대한 중국인의 감정은 순수하고 진지하다. '진샹위(金鑲玉)'라고 불리는 올림픽 금메달은 성공과 영광을 상징하는데 메달 중간에 박혀 있는 돌은 중국인의 진지하고 특별한 감정을 담고 있으며, 그 가치는 '죽 이어진 성'처럼 귀중하다(價値連城,『사기 · 염파인상여열전』에서 전국시대 조나라 혜문왕이 화씨벽을 얻었다는 소문을 듣고 진나라 소왕이 15개의 성과 바꿀 용의가 있다고 한 고사에서 유래 _옮긴이). 하지만 아쉽게도 장이머우가 연출한 올림픽 개막식은 다시 한번 어마어마한 규모의 '수단'을 선보이는 데 그치고 말았다. 5천 년이나 된 거대한 괴물을 대규모 인원과 최첨단 과학 기술을 동원해 '거대함(大)'과 '수단(術)'으로 무장시킴으로써, 중화 문화의 정수를 성공적으로 보여주지 못했다는 점이 가장 실망스럽다.

그리스 신화가 들려주는 교훈

성대한 베이징 올림픽이 이미 끝난 상황에서 늦은 감은 있지만, 올림픽에 대해 좀 더 자세히 다뤄보려고 한다. 본격적인 설명에 앞서, 내가 설명할 올림픽은 일반적으로 이야기하는 올림픽과 다르다는 점을 알고 있기 바란다. 중국은 '올림픽'을 제대로 알고 있는가? 이것이 바로 내가 다룰 이야기다.

올림픽에 대한 이야기를 시작하기 전에 먼저 독사에게 묻고 싶은 것이 있다. 크리스마스의 유래를 알고 있는가? 지난번에 중국의 많은 학생이 크리스마스의 유래에 대해 잘 모르고 있다는 조사 결과를 들은 바 있다. 조사결과에 따르면 중국 학생 대다수가 크리스마스를 산타클로스가 태어난 날이라고 알고 있다. 이처럼 얼토당토않은 현상만 보더라도 중국과 서양 사이에 얼마나 큰 '무지의 벽'이 있는지 알 수 있다. 짚고 넘어가자면 크리스마스는 산타클로스가 아니라 예수 그리스도가 태어난 날이다.

한 가지 더 물어볼 것이 있다. 사람들은 왜 올림픽을 개최하려고 하는가? 그리고 그리스에서 최초의 올림픽이 시작된 까닭은 무엇인가? 잠깐 역사 속으로 들어가보자.

지식+ 올림픽의 기원은 고대 그리스로 거슬러 올라간다. BC 776년 여름 올림포스 산 자락에 자리한 헤라 신전 앞에서 대사제가 경건한 표정으로 제단에 오른다. 대사제가 성화에 불을 붙이면 먼 곳에 있던 건장한 체구의 남성들이 그 불빛을 보고 제단의 성화를 향해 달려오는데, 가장 먼저 도착한 용사만이 성화를 봉송할 영광을 차지할 수 있다. 성화를 봉송하는 일은 신성한 직책으로, 올림피아에서 출발한 이들은 각 폴리스에 신의 뜻을 전달한다. 신의 뜻을 받든 폴리스는 즉시 무장을 해제하고 전쟁을 중단한 뒤 보름달이 떴을 때 시작되는 올림픽에 선수단을 보낸다. 그때부터 올림픽은 평화와 우정의 상징으로 알려졌지만 고대 올림픽의 기원에 관해서는 이외에도 다양한 전설이 전해내려온다.

첫 번째 문제, 올림픽은 언제부터 시작되었을까? 이 문제에 대한 해답을 많은 이가 이미 알고 있으리라고 생각한다. 올림픽의 기원은 세 가지 그리스 신화에서 비롯되는데, 각 신화를 듣고 나면 중국인은 상당히 놀랍다는 반응을 보인다. 그중에서도 가장 흥미로운 점은 세 가지 신화에 한 사람이 공통으로 등장한다는 점이다. 그 주인공은 그리스 역사상 가장 유명한 신, 하늘과 땅을 주관하는 제우스(Zeus)다. 그리스의 여러 신 중에서도 가장 큰 권력을 자랑하는 제우스는 중국으로 치면 옥황상제와 비슷한 지위를 차지하고 있는데, 오랜 세월 동안 서양의 역사와 예술 분야에서 영향력을 떨치고 있다. 올림픽에 대한 이해를 돕기 위해 먼저 제우스의 아버지 크로노스(Kronos)부터 알아보자.

제우스의 아버지 크로노스는 무척 재미있는 사람이다. 전지전능한 신이지만 젊은 시절에 그는 한 점쟁이로부터 자식의 손에 목숨을 잃을 것이라는 불길한 예언을 들었다(자신이 신이면서도 점을 처러 가다니 참으로 우습지 않은가? 중국의 신이 그리스의 신보다 위대한 것 같다. 적어도 점을 보러 가는 일은 없으니 말이다). 훗날 다섯 아이를 낳은 크로노스는 점쟁이의 예언을 떠올리고는 자식들을 모조리 자기 뱃속으로 집어삼켰다.

그 후 여섯 번째 아이, 즉 제우스가 태어나자 그의 어머니 레아

(Rhea)는 이번에도 남편 크로노스가 아이를 먹어치우지 않을까 전전긍긍하다가 제우스를 산속 동굴에 숨겨두고는 아리따운 요정에게 아들을 돌보도록 했다.

제우스는 할머니 가이아(Gaia)의 도움으로 아버지 크로노스와 싸움을 벌였는데, 제우스가 상대해야 할 적은 아버지 크로노스 한 사람만이 아니라 그를 위시한 이익집단, 즉 나머지 신들이었다. 이들은 크로노스와 함께 힘을 합쳐 제우스와 사생결단을 벌였다. 훗날 제우스는 아버지가 예전에 집어삼켰던 자신의 형제자매들을 다시 토해내게 한 뒤 그들과 함께 올림피아라는 곳에 자리잡고 성을 세워 크로노스를 앞세운 신들과 전쟁을 벌였다. 무려 4년이나 계속된 전투 끝에 제우스는 결국 승리를 거머쥐었는데 이를 기념하는 뜻에서 올림픽은 4년에 한 번씩 개최되기 시작했다는 것이다.

이 이야기만 듣고 황당하다고 생각하지 마라. 이제 들려줄 이야기는 더 황당하기 때문이다. 두 번째 기원설은 제우스의 사생아 헤라클레스(Hercules)와 관련된 이야기다. 제우스와 아름다운 여신 알크메네(Alkmene) 사이에서 태어난 헤라클레스는 어릴 때부터 남다른 힘을 자랑했지만 이 때문에 평생을 시련과 고통속에서 보내야 했다. 그를 괴롭힌 것은 비단 하늘뿐만 아니라 땅, 인간, 그리고 요정 혹은 마물이었다.

헤라클레스에 관한 일화는 상당히 흥미로운데, 예를 들어 제우스의 부인 헤라(Hera)는 남편이 사생아를 얻었다는 이야기를 듣고 화가 난 나머지 여러 번 헤라클레스를 죽이려 했다. 헤라의 집요한 복수와 무서운 질투속에서 간신히 목숨을 건지고 건강한 청년으로 자란 헤라클레스였지만 헤라로부터의 위협이 계속되자, 알크메네는 아들의 의지를 단련하고 안목을 키우기 위해서 헤라클레스에게 그 누구도 하지 못한 12가지 과업을 내렸다.

어느 날 아우게이아스(Augeas)의 폴리스를 지나던 헤라클레스는 3천 마리나 되는 소를 키우는 외양간을 하루 만에 깨끗하게 치우는 자에게 소 300마리를 주겠다는 왕명을 우연히 보았다. 할 수 있다고 나서는 헤라클레스를 보고 아우게이아스는 어디서 굴러먹던 애송이가 헛소리를 한다며 꾸짖었다. 두 사람은 결국 외양간 청소를 두고 내기를 걸었는데 헤라클레스는 혹시라도 그가 약속을 어길 수 있다는 생각에 자신이 외양간을 다 치우면 반드시 자신에게 소 300마리를 줘야 한다는 내용의 계약서를 쓰도록 한 뒤 증인까지 세웠다.

똑똑한 헤라클레스는 외양간의 외벽을 부수고 외양간 옆을 흐르던 강물을 끌어와 눈 깜짝할 사이에 외양간을 깨끗이 치웠다. 그리고 외벽을 고친 후 아우게이아스에게 약속대로 소 300마리를 달라고 했는데 왕이 그런 약속은 한 적도 없다며 발뺌하는 것이 아닌가? 화가 머리끝까지 난 헤라클레스가 그를 쫓아내버리자 오랫동안 국왕으로부터 핍박을 받은 백성들이 크게 기뻐했다고 한다.

신들과 관계가 좋았던 헤라클레스는 자신의 신력(神力)을 뽐낼 기회를 찾고 있었는데 올림픽이라는 무대에서 마침내 그 꿈을 펼칠 수 있었다. 못하는 것이 없었던 헤라클레스는 올림픽의 거의 모든 종목에서 1등을 차지했다. 헤라클레스가 개최한 최초의 올림픽에 등장한 유일한 종목은 달리기로, 그 거리는 헤라클레스 발 크기의 600배에 해당하는 192.27

미터라고 한다. 그의 실제 발 크기의 600배에 해당하는 길이가 훗날 육상 경기의 공식 거리로 자리잡았다는 것이 두 번째 이야기다.

세 번째 기원설은 더욱 흥미진진하다. 이번 이야기의 주인공은 제우스의 손자인 펠롭스(Pelops)다. 위대한 제우스의 손자였지만 어찌 된 영문인지 펠롭스의 팔자는 누가 보더라도 사납기 그지없었다. 그의 아버지 탄탈로스(Tantalos)가 신에게 불경했다는 죄로 지옥에 떨어지자, 아들 펠롭스 역시 그 잘못을 물어 트로이 성에서 쫓겨났다. 거친 황무지 한가운데로 쫓겨난 펠롭스는 하루하루 생존 싸움을 벌여야 했고, 계속되는 고난 속에서 포근한 여인의 품을 내내 그리워했다.

전해지는 이야기에 따르면 펠롭스는 고대 그리스의 폴리스 피사를 다스리던 국왕 오이노마오스(Oenomaus)의 외동딸인 히포다메이아(Hippodamia)를 사랑하게 되었다. 아름다운 공주에게는 수많은 구혼자가 줄을 섰는데 그 수가 얼마나 많은지 공주가 사는 피사 성은 항상 구혼자들의 발길에 문턱이 다 닿을 지경이었다. 그러던 중 한 점쟁이가 국왕에게 경고했다. "절대로 공주님을 결혼시켜서는 안 됩니다! 내 예언대로라면 앞으로 그대의 사위 될 자가 그대의 목숨을 빼앗을 것이오!" 점쟁이의 경고에 국왕은 딸을 출가시키지 않으면서도 딸에게 짝을 맺어주려고 하지 않는 매정한 아버지라는 비난을 피할 방법을 생각해냈다. 바로 구혼자들에게 자신과 마차 시합을 벌이자고 제안한 것이다. 만일 마차 시합에서 구혼자가 이기면 공주와 결혼해도 좋지만 자신에게 진다면 목숨을 내놓아야 한다는 조건을 내놓자, 많은 사람이 혈기를 앞세워 오이노마오스에게 도전했다. 열세 명의 구혼자가 기세 좋게 덤볐지만 마차 시합에 능숙한 오이노마오스에게 제대로 된 공격 한 번 하지도 못하고 그의 긴 창 아래 목숨을 잃었다.

열네 번째 구혼자로 나선 펠롭스야말로 히포다메이아 공주가 사랑한 정인이었다. 사랑하는 사람과 함께하고 싶다는 마음에 펠롭스는 용감하게 오이노마오스에게 도전했지만 평범한 마차로는 당시 최고의 마차를 자랑하고 있던 오이노마오스를 물리치기란 불가능했다. 결국 펠롭스는 바다의 왕 포세이돈(Poseidon)을 찾아가 유명한 신의 전차를 빌려달라고 간청했다. 사랑에 빠진 펠롭스의 진심 어린 열정에 감동한 포세이돈은 그에게 선뜻 자신의 마차를 빌려주었다.

드디어 시합이 시작되었다. 마차에 올라탄 펠롭스는 결승점을 향해 쏜살같이 달려갔고, 이에 질세라 오이노마오스가 모는 이륜마차도 그 뒤를 바짝 쫓았다. 오이노마오스가 펠롭스의 등을 향해 긴 창을 던지려는 순간 포세이돈이 나타나 오이노마오스가 몰던 마차의 바퀴 나사를 빼냈다. 펠롭스에게 창을 던지려고 조금 더 속력을 올리는 순간, 오이노마오스가 몰던 마차 바퀴가 떨어져 나가면서 왕은 마차에서 추락했다. 오이노마오스가 마차에서 떨어져 죽자, 그 모습을 확인하기 위해 뒤를 돌아본 펠롭스의 눈에 벼락을 맞아 활활 불타는 성의 모습이 들어왔다. 당장에라도 무너질 것 같은 왕궁으로 뛰어든 펠롭스는 절체절명의 순간에 미래의 장모를 구출하며 괜찮은 사윗감이라는 눈도장을 받는 데 성공했다. 이로써 펠롭스는 아름다운 짝을 얻었을 뿐만 아니라 피사의 새로운 왕으로 등극했다. 그로부터 며칠 후, 승리와 결혼을 축하하기 위해 펠롭스는 올림피아에서 성대한 스포츠 제전을 열고 전차 경주, 레슬링 등을 경기

종목으로 채택했는데 이것이 올림픽의 기원이라는 이야기가 있다.

이 세 이야기를 모두 들은 독자는 당혹감을 느낄 것이다. 정말로 이 것이 올림픽의 기원이란 말인가? 자, 표면적인 현상에 현혹되지 말고 그 속에 숨어 있는 본질을 살펴봐야 할 것이다. 그리스 신화에서는 사신을 낳아준 친아버지나 자신의 아내를 낳아준 장인을 죽여도 상관없다고 생 각한다. 반면에 중화 문화는 핏줄을 소중히 여긴다. 여기서 그리스 문화 와 중화 문화가 다른 까닭은 무엇인지, 그리고 어느 쪽이 더 우수한 문 화인지 내게 묻지 마라. 이들 사이에 좋고 나쁨의 차이는 없다. 그저 서 로 다를 뿐이다. 그리스 문화는 인간과 신의 관계에 주목하는 데 반해 중 화 문화는 인간과 인간 사이의 이야기에 초점을 맞춘다. 중국이 배출한 이른바 제자백가(諸子百家) 역시 사람과 사람 사이의 일을 다룬다. 인간과 신의 관계를 강조하는 그리스 문화는 제아무리 위대한 신이라고 해도 인 간보다 못할 수도 있다고 이야기한다.

위의 세 신화에 등장하는 인물들은 무엇을 보여주려고 했을까? 인 터넷에서 그들에 관한 예술작품을 찾아보면 쉽게 답을 찾을 수 있다. 그 것은 바로 육체의 아름다움(美)과 힘(力)이었다. 고대 그리스가 남긴 위대 한 예술품, 그중에서도 조각상은 하나같이 인간의 육체를 고스란히 담아 내고 있다. 실오라기 하나 걸치지 않은 싱그러운 육체를 목격한 중국인 은 크게 당황하기 일쑤다. 중화 문화에서는 인간의 몸을 있는 그대로 드 러내는 행위를 용납하지 않지만, 그리스 문화에서는 싸움할 때조차 하의 를 갖추지 않은 있는 그대로의 모습을 드러낸다. 그런데 제아무리 인간 의 육체를 찬미한 그리스 문화라고 하더라도 여성에게는 보수적인 잣대를 적용하지 않았을까? 그렇지도 않다. 팔이 잘린 비너스 상만 보더라도 탄력적이고 싱싱한 육체를 자랑한다.

그렇다면 중국의 미녀들도 대담하게 눈부신 육체미를 드러냈을까? 왕소군(王昭君) 혹은 초선(貂蟬)의 벗은 몸을 본 적이 있는가? 아마 없을 것이다. 반면에 그리스 신화에서는 여신이나 남성이 맨몸으로 등장한다. 그 이유는 무엇일까? 신화 속에 등장하는 주인공들이 전투를 벌일 때 아무것도 걸치지 않은 맨몸으로 적군을 죽이고 실력을 겨루는 까닭은 자신의 육체미와 힘을 자랑하기 위해서다.

그렇다면 올림픽의 기본적인 정신은 무엇인가? 바로 힘과 아름다움의 결합이다. 이 신화들에서도 알 수 있듯이 그리스인은 투쟁과 경쟁을 사랑했다. 펠롭스는 장인과 마차 경기를 벌였고, 제우스는 친아버지와 전투를 벌였다. 이는 무엇을 의미할까? 일종의 경쟁적 성격을 상징한다. 실력을 겨루는 정신은 BC 776년에 개최된 고대 올림픽으로 발전했다. 고대 올림픽은 힘과 아름다움의 결합이라는 주제가 있다. 이러한 영향으로 제14회 고대 올림픽까지 참가 선수는 전원 나체로 경기에 임해야 했다. 이처럼 그리스 문화는 원초적인 육체미와 힘을 강조했으나 중화 문화에서는 이를 이해하기는커녕 상상조차 용납하지 않았다.

지식+ 힘과 아름다움의 결합이라는 주제는 현대 올림픽 정신으로 계승되었다. 1896년 제1회 올림픽이 그리스 아테네에서 개최되었을 당시 13개 국가에서 선발된 대표 선수 311명이 참가했다. 미국 하버드 대학교에 재학 중이던 제임스(James

Brendan Connolly)가 3단 멀리뛰기에서 1위를 차지하며 현대 올림픽이 낳은 최초의 금메달리스트라는 명예를 차지했다. 올림픽이 치러질수록 '공정한 경쟁'과 '참가에 익의를 둔다'는 다짐은 올림픽의 정신적 뿌리로 자리잡았다. 런던에서 열린 제4회 런던 올림픽의 대미를 장식한 마라톤 경기에서 이탈리아 선수는 피로를 이기지 못하고 몇 번이나 땅바닥에 주저앉았지만 매번 이를 악물고 자리에서 일어나 발을 내디뎠다. 포기하지 않는 그의 정신은 그 자리에 있던 모든 이에게 말로 형언할 수 없는 감동을 선사했다. 올림픽에서 중요한 것은 승리가 아니라 참가 그 자체라는 말을 몸소 보여주었기 때문이다. 공정함을 추구하기 위한 노력 역시 올림픽이 지닌 소중한 정신적 가치다.

다소 뜬금없는 이야기지만 스테이크를 먹는 방법만 보더라도 중국과 서양이 선호하는 방식은 뚜렷한 차이를 보인다. 예를 들어서 중국인은 스테이크에 후추로 만든 소스를 뿌리지만 서양인은 아무것도 넣지 않는다. 소고기 그대로의 맛을 즐기는 것이 그들의 식문화다. 항상 맨 처음의 모습, 천연 그대로의 모습을 추구하는 서양에 반해 중국은 뭐든지 겹겹이 포장하기에 바쁘다. 하늘에서 보낸 천군(天軍)의 모습은 어떠한가? 하나같이 온몸에 갑옷을 걸치고 칼을 차는 것도 모자라 투구까지 꼼꼼하게 갖춘 전신 무장을 했다.

중국인은 자신의 힘을 어떻게 드러낼까? 힘을 드러내는 중국인의 방법은 서양인의 그것과는 엄연히 다르다. 독자의 빠른 이해를 돕기 위해 근대에 있었던 실제 사건을 예로 들어보겠다. 미국의 서부 영화나 카우보이가 나오는 영화를 본 적 있는가? 19세기 당시 서양의 법치 시스템은 문서상에만 존재할 뿐 실제로는 허울 좋은 허수아비에 불과했다. 말로 해결하기 어려운 문제가 일어나면 오직 실력으로 승부를 가려야 했는데, 바로 영화 〈황야의 무법자〉에 등장하는 권총대결이 당시에는 가장 빠르고 확실한 방법이었다. 두 사람이 서로 마주 보고 서서 총을 뽑아 승부를 가리는데 이때 총을 빨리 뽑는 쪽이 '정의의 편'으로 여겨졌다. 여기서 한 가지 주목할 점은 이들 사이의 결투는 철저하게 일 대 일이었다는 점이다.

올림픽의 기원에 관한 세 가지 에피소드를 다시 살펴보자. 첫 번째 기원설에서 제우스는 아버지 크로노스에게 저항할 때 자신을 대표로 한 올림피아의 여러 신과 함께 크로노스를 앞세운 다른 신들에게 맞섰다. 농구나 배구 경기처럼 양측 진영에서 전투에 참가한 신들의 수는 똑같았다. 그리고 세 번째 기원설에서 제우스의 손자 펠롭스는 자신의 장인과 일 대 일로 맞붙었다. 이처럼 똑같은 상황에서 공정하게 실력을 겨루는 행위는 그리스 문화의 정수라고 하겠다. 그뿐만 아니라 치열하게 경쟁하는 상황에서도 양측은 아름다움과 실력을 최대한 발휘해야 한다. 공격할 때는 압도적인 힘 외에도 유려한 아름다움을 갖춰야만 조각상으로 오래도록 기억될 수 있기 때문이다. 그래도 경기에서 가장 중요한 것은 양측이 공평하고 정정당당하게 실력을 겨루는 일이다.

중화 문화에서 위와 같은 상황이 벌어진다면 과연 어떤 결과가 나타날까? 솔직히 말해서 상상도 되지 않는다. 힘에 대한 중화 문화의 인식이나 시선이 서양의 것과 완전히 다르기 때문이다. 내용이 긴 이야기를 여러 회로 나누어 서술한 소설이나 TV 무협 드라마에서는 보검을 든 대협(大俠)이 십여 명도 넘는 적을 단칼에 물리치는 장면을 쉽게 볼 수 있다. 게나가 보검을 든 대협은 자신을 둘러싼 겹겹의 포위망을 뚫고 유유히 사라진다. 이처럼 비대칭적이고 불공평한 경쟁이 바로 중화 문화에서 생각하는 힘의 본질이다.

그렇다면 중화 문화가 추구하는 힘은 무엇인가? 바로 대규모 도살이다. 예컨대 백기(白起, 중국 전국 시대 진나라의 장군으로, 병법의 대가로 알려져 있다 _옮긴이)는 저항하는 조(趙)나라 병사 40만 명을 눈 하나 깜짝하지 않고 죽였다. 혼자서 여러 명을 상대하는 무림고수의 힘, 수많은 사람의 목숨을 빼앗는 힘이야말로 중국인이 내세우려는 힘이다. 이러한 의미의 힘은 공정하다고 볼 수 없는 일방적인 학살에 불과하다. 그러나 중국의 무협 소설은 하나같이 이러한 의미의 힘을 지향한다. 거의 예외가 없다고 해도 과언이 아니다. 이처럼 불공정하지 못한 '경기'는 공정성을 갖춘 '경쟁'으로 발전할 수 없다.

이뿐만이 아니다. 영웅에 대한 중국인의 잣대는 느슨하기 짝이 없다. 중국인은 영웅들의 아름다움과 힘에 아무런 관심이 없다. 예를 들어, 백기의 외모는 어땠을까? 전해지지 않는다. 이광(李廣, 중국 전한 시대의 장군으로 무용이 뛰어났으며 평생 흉노와 싸웠다 _옮긴이)은 또 어떠한가? 곽거병(霍去病, 중국 전한 무제 때의 명장. 흉노 토벌에 큰 공을 세웠다. 정예 부대를 이끌고 대군보다 먼저 적진 깊숙이 쳐들어가는 전법으로 한제국의 영토 확대에 지대한 공을 세웠다 _옮긴이)과 위청(衛靑, 중국 전한 무제의 장군으로 흉노 정벌 때 전공을 세

위 장평후, 대장군 작위에 올랐다. 무제의 철저한 흉노 정벌정책을 수행하여 용장으로 이름을 떨쳤다 _옮긴이)의 키는 얼마였을까? 그다지 관심이 없는 눈치다. 이들의 외모는 준수했을까? 역시나 관심이 없는 것 같다. 도대체 그 이유는 무엇인가? 중국인은 아름다움의 힘이 아닌, 대규모의 대결만 높이 평가하기 때문이다. 이것이 중국 남성이 힘을 뽐내는 방식이라고 생각한다.

그렇다면 여성의 경우는 어떨까? 중국과 달리 서양의 여신은 하나같이 아리따운 자태를 마음껏 뽐냈는데, 특히 서양문학에 등장하는 여인에 대한 서양인의 표현은 상당히 흥미롭다. 예를 들어 『파우스트』는 아름다운 고시(古詩)로, "영원한 여인은 우리를 승화시킨다"라는 내용으로 마무리된다. 아름다운 시구이지만, 중국인들에게는 도무지 이해되지 않는 내용이다. '영원한 여인'이란 도대체 누구를 가리키는 것일까? 어떻게 나를 승화로 이끈단 말인가?

중국 문화에서 바라보는 여인의 모습은 어떠할까? 북벌 정책을 추진한 제갈량은 위(魏)를 공격하면서 마속(馬謖)에게 선봉을 맡겼다. 그런데 마속은 제갈량의 지시를 따르지 않고 독자적인 행동을 취했다가 위의 장합(張郃)에게 대패하고 말았다. 제갈량은 결국 죽음으로 그 죄를 묻기로 했다. 제갈량이 차오르는 눈물을 참으며 그의 목을 벨 때, 마속은 자신의 노모를 돌봐달라는 유언을 남겼다.

여기서 잠깐, 중국 문화에서 노부(老父)를 부탁한다는 유언을 남긴 인물에 대해 들어본 적이 있는가? 장쉐량(張學良, 중국의 군인이자 정치가로, 일본의 중국 침략에 대항하기 위해 장제스를 구금하는 시안사변을 일으켰다 _옮긴이)은 죄를 저지른 부하를 처형할 것을 명하면서, 죽음을 앞둔 부하에게 노모를 돌봐줄 테니 편히 눈 감으라고 했다. 그런데 그 어디에서도 장쉐량이 노부를 돌봐주겠다고 했다는 이야기는 없다.

중국 문화에서는 유독 여성에게는 모성을 강조한다. 아리따운 외모를 가진 여인네라면 중국 땅에서 한시도 편치 못할 것이다. 고부 사이에 갈등이 생겼을 때, 시어머니의 지독한 구박에 며느리는 귀머거리 3년, 장님 3년, 벙어리 3년이라는 끔찍한 인내의 시간을 보내야 한다. 그러다가 자신이 시어머니가 되면 앙갚음이라도 하는 듯이 무서운 시어머니로 돌변한다.

중국에는 미인을 불행의 씨앗이라고 여긴다. 아리따운 외모로 주변의 사랑을 받아도 모자랄 판에 어쩌다 자신 혹은 주변 사람에게 피해를 주는 것은 물론 사람들로부터 손가락질을 받아야 한단 말인가? 달기(妲己), 포사(褒姒), 서시(西施), 초선(貂蟬), 왕소군(王昭君), 양귀비(楊貴妃)처럼 역사적으로도 아름다움으로 정평이 난 그녀들의 삶은 하나같이 비극적이었다. 정말 궁금하다. "포사 양, 도대체 무슨 잘못을 저질렀소?"

비단을 갈기갈기 찢도록 명한 것은 포사가 아니라 그녀의 미소를 보려고 혈안이 된 주(周)나라의 유왕(幽王)이었다. 비단 찢는 소리에 더 이상 포사가 웃지 않자, 유왕은 한밤중에 봉화대에 불을 지폈다. 그 모습에 병사들이 놀라서 유왕을 보위하고자 허겁지겁 무장을 갖추고 달려왔다가 장난이라는 사실을 알고는 허탈한 표정으로 발길을 돌렸다. 성벽 위에서 그 모습을 보던 포사는 '피식' 하고 웃음을 터뜨렸다. 귀한 비단을 찢은 것도, 병사들을 농락한 것도 모두 유왕이었다. 사랑의 포로가 된 유왕이 정인의 웃음을 보려고 벌인 이런 행동은 어찌 보면 그리 큰 잘못이라고 할 수 없다. 그러나 결과적으로는 포사가 이 모든 죄를 저지른 '요물'이 되었다. 유왕이 그리도 우매했던 원인에 대해 역사는 뜬금없이 포사에게 그 죄를 묻는다. 정말 억울한 일이 아닐 수 없다! 웃을 마음이 없어서 웃지 않았던 포사가 뭐 그리 큰 잘못을 저질렀단 말인가? 나라의 위기를 알리는 봉화대로 장난을 친 것은 유왕이었다. 그리고 그는 그저 사랑에 빠진 사내에 불과했다.

또 서시와 그녀의 정인인 오나라 왕(鳴王) 부차(夫差)의 관계도 상당히 흥미롭다. 사실 부차는 정도 있고 의리도 있는 사내이며, 그의 라이벌인 월나라 왕(越王) 구천(勾踐)이야말로 별 볼일 없는 사내라고 생각한다. 역사적으로 서시를 '나라를 망친 경국지색'이라고 정의한 데는 크게 문제 될 것이 없지만, 독선적이고 눈앞의 이익에 눈이 멀어 이성을 잃은 오왕 부차의 성격과 서시 사이에서는 별다른 연관성을 찾아볼 수 없다. 왕소군 역시 재수가 없었다. 뇌물을 건네지 않아 자신을 추하게 그린 악덕한 화가 때문에 그녀는 풀 한 포기 나지 않는 허허벌판으로 끌려가 화친의 제물로 쓰이지 않았던가! 미인은 나라를 망치게 한다는 둥, 미인은 오래 살지 못한다는 둥 여성의 아름다움을 왜곡되게 바라보는 중국인의 시선에서 아름다움에 대한 중국인의 이해가 얼마나 부족한지 알 수 있다.

이런 이유에서 중국은 힘과 아름다움의 조화를 강조하는 현대 스포츠 정신을 한 단계 끌어올리기는커녕 잉태조차 하지 못했다. 또한 힘과 아름다움의 조합보다 더 중요한 '공정한 경쟁'이 실현되는 정신도 쉽게 무시된다.

독자의 이해를 돕기 위해 배구를 예로 들어 설명해보겠다. 배구 경기에서 한 진영의 선수가 6명, 반대편 진영의 선수가 3명인 채로 경기가 진행될 수 있을까? 그럴 리 없다. 그렇다면 절대무림고수 한 명과 일반인 15명이 싸운다면 이는 공정한 것인가? 역시 그렇지 않다. 내가 생각하는 이른바 '균형'이라는 것은 올림픽의 기본정신이다.

서양, 특히 고대 그리스 문화를 시작으로 잉태된 올림픽 정신의 본질은 바로 고대 그리스인이 추구한 힘과 아름다움의 조화였다. 터질 듯 팽팽하게 긴장된 근육과 유려한 동작에 대한 이들의 관심은 힘과 아름다운 자세를 강조하는 체조, 계주, 권투, 레슬링 같은 종목을 통해 구체화되었다. 체조 경기에서 공중회전 후 착지 과정에서 실패한다면 그 모습이 아름다울 리 없다. 다이빙 경기 역시 마찬가지다. 공중 동작이 제아무리 완벽했어도 입수 과정에서 균형을 잃고 몸을 비틀거렸다면 높은 점수를 받을 수 없다. 아름다움과 힘의 조화야말로 올림픽의 기본 정신이라고 할 수 있다. 또한 이러한 정신은 '공정한' 경기를 통해서만 발현될 수 있는데, 그것이 바로 올림픽이다.

올림픽이라는 공정한 경쟁무대에서는 모든 국가가 민족이나 지역적 차별 없이 참가자격을 얻는다. 1932년 LA 올림픽에서 중국인을 대표해 대형 국기를 치켜들고 경기장에 나타난 류창춘(劉長春)을 시작으로, 2008년 제29회 베이징 올림픽이 개최되기까지 중국인은 역대 올림픽에 적극적으로 참여했다.

베이징 올림픽에서 중국인이 직면한 도전은 무엇이었는가? 바로 힘과 아름다움의 조화, 그리고 공정한 경쟁을 선보일 수 있는 무대를 제공할 수 있는가였다. 그런데 중국인은 올림픽을 어떻게 생각하는가? 국력의 상징으로 생각한다. 물론 그런 이해가 틀렸다고 볼 수는 없다. 금메달을 많이 딴 국가일수록 군사적으로든 혹은 경제적으로든 막강한 국력을 자랑했다는 점이 역대 올림픽 역사에서 입증되었기 때문이다.

그러나 이는 진정한 올림픽이 아니다. 사실 내게 가장 큰 실망을 안겨준 운동선수는 올림픽 정신을 전혀 이해하지 못한 류샹(劉翔, 중국 육상계의 별. 2004년 아테네 올림픽 110m 허들에서 금메달을 땄다 _옮긴이)이다. 다리 부상을 당했다고 하지만 그는 분명히 움직일 수 있었다. 다리 부상을 이유로 비겁하게 라커룸으로 돌아가는 것이 아니라 결승점까지 걷거나 혹은 기어서라도 갔다면 류샹은 '참여하는 데 의의를 둔' 위대한 올림픽 정신을 몸소 실천하며 중국 전역을 감동의 도가니로 몰고 갔을 것이다.

이처럼 중국은 서양 문화를 전혀 이해하지 못하고 있다. 크리스마스의 기원이나 올림픽 개최 의의를 중국은 제대로 알지 못한다. 설상가상 서양 역시 중국을 이해하지 못한다. 서로에 대한 이해부족에서 비롯되는 '벽'은 수많은 갈등을 야기했다. 올림픽이 지닌 중요한 의미는 서로 상대를 알아가게 되는 기회를 제공하는 데 있다고 생각한다.

올림픽을 다룬 중국 내 영상물에서 나는 한 가지 공통점을 발견했다. 바로 하나같이 훈계조로 이야기한다는 점이다. '단정하게 앉아라', '아무 데나 침이나 가래를 뱉지 마라.', '대국으로서의 모범을 보여라'라며 일일이 사람을 가르친다. 이러한 교육은 과연 옳은 것인가, 아니면 잘못된 것일까? 물론 잘못된 것은 아니다. 그러나 이는 단순히 옳고 그름을 따질 차원의 문제가 아니다. 올림픽을 바라보는 중국의 시선에 문제가 있다는 것을 설명하기 때문이다. 중국은 아무 데서나 대소변을 보지 말라는 표면적인 겉치레만 지나치게 강조한 나머지 힘과 아름다움의 조화, 공정한 경쟁을 추구하는 올림픽의 올바른 정신은 잊어버리고 말았다. 올림픽에 대한 중국의 뜨거운 관심은 잘못된 현상이 아니라 올림픽에 대한 오해가 구체화된 것이라고 생각한다.

한 매스컴에서 내게 이렇게 물은 적 있었다.

"랑 교수님, 그동안 많은 올림픽을 지켜보셨는데요, 다른 나라에서는 어떻게 올림픽을 개최하는지 한 말씀 부탁드립니다. 예를 들어 미국이나 프랑스는 어떤가요?"

"별로 말씀드릴 것이 없네요. 미국이나 유럽에 있을 때 제가 지켜본 올림픽은 국가의 명예와 직결되었다며 전 국가가 요란스럽게 나서는 국가적 차원의 행사가 아니었습니다. 올림픽 개최가 얼마나 위대한 일인지 소개하는 언론도 없었죠. 중국 등 일부 아시아 국가에서만 개최 자체를 강조하는 것 같더군요."

올림픽의 성공 여부가 국가의 명예에 그리도 중요하단 말인가? 국가의 명예와 직결된 올림픽이라니, 생각만 해도 부담스럽다. 미국에 머물던 시절 올림픽이 열렸는데 올림픽에 관심을 보인 미국인은 그다지 많지 않았다. 오히려 그들은 올림픽보다 미식축구나 NBA, 메이저리그에 더 열광했다.

서양이 제대로 중국을 이해하도록 하려면 중국 역시 서양을 이해해야 한다. 베이징 올림픽 성화 봉송을 위해 중국은 굳이 대규모 인력과 자본을 투입할 필요는 없었다. 다만 '중국이라는 무대는 힘과 아름다움의 조화를 완벽하게 선보일 수 있는 무대이자 공정한 경쟁을 치를 수 있는 공간이다'라는 사실을 전 세계에 분명히 전할 수 있었다면 서양으로부터 높은 평가를 받았을 것이다. 그들에게 올림픽은 국가의 명예와 직결된 '국가적 차원의 행사'가 아니라 힘과 아름다움이 조화롭게 어우러지는 '공정한 경쟁의 장'이기 때문이다.

독자 여러분과 머리를 맞대 논의하고 싶은 문제가 한 가지 더 있다. 과연 중국은 올림픽을 통해 문화적 다양성을 계속해서 확대할 수 있을까? 위대한 문화란 무엇인가?

자신과 다른 문화를 감싸안을 수 있는 문화야말로 진정으로 위대한 문화라고 하겠다. 중국 역사상 가장 위대한 문화를 자랑하는 시대가 언제냐는 질문에 모두 이구동성으로 '당나라'라고 이야기한다. 당나라 문화가 위대하다고 평가 받는 것은 '오랑캐' 선비족(鮮卑族)의 문화를 도입했기 때문이다. 다시 말해서, 중국 역사에서 상당히 특별한 위치를 차지하는 선비족은 자신들의 독자적인 옛 문화를 이어받아 이를 계속해서 전승, 발전시켜왔다. 이들의 남다른 지혜는 서양에서도 찾아볼 수도 없는 것이다. 로마 제국이 멸망한 후, 유럽 내부로 흘러들어 간 유럽의 북방 야만족은 공포정치를 통해 유럽 사회를 수백 년에 이르는 암흑기로 몰고 들어갔다.

유럽에 암흑기가 도래하던 시기, 중국은 동한(東漢) 시대를 지나 삼국시대의 혼란함을 견디고 진(晉)나라 시대로 접어들고 있었다. 이론적으로라면 이민족이 정권을 잡은 중국 역시 후기 로마제국과 같은 암흑기에 접어들어야 했지만, 당시 북방 선비족의 통치자 탁발씨(拓跋氏)가 개최한 어전회의에서는 모두의 예상을 깬 용단을 내렸다.

"한족(漢族)을 모조리 죽이고 그들의 논과 밭을 우리의 가축을 기르는 데 필요한 목장으로 갈아엎어야 할 것인가? 한족이라면 씨를 모조리 말려 죽일 것인가, 아니면 꽁꽁 가둬둘 것인가?"

이러한 문제를 두고 회의는 오랫동안 계속되었다. 멸족을 당하든 감옥에 갇히든 중국이 후기 로마제국과 같은 암흑기에 접어들 것임은 불 보듯 뻔한 일이었다. 그러나 선비족의 탁발씨는 선비족의 문화를 모조리 버리고 한족의 문화를 받아들이기로 선포했다. 이처럼 용기 있는 결심은 말로 형언할 수 없을 만큼 위대한 선택이었다. 선비족은 자신들의 언어를 버리고 한어(漢語)를 사용했을 뿐만 아니라 한족과의 혼인을 장려하는 정책 등을 추진해 한족과의 전면적인 통합에 나서기로 했다. 이민족의 혈통, 그들의 이질적인 문화는 중화 문화를 파괴하기는커녕 오히려 통합을 발판으로 중화 문화가 더욱 다양하게 꽃필 수 있는 문화적 토양을 제공함으로써 중화 문화 사상 최고의 기적이라고 불리는 당나라 문화를 세우는 데 성공했다.

이를 유럽의 상황과 비교해보자. 유럽이 수백 년이나 계속되는 암흑기를 견디고 있던 반면에 쇠락해가던 중화 문화는 선비족의 문화를 받아들인 이후 갈등과 통합을 거쳐 위대한 '대당(大唐)' 문화로 재탄생했다. 당시 당나라 사람이 사용하던 식기는 어쩌면 인도, 페르시아에서 수입된 것일 수도 있다. 당나라 사람이 부리던 하인이 인도사람이었을지도 모른다. 이상하게 생각할 것 하나 없다. 서로 다른 문화가 하나로 통합된 후 나타난 현상이기 때문이다. 이러한 점에서 진정한 문화적 통합이야말로 위대한 민족을 길러낸다는 결론을 얻을 수 있다.

지식+ 2001년 베이징이 올림픽 개최권을 얻는 데 성공했다는 소식이 전해졌을 때 귓가를 울리던 환호성이 여전히 생생하다. 7년이라는 올림픽 개최 준비 기간에 중국인은 올림픽의 정신을 직접 목격할 수 있었다. 올림픽 개최는 단순히 거대한 경제적 수익을 얻을 수 있는, 혹은 도시 건설을 위한 경제성장의 기회가 아니다. 중화 문화를 온전히 세계인에게 알릴 수 있는 절호의 기회다.

결론적으로 중국은 선비 문화를 과감하게 받아들였던 대당 문화의 기백을 배워야 한다. 나와 다름을 인정하고 따뜻하게 포용하여 이를 자유롭게 드러낼 수 있어야만 중국 문화를 한 단계 끌어올릴 수 있다.

이러한 기백과 영혼을 중국의 문화에 주입할 수 있다면 올림픽의 진정한 정신이 비로소 온전히 자리잡을 수 있으리라고 확신한다. 올림픽을 통해 중국이 이해하지 못했던 유럽의 진정한 문화, 힘과 아름다움의 조화, 공정한 경쟁이라는 정신을 배울 수 있기를 기대해 마지않는다. 그런 바람을 담아 쿠베르탱의 〈스포츠에 부치는 시(Ode to Sport)〉를 바친다.

아, 스포츠여

너는 각 민족 사이를 유쾌하게 만든다

전 세계 젊은이에게 상호 존중과 배움을 가르쳐줌으로써

서로 다른 민족의 개성이 평화로운 경쟁을 위한 동력이 되게 한다

내가 뭘 어쨌다고!

2008년 올림픽 기간 동안 〈랑셴핑의 말말말〉이라는 프로그램을 통해 나는 각 지역의 TV 방송사와 시청자로부터 많은 요청과 질문을 받았는데, 그중에서도 중국과 서양 간의 서로 다른 예절에 대해 이야기해달라는 요청이 유독 많았다. 많은 사람이 올림픽이 시작되었으니 올림픽 개최국으로서 예절을 강조하는 중화 민족의 풍모를 전 세계에 선보여야 한다고 생각했던 것 같다. 하지만 도대체 무엇을 보여줘야 한단 말인가? 그리고 또 어떻게 보여줄 것인가?

과거 중국은 아무 데나 가래를 뱉지 말라고 이야기했다. 그러나 이는 과거의 일뿐이다. 지금 누가 당당하게 아무 데나 땅에 가래를 뱉고 다닌단 말인가? 이는 더 이상 논의의 대상이 아니다. 그럼에도 예절을 묻는 질문이 쇄도하는 현상을 보며 올림픽 개최국으로서 갖춰야 할 예절에 대해 중국인 스스로도 기본적인 개념을 갖추지 못했다는 사실을 알 수 있다. 일반 중국인뿐만 아니라, 중국 정부 역시 별다른 생각이 없었다고 생각한다. 좀 더 극단적으로 이야기해서 13억에 달하는 중국인 모두 올림

픽 기간에 어떻게 예절을 갖출지, 이를 어떻게 계속해서 유지할 것인지를 생각해본 적이 없다. 올림픽 기간에 눈 가리고 아웅 하는 식으로 잠깐 예절을 갖추는 척하다가 올림픽이 끝나면 아무 일도 없었다는 듯 예전의 모습으로 돌아가서야 되겠는가!

서양인에게 서양인만의 예절과 규범이 있듯이 중국인에게도 중국인만의 예절과 규범이 있다. 다만, 서로 간의 이해 부족으로 서양인은 중국인의 일부 행위를 폄하하기도 한다. 내 경험담을 잠깐 소개하자면, 중국에서 나고 자란 나는 커서 미국 유학길에 올랐다. 그때가 1983년이었는데, 미국 땅에 처음 발을 들여놓은 나는 그곳의 생활에 쉽게 적응하지 못했다. 그때까지 단 한 번도 경험하지 못한 낯선 상황의 연속이었기 때문이다.

당시 슈퍼마켓이나 다른 곳에 가면 나는 별다른 생각 없이 그냥 문을 밀고 걸어 들어갔다. 내게 이러한 행동은 지극히 자연스러운 것이었지만 내가 문을 밀고 들어갈 때마다 내 뒤에 오던 미국인에게서 항상 불만 섞인 반응을 목격해야 했다. '쯧쯧' 거리는 그들의 반응을 보며 '망할 양키, 미쳤나! 내가 뭘 어쨌다고!'라는 생각을 하기도 했다. 제아무리 무시해도 이러한 반응이 계속되자 도대체 왜 내가 욕을 먹는지 궁금할 지경이었다. 하지만 아무리 생각해봐도 그 이유를 찾지 못했다.

그러던 중 아주 우연한 기회에 그 해답을 찾을 수 있었다. 내 앞에 가던 미국인들은 문을 열고 들어갈 때마다 단 한 명도 예외 없이 뒷사람을 위해 잠시 문을 잡아주는 것이 아닌가!

그 후 나 역시 뒷사람을 위해 문을 잡아주었다. 뒷사람을 위해 잠시 문을 잡아주는 간단한 행동 하나 배우는 데 많은 시간이 걸렸다. 중국에서는 뒷사람을 위해 문을 잡아줘야 한다고 가르치지 않는다. 그저 자신이 지나갔으면 됐지 뭐 하러 뒷사람을 위해 문을 잡아준단 말인가? 안 그런가? 각자 자신이 가고 싶은 대로 가면 되지 않는가? 아니다. 미국인은 그렇게 생각하지 않는다. 그래서 잠시 문을 잡아주지 않는 중국인의 사소한 행동을 미국인은 못마땅하게 여긴다. 그제야 내 뒤에 오던 미국인이 왜 내게 혀를 차는지 알 수 있었다. 내가 '거칠다'고 생각했기 때문이다.

지식⁺　1904년부터 미국은 네 차례나 하계 올림픽을 치렀지만 미국의 예절을 모르는 사람이 여전히 많다. 전 세계 인종이 한데 뒤섞여 있는 미국에서 예절이나 관습은 상당히 다양한 형태로 나타나고 있을 뿐만 아니라 각 주(州)의 특징이 모두 다르기 때문이다. 텍사스 주에서 자란 조지 부시는 전형적인 미국 카우보이 스타일로, 1991년 엘리자베스 2세 영국 여왕이 미국을 처음 방문했을 당시 자신을 부시 가문 최고의 망나니라고 소개하더니 영국 왕실의 최고 망나니는 누구냐고 물었다(1991년 당시 조지 부시는 미국 대통령으로 엘리자베스 여왕을 맞이한 것이 아니라 대통령인 아버지 부시의 아들로서 여왕을 소개받았다 _옮긴이). 외교적 결례를 범했다는 평가가 나온 뒤 2007년 6월 엘리자베스 2세가 다시 미국을 찾았을 때, 백악관이 심혈을 기울여 준비한 일 중 하나가 바로 조지 부시 대통령에게 예절을 가르치는 일이었다.

많은 서양인이 중국인은 빈곤한 환경 탓에 제대로 된 교육을 받지 못해 고상한 행동과 기본적인 예절을 알지 못한다고 생각한다. 위에서 소개한 내 경험담이야말로 고상한 행동과 기본적인 예의 따위는 알지 못하는 전형적인 중국인의 모습일 것이다. 이러한 서양인의 반응을 중국인은 아마도 수긍하기 어려울 것이다. 설마 중국인의 외모나 스타일이 세련되지 못했단 말인가? 잘 생기고 아리따운 중국 미남미녀의 매력을 모른단 말인가? 그러나 미국인의 예절을 이해하지 못한다면, 중국인은 그들이 왜 자신에게 손가락질하는지 절대로 깨닫지 못할 것이다. 이어서 내게 많은 깨달음을 주었던 일화를 소개하겠다. 지금 월 스트리트에서 일하는 내 제자들은 모두 미국인으로, 그들은 자신이 맞닥뜨린 상황에 대해 종종 내게 자문을 구한다.

"랑 교수님, 어제 우리 회사에서 일하고 싶다고 찾아온 중국인 몇 명을 인터뷰했습니다. 모두 양복을 입고 왔는데 흰 양말을 신고 왔더라고요. 그 모습을 보고 전 직원이 박장대소했답니다."

여기서 뭐가 그리 우스운 일이냐며 되묻는 독자가 분명히 있을 것이다. 양복을 입었으니 넥타이와 검은 벨트, 그리고 흰 양말을 함께 착용한 것이 뭐 그리 우스운 일이란 말인가? 중국인에게 이는 지극히 자연스러운 일이지만, 미국인에게는 배꼽 빠지게 우스운 일이다. 왜 일까?

미국에서는 공공장소에서 양복에 흰 양말을 신는 것을 가장 촌스러운 일로 생각한다. 다시 말해서 많은 서양인이 생각하는 가장 우습고 세련되지 못한 패션이다. 당신이 걸친 옷이 '베르사체'든 다른 명품이든 그 사실은 중요하지 않다. 양복에 흰 양말을 신었다는 것 자체가 문제다. 미국인에게 이러한 차림은 놀리기 딱 좋은 대상이기 때문이다. 아무래도 허물없는 사제관계이다보니 내 앞에서 대놓고 중국인의 옷차림을 비웃었지만, 사실 대부분의 미국인은 이렇게 행동하지 않는다. 가식적인 미국인은 앞에서 대놓고 비웃는 것이 아니라 뒤에서 은근히 비웃는다.

던힐(Dunhill)의 벨트를 하고 체루티(Cerruti) 1881(130년의 전통과 가치를 지닌 이탈리안 남성 패션 브랜드 _옮긴이)을 입었다고 해도 양말을 잘못 신었다면 미국인은 비웃을 것이다. 설마 그까짓 일로 비웃는다는 것이 말이 되냐고 물을 수도 있겠지만 실제로 비웃음을 당할 것이다. 중국인에게 대수롭지 않은 일이지만 미국인에게는 중요한 일이기 때문이다. 흰 양말을 신은 사소한 점을 보고 교양이 없다고 생각하는 것이 바로 미국인이다. 심지어 뒷사람을 위해 문을 잡아주지 않는 행동조차 그들에게는 몰상식한 일로 비칠 수 있다. 그렇다면 도대체 무슨 양말을 신으란 말인가! 검은 양말을 신으면 그만이다. 무늬가 있는 양말을 신으면 안 될까? 안 된다! 지난번에 우연히 제자를 만났는데, 베이징에서 재회한 그는(물론 내 제자들은 대부분 기업가로 나보다 성공한 이가 많다) 멋진 양복을 걸치고 있었다. 그런데 어울리지 않게 멋진 정장에 짧은 부츠를 신고 있었다. 그 모습을 미국인이 봤다면 아마도 속으로 엄청 웃었을 것이다. 양복에는 단정한 정장 구두를 신어야 하기 때문이다.

미국인이라고 해서 무조건 박학다식하다거나 세상물정에 훤하다고 생각하지 마라. 사실은 그렇지 않다. 나는 한때 미시간 주를 포함한 미국의 중서부 지역에서 몇 년 동안 머무른 적이 있었는데, 아이오와 주에 머물던 당시 루이지애나 주와 테네시 주로 종종 출장을 가기도 했다.

현재 이 지역들은 더 이상 낙후된 곳이 아니지만 당시 그곳에서 살던 미국인이 바라보는 세상은 지극히 일부분에 그쳤다. 그곳에서 겪은 쓸쓸한 경험담을 이야기하자면, 당시 그곳에 살던 나이 지긋한 미국인 중에는 중국인은 여전히 변발을 기르고 있으며 흑인은 나뭇잎으로 간신히 아래를 감싼 채 '우가우가' 하고 외치는 아프리카 토인이라고 생각하는 사람도 있었다. 미국인만 그럴 것이라고 생각하지 마라. 실제로 많은 중국인도 여전히 그런 시선으로 흑인을 바라본다.

오하이오 주의 어느 지역을 배경으로 한 TV 인터뷰 장면이 기억난다. 갑작스러운 기체 고장으로 비행기가 그곳에 임시 착륙하자(오하이오 주는 이미 상당히 개방된 주다) TV 방송사에서 취재팀을 급파해 현장 동향과 주민들의 반응을 재빨리 취재했다. TV 방송국에서 보낸 취재팀을 본 현지 주민들은 신기하고 흥분된 마음에 인터뷰 현장을 에워쌌다. 고장을 일으킨 비행기가 임시착륙을 했는데 당신이라면 다음 여행 때 해당 항공사를 이용하겠느냐는 취재원의 질문에 주민들은 이렇게 대답했다. "비행기를 탄 적도 없는 걸요. 비행기도 이번에 처음 봤는데……."

평소 이곳을 지나는 항공노선이 없었기 때문에 이들에게는 임시 착륙한 비행기가 살면서 처음 목격한 진짜 비행기였다. 이는 저 멀리 아프리카 오지나 아마존의 밀림이 아니라 미국에서 일어난 일이다. 중국 사람들만 바깥세상을 모르는 것은 아니다. 대다수의 미국인 역시 그렇다. 미국인, 특히 중서부 지역에 사는 미국인은 실제로 세상과 단절되어 있다(동부 해안, 서부 해안에 거주하는 미국인은 문명화된 사회를 접할 기회가 훨씬 많다). 그런 그들의 눈에 자신과 다른 복장을 한 중국인은 이상한 존재로 비칠 수밖에 없다. 아마도 흰 양말을 신은 중국인을 처음 보고는 촌스러운 것도 모자라 고상하지 못하다고 여기거나 기본적인 예절도 모른다고 생각할지도 모른다. 하지만 그들이 비웃는 일은 정말 대수롭지 않은 것들이다.

1932년 LA 올림픽 스타디움에 류창춘이 모습을 드러냈다. 올림픽에 처음 모습을 드러낸 중국인의 등장은 공정한 경쟁을 지향하는 올림픽 정신을 드높였을 뿐만 아니라 중국인은 여전히 변발을 기른다고 생각하는 서양인에게 중국인에 대한 새로운 이미지를 심어주었다. 사실, 일찍이 청나라 말부터 동서양 문화 간의 접촉은 예절 분야에까지 파고들었다. 경자년(庚子年, 1900년 _옮긴이) 이후 수많은 해외 공사의 부인들이 중국의 상류사회에 유입되면서 자희태후(慈禧太后, 청나라 함풍제의 후궁으로 흔히 서태후로 알려져 있다 _옮긴이)에게 귀빈대접을 받았는데, 서양 여성의 패션과 자유분방한 스타일은 엄격한 청나라의 궁중예절과 격렬히 충돌했다. 이때 해외 주재 중국공사의 부인이 용기를 내서 청나라 여인의 전족이 세계적인 조롱거리가 되었다고 자희태후에게 고하자, 자희태후는 담담한 표정으로 입을 열었다. "내가 듣기로는 양인(洋人) 역시 고약한 습관이 있다고 하더군. 철로 된 허리띠로 숨도 제대로 쉬지 못할 정도로 허리를 죄어댄다면서?" 예절이라는 것은 각국의 전통문화에 속하는 것으로 어느 것이 더 우월하다고 평가할 수 없는 것이다. 해당 민족의 개성을 고스란히 반영하는 예절은 차별성, 개성화라는 특징으로 나타나는데, 이러한 개성을 무시한다면 과연 어떤 결과를 초래하겠는가?

거칠게 행동하는 중국인의 문제점을 청소년 시기에 받은 교육에서 찾는 서양인이 많다. 그들은 중국인이 청소년 시절의 교육 과정에서 능수능란하게 거짓말하기, 남에게 주는 것이 아니라 뺏는 법, 자신의 것을 결코 다른 사람과 나누지 않는 법을 배운다고 생각한다.

이러한 평가를 들었을 때 제일 먼저 어떤 생각이 떠오르는가? "완전히 엉터리잖아! 중국인이 거짓말을 한다고? 난 거짓말한 적 없어!" 하지만 정말 거짓말한 적이 없는가? 교육국(教育局)에서 학교를 찾아와 방과 후 수업을 했는지 조사를 할 때마다 선생님이 뭐라고 했던가? "…… 교육국에서 찾아오면 방과 후 수업을 한 적 없다고 해야 한다!" 공개적인 거짓말 아닌가? 그렇다면 교육국 담당자는 어떤가? 다른 학교에서 방과 후 수업 여부를 조사할 때, 자신의 자녀가 다니는 학교에서 방과 후 수업을 하지 않는다고 확신할 수 있는가?

이처럼 중국에서 보편적으로 목격할 수 있는 현상을 미국에서는 상상조차 할 수 없다. 표면적으로 미국인은 'Integrity(단순히 '성실'이라는 뜻을 의미하지는 않는다. '성실'보다 좀 더 고차원적인 의미로 '정직'이라고 간주해도 무방하다)'를 상당히 강조하기 때문이다. 오늘날 자본주의 사회에서 가장 필요한 것은 정직이다. 물론 여기에는 성실이라는 뜻도 포함된다. 즉 자신뿐만 아니라 다른 이들을 존중하고 제도와 사회를 존중하는 사람이 되어야 하며, 무슨 일을 하든 다른 이들을 속여서는 안 된다. 미국인은 남을 속이지 않느냐고 묻는 독자도 있을 것이다. 물론 미국인도 거짓말을 한다. 심지어 미국 대통령 중에도 거짓말을 한 사람이 있다. 닉슨 전 대통령은 사기죄로 처벌을 받았다가 훗날 사면되었다(바로 워터게이트 사건이다). 공화당의 닉슨 대통령은 야당인 민주당에 중요 정보를 빼오도록 스파이를 심었다. 이 사건이 기자에 의해 폭로된 후 닉슨은 자신의 죄를 인정하기는커녕 증거를 훼손했다가 결국 처벌받았다. 닉슨이 자신의 옆집으로 이사 온다는 소식을 알게 된 한 주민은 공개적으로 닉슨 전 대통령의 이웃이 되고 싶지 않다고 밝히기도 했다.

다른 관점에서 봤을 때, 미국인은 가식적인 민족이라고 이야기할 수도 있다. 그들이 이렇게 'Integrity'를 강조하게 된 주된 원인 중 하나가 사회 여론과 법적 구속이기 때문이다. 예절과 규범을 강조하는 미국인이 중국에서 살게 된다면 어떻게 될까? 아마도 중국에서 불법복제물이나 가짜 명품을 아무 거리낌 없이 구입할 것이다. 이렇게 가식적인 민족이 엄하고 점잖은 표정으로 중국인을 지적하고 있는 것이다.

강도 높은 규율성, 중국에도 있다

미국의 여러 특징 중에서 내가 가장 높게 평가하는 것은 바로 강도 높은 규율성이다. 미국 유학 당시 나는 미국생활에 적응하느라 고생을 꽤 했다. 미국이라는 나라가 살기가 마냥 편한 곳만은 아니기 때문이다. 특히 매년 두 차례의 에너지 절약기간이 있는데 이른바 서머타임제로, 해가 일찍 뜨는 여름에는 시간을 한 시간 앞당겼다가 겨울이 되면 원래대로 돌아간다. 하지만 이러한 정책은 사전에 널리 홍보되지 않고 실시되기 하루 전에 신문 한구석에 아주 작게 게재된다.

당시 미국 강단에서 교수로 일하던 나는 이 소식에 상당히 긴장했다. 어떻게 대처해야 할지 몰랐기 때문이다. 서머타임을 고지하는 기사를 미처 보지 못했다가 다음 날 수업에 늦으면 어떻게 하나 싶은 생각에 전전긍긍했다. 그래서 매일 신문을 뒤적거릴 때마다 수업시간을 놓치지 않을까 눈에 불을 켜고 신문 기사를 훑곤 했다.

미국인이 개인주의적 성향이 강하다고 해서 기강이 문란할 것이라고 함부로 결론내지 마라. 미국인의 규율성은 실로 대단하다는 말로밖에 표현되지 않는다. 서머타임제가 공표된 다음 날 학생들뿐만 아니라 학교 관계자 모두 정시에 출근했다! 이처럼 국가에서 정한 정책을 철저하게 준수하는 강도 높은 규율성이야말로 미국인의 특징이라 할 수 있다. 매일 신문을 뒤적이지 않았다면 아마도 나는 한 시간 빠르게 혹은 느리게 움직였을 것이다. 나는 기강이 해이한 중국인이기 때문이다.

그뿐만 아니라, 미국은 지리적 특징상 국내에서도 시차가 존재하는데 동부 해안에서 서부 해안에 이르는 지역 사이에는 무려 세 시간이나 시차가 난다. 한 나라 안에서 시간 기준이 서로 달라 자칫하면 일정이나 약속이 꼬일 수도 있지만 미국인은 알아서 시간을 조절하고 거기에 맞춰서 움직인다. 이러한 상황이 중국에서 일어난다면 어떻게 될까? 베이징과 신장 사이에 한 시간의 시차가 존재한다면 아마도 중국 전역은 혼란에 빠질 것이다. 그런 중국에 미국과 같은 서머타임제를 도입한다면 그 결과는 상상만 해도 끔찍하다. 똑같은 서머타임제를 적용한다고 해도 중국은 심각한 혼란에 빠질 것이다. 그래서 미국인이 대단하다는 것이다.

미국은 규율을 무척이나 강조하는 국가로, 정부에서 명령을 내리기만 하면 모든 국민이 일사불란하게 그 명령을 따른다. 국가에서 시간을 조정하면 전국이 약속이나 한 듯 모두 똑같이 시간을 조정한다. 이 얼마나 대단한 민족이란 말인가! 그런 그들은 중국인을 보고 이상하다고 여긴다. 그들은 중국인을 전혀 알지 못하기 때문이다. 대다수 서양인은 중국인이 자신의 가정과 피붙이에게만 관심을 기울일 뿐, 자신과 아무 관련도 없는 사람이 어려움에 처했다고 해도 모른 척 할 것이라고 생각한다.

서양인은 왜 그런 시선으로 중국인을 보는 것일까? 그들의 눈에 비친 중국인은 '산산이 흩어지는 모래'와 같다. 평소 자신의 일만 묵묵히 하기 때문이다. 예를 들어 중국인은 각자 자기 집 앞에 쌓인 눈만 치울 줄 안다. 하지만 다른 집 지붕에 달린 고드름은 모른 척하기 일쑤다. 규율을 강조하는 미국에서 이러한 상황이 발생했다면 주변으로부터 이상한 시선을 받게 될 것이다. 중국의 도로에서 자동차 사고가 일어났을 때 실제로 도움을 주는 이는 많지 않다. 그저 사고 현장을 둘러싸고 얼굴을 들이민 채 구경만 한다.

자, 이제 내가 질문을 던질 차례다. 택시 운전사가 사고 현장에서 죽음을 목전에 둔 사람을 발견했다면 과연 피해자를 병원으로 이송하려고 할까? 아마도 그러지 않을 것이다. 환자를 병원으로 이송했는데 혹시 죽기라도 하면 누가 책임진단 말인가? 호의를 보였던 운전사가 책임을 져야 할 것이다. 최악의 경우, 병원으로 이송된 피해자가 자신을 도와준 택시 운전사를 오히려 가해자로 지목할 수도 있다.

하지만 원촨 대지진이 일어났을 때 전 세계인은 TV를 통해 중국의 진실을 담은 수많은 장면을 생생히 목격했다. 사고 현장에 달려온 간호사에게 기자가 가족의 안부를 묻자, 그 간호사는 금세 울음을 터뜨리며 입을 열었다.

"우리 애도 학교에 다니는데, 지금 어떻게 됐는지 저도 잘 모르겠어요." 아이를 떠올리며 울먹였지만, 간호사는 자리를 떠나지 않았다. 다른 사람이 죽든 살든 제 아이만 살리겠다며 자리를 떠나기는커녕 계속해서 자신의 자리를 지키며 다른 사람을 도우러 뛰어다녔다. 마음속으로는 자신의 아이를 찾아 달려가고 있었겠지만 말이다. 그리고 이제 막 엄마가 된 한 여경은 갓난아이를 구조한 것도 모자라 아이들에게 제 젖을 물렸다. 여경은 왜 다른 사람의 아이에게 제 젖을 물렸을까? 중국인에 대한 서양인의 평가와 전혀 다르지 않은가! 미국인은 중국인의 이러한 행동을 이해하지 못한다. 그들은 중국인을 알지 못하기 때문이다.

중화 민족은 도대체 어떤 민족인가? 이 자리를 빌려 고난을 당할 때 중국인의 단결력은 상상을 초월한다는 사실을 미국인에게 알리고 싶다. 미국인은 높은 규율성이 자신만의 소유라고 생각했지, 평소 뿔뿔이 흩어진 모래 같던 중화 민족에게도 이러한 규율성이 있으리라고는 전혀 생각하지 못했다.

원촨 대지진이 발생한 후 중국인은 하나로 똘똘 뭉쳐 남에게 도움의 손길을 내밀었고, 중국인에 대한 미국인의 고정관념을 산산이 부숴놓았다. 그뿐만 아니라 중국 정부를 향한 외부의 평가에 강한 거부감을 드러내는 모습 역시 미국인을 당혹케 했다. 정부의 잘못이나 무능함을 비난하는 일은 미국인에게는 당연한 것으로, 특히 이기적이고 자신의 피붙이만 챙기는 민족이라면 분명히 정부에 강한 불만을 품고 있을 것이라고 생각했다. 하지만 그들의 생각은 틀렸다.

심각한 문제에 직면했을 때 중국인은 외국 매스컴을 비난했다. "CNN 앵커가 중국에 대해 함부로 이야기하면 13억 중국인이 가만히 있지 않겠다!" 까르푸와 달라이 라마 사건을 통해 중국을 바라보는 프랑스의 시선이 크게 달라졌다. 이런 사건들을 통해서 프랑스는 그냥도 아니고 정말 깜짝 놀랐다. 훗날 프랑스 칸 영화제에 참석한 샤론 스톤이 원촨 대지진과 관련된 문제를 일으키자 프랑스 정부는 자국의 입장과 무관하다고 후다닥 발표하기도 했다.

중국인은 서로에게 도움의 손길을 내밀었을 뿐만 아니라 정부와 하나로 똘똘 뭉쳐 중국을 비난하는 해외 언론과 매스컴을 향해 가장 격렬하고 애국적인 방식으로 반격에 나섰다. 이러한 움직임 때문에 여타 국가 지도자들도 기꺼이 베이징 올림픽 개막식에 참가하고 싶다는 뜻을 밝히기도 했다.

원촨 대지진이 일어나지 않았다면 그들은 결코 중국을 이해하지 못했을 것이다. 원래 개인주의적이고 남을 이해하지 못하는 중국인이라지만 위기에 봉착하면 갑자기 하나로 뭉쳐 강한 응집력과 폭발력을 보여주고, 미국인처럼 자기 민족과 나라를 사랑한다. 중국인의 이러한 대애주의

적 정신은 미국인에게 비할 바가 아니라고 생각한다. 중국인은 그리 만만한 민족이 아니다.

이러한 민족적 특성 때문에 중국은 세계적으로도 고대 문화를 온전하게 간직한 몇 안 되는 국가 중 하나가 될 수 있었다. 외부적인 시련으로 쉽게 부서지는 것이 아니라 오히려 큰 위기가 찾아올 때는 일사불란하게 행동하며 하나로 똘똘 뭉쳤다. 젓가락 한 쌍은 쉽게 부러뜨릴 수 있지만, 젓가락 열 쌍은 한꺼번에 부러뜨리기 어렵다. 직면한 상황에 따라 유연하게 행동하는 중국인의 변화무쌍함에 외국인은 당혹스러움을 금치 못했다. 이기적이고 교활하며 냉혹한 중국인이 흰 양말까지 신었다면 미국인으로부터 분명히 좋은 평가를 받지 못할 것이다. 그렇다고 해서 이는 틀린 것도, 이상한 것도 아니다. 그들은 그저 중국인을 모르기 때문이다.

중국을 바라보는 미국의 이중적 잣대

 2008년 8월 8일 베이징 올림픽 개막식에 세계 각국에서 국가원수 및 정상들이 속속 모습을 드러냈는데, 조지 부시 미국 대통령 역시 그중 한 명이었다. 올림픽이 개최되기 전에 미국은 중미 간 '핑퐁 외교'를 기념하는 3일간의 기념 활동을 열었다. 36년 전 닉슨 전 미국 대통령이 스포츠 외교를 발판 삼아

중국 땅을 처음 밟으며 중미 관계에 역사적인 큰 획을 그었다. 저우
언라이(周恩來) 총리와 닉슨 대통령의 악수는 중미 관계의 밀월기를
보여주는 상징이었다. 저우언라이 총리는 세계적으로 유명한 외교
전문가로서 특유의 겸손함, 포용력, 굽힐 줄 모르는 원칙과 지혜롭
고 유연한 외교 전략으로 동방예의지국의 매력을 마음껏 드러냈다.
사실 예절과 왕래는 서로를 알 수 있는 기회다. 이러한 기회를 통해
서로 이해하고 판단하는 일은 중국과 미국 모두에게 똑같이 중요
하다.

중국의 굴기(崛起)를 미국은 과연 원하고 있을까? 그렇다. 미국은 중
국의 발전을 원한다. 중국이 더 많은 책임을 질 수 있기를 기대하는 미국
은 중국이 너무 약해지는 것도, 그렇다고 자국의 이익과 지위를 위협할
정도로 강해지는 것도 원하지 않는다.

여기서 한 가지 가설을 세워볼 수 있다. 20세기 중국이 부유하고 하
나로 통일된 국가였다면 1차 세계대전의 상황은 달라졌을 것이다. 그리
고 2차 세계대전 역시 2차 유럽대전으로 축소되었을 확률 역시 높다. 중
국이 일본의 침략을 막았거나 일본을 물리쳤을 수도 있기 때문이다. 중
국의 활약으로 일본을 제압해 진주만 사건이 일어나지 않았다면 미국
이 2차 세계대전에서 치러야 할 대가 역시 크게 줄어들었을 것이다. 세
계는 물론, 10억 인구를 가진 중국 역시 2차 세계대전에 따른 손실을 피
할 수 있었겠지만 약소한 중국으로 인해 지난 100년 동안 전 세계와
중국은 참담한 대가를 치렀다. 그런 까닭에 세계는 '건강한 중국'을 원

한다.

세계에 대한 중국의 공헌은 말로 형언할 수 없을 정도로 대단한데, 그중에서도 가장 큰 공헌은 중국이라는 거대 시장이 1990년 점차 내리막길을 걷고 있던 일본 경제를 구제했다는 사실이다. 중국이 없었다면 일본 경제는 회복되지 못했을 것이다. 세계 2위의 경제대국이 붕괴했다면 세계에 과연 어떠한 충격을 가져다주었을까?

미국에게도 중국이라는 시장은 상당히 중요하다. 미국인이 자랑스럽게 생각하는 코카콜라의 중국 판매량은 무려 10억 개에 달한다. 그밖에도 중국에서 생산된 저렴한 상품 덕분에 미국의 물가 지수가 전체적으로 10퍼센트 낮아졌다. 이러한 점에서 중국의 성장은 미국에게 상당한 의미로 작용한다. 이것이 바로 중국을 바라보는 미국인의 이중적인 잣대다. 중국에 대한 미국의 이중적 태도는 중국인에 대한 미국인의 무지에서 비롯된다.

마찬가지로 중국 역시 미국인을 이해하지 못한다. 미국인의 가장 큰 문제는, 여태껏 보지 못한 가식적인 민족이라는 점이다. 중국을 찾은 미국인에게 중국의 인상을 물어보면 중국 여성이 세상에서 가장 아름답다는 둥, 중국인이 세상에서 가장 착한 민족이라는 둥, 혹은 중국 경제의 발전이 가장 성공적이었다는 둥의 칭찬을 마구 늘어놓는다. 도대체 그들은 왜 이렇게 이야기하는 것일까? 그만큼 미국인은 상당히 가식적이다. 가식적인 면에서는 중국인도 그들을 쫓아가지 못한다.

몇 가지 예를 들어보겠다. 미국인은 새콤달콤한 중국 요리를 미국에서 즐겨 먹는데, 막상 중국에 와 본고장 음식을 맛보고는 실망하는 경우가 적지 않다. 그 이유는 무엇일까? 지나치게 중국적인 음식이기 때문이다. 중국의 전통요리 중 하나인 촨차이(川菜, 쓰촨 지방 음식 _옮긴이)는 특유의 짜고 매운 맛으로 중국인에게 인기가 높은데, 미국인에게는 상당히 곤욕스러운 음식이다. 그렇다면 그들이 즐겨먹는 중국요리는 무엇인가? 대표적인 요리가 배와 잘게 채 썬 고기를 함께 넣고 볶은 요리로, 여기에 설탕과 고추를 조금 넣어 먹는다. 이렇게 만든 요리가 도대체 무슨 맛이란 말인가! 중국인이라면 젓가락도 갖다대지 않을 요리를 미국인은 즐겨 먹는다.

미국인을 식사에 초대할 기회가 있을 때 주의해야 할 점을 한 가지 더 알려주겠다. 미국인은 웬만해서는 배부른 줄 모른다. 그래서 먹고 난 뒤에도 맥도날드나 KFC에 가서 치킨을 먹는다. 그리고 식사에 초대받은 미국인은 식탁 위에 차려진 음식이 마음에 들지 않아도 "세상에! 너무 맛있어 보이네요. 음식을 보니 배가 고파 쓰러질 것 같아요!"라고 너스레를 떤다. 부디 그 말을 있는 그대로 믿지 마라.

요전에 큰 아들을 데리고 한 미국인을 만나러 갔다. 고슴도치도 제 새끼는 예쁘다고 한다지만 큰 녀석은 솔직히 못생겼다. 하지만 그는 이렇게 예쁜 아이를 본 적이 없다며 칭찬을 늘어놓았다. 그 모습에 결국 나는 입을 열었다. "괜히 칭찬할 필요 없어요. 당신들을 모를까 봐요? 말도 안 되는 소리 하지 말아요. 내 아들은 진짜 못났으니까!"

이러고도 과연 중국인이 미국인을 이해한다고 할 수 있을까? 여전히 그들을 이해하지 못하고 있다. 중국인에 대한 미국인의 평가 역시 그렇다. 그들이 생각하는 중국인은 흰 양말을 신은 채 뒷사람을 생각해 문도 잡아 주지 않는 무식한 존재인데다 거짓말에 능하고 이기적이며 냉소적인 존재다. 게다가 자신의 것만 챙길 줄 알고 남의 사정이 어떠하든 아무런 신경도 쓰지 않는 이기주의자다. 한마디로 그들의 눈에 비친 중국인은 부정적인 면으로 가득하다.

하지만 미국인이 중국을 제대로 이해한다면, 위기의 순간에 중국인이 얼마나 파괴력 있게 단결하는지 알게 된다면 그렇게 생각하지 못할 것이다. 자신의 아이는 내버려둔 채 남의 아이를 먼저 구하기 위해 달려가는 중국인의 모습은 미국인에게 큰 감동을 안겨주었다. 좀처럼 종잡을 수 없는 중국의 이상한 민족성은 유럽과 미국에게 감동과 놀라움을 선사했다. 올림픽이 개최되기 2~3개월 전에 중국인의 부정적인 면을 들추던 유럽과 미국 언론이 사라진 원인이 바로 여기에 있다.

하지만 여전히 중국인에 대한 웃지 못할 악의적인 공격도 남아 있다. 우연한 기회에 중국인이 운영 중인 술집에서 흑인을 손님으로 받지 않겠다고 선언했다는 내용의 기사를 보게 되었다. 기사를 읽자마자 미국인이 날조한 엉터리 기사라는 사실을 금세 눈치 챘다. 흑인을 손님으로 받지 않겠다는 이야기는 다른 국가에서는 있을 수도 없고, 오로지 미국에서만 일어날 수 있는 일이기 때문이다. 프랑스인이 과연 흑인을 거부할 수 있을까? 그렇지 않다. 인종에 관한 한 프랑스인은 관대한 편이다. 인종차별이 가장 심한 곳은 어딘가? 바로 미국이다. 그리고 그 다음이 독일이다

과거 수십 년 동안 미국인은 공공 화장실에 백인-흑인 전용칸을 따로 두었다. 미국 내 일부 세탁소 간판에서 간혹 'White Only'라는 문구

를 볼 수 있는데 일부 중국인 중에는 이를 보고 흰 옷만 취급한다는 뜻으로 착각하는 사람도 있다. 흰 옷만 취급한다는 것이 아니라 백인만 세탁소를 이용할 수 있다는 뜻이다. 그런 까닭에 중국인이 경영하는 술집에서 흑인을 손님으로 받지 않겠다고 선언했다는 기사를 보자마자 미국인이 쓴 날조기사라고 확신한 것이다. 왜냐하면 중국인에게 인종은 크게 문제가 되지 않는다.

솔직히 말해서 중국인의 최대 관심사는 돈이다. 돈 벌 생각에 누구든 손님으로 받겠다고 공언한 중국인에 관한 기사를 봤다면 그럴 수도 있다고 고개를 끄덕였을 것이다. 하지만 흑인을 손님으로 받지 않겠다고 밝힌 중국인이 있다면 거짓일 가능성이 상당히 농후하다. 가게 문을 두드린 사람의 주머니가 두둑하기만 하다면 누구든 중국인 주인으로부터 환대를 받을 것이 분명하다.

이처럼 기사를 날조한 행위는 미국의 이른바 '맹목적 애국심(Chauvinism)'의 표현으로, 미국인은 자신의 잣대로 추악한 중국인을 만든다. 이러한 행위는 모두 중국인에 대한 미국인의 무지에서 비롯된다.

지금껏 내가 지켜본 국가 중에서 인종차별이 가장 심한 나라는 미국과 독일로, 그들은 특히 유색인종을 무시한다. 아버지 부시의 재임 시절, 미국 정부는 모든 미국인을 피부색에 연연하지 않는 '색맹'으로 만드는 데 노력하겠다고 공언했다. 말도 안 되는 소리다. 절대로 그렇게 될 수는 없을 거라고 확신한다. 그 증거로 미국인은 여전히 유색인종을 무시하고 있지 않은가! 비록 당시 미국 정부는 유색 인종을 차별하지 말라는 많은 법령을 쏟아내기는 했지만 마음속에 숨겨진 인종차별 의식은 쉽게 감춰지지 않는다. 그저 겉으로만 평등주의자처럼 행동하는 것뿐이다.

하지만 중국인은 다르다. 마음에 들지 않는 사람이 있으면 대놓고 싫은 티를 내며 왕래를 일절 끊는다. 반면 미국인은 여전히 환한 미소를 띤 채 상대한다. 상대방에 대한 미움을 마음속에 그대로 둔 채 말이다. 이처럼 가식적인 민족을 상대하는 과정에서 예의지국이라는 중국의 명예를 어떻게 유지해야 할 것인가? 나도 잘 모르겠다.

'나이스 가이'가 안 되면 뭐 어떤가?

후배 중에 MIT에서 교수로 일하는 친구가 있는데, 처세나 인간관계 면에서 대단한 것 같다. 적어도 내가 보기에 나보다는 나은 것 같으니 말이다. 미국인에게는 사람을 판단하는 한 가지 잣대가 있다. 바로 '나이스 가이(Nice Guy)'다. '가이'는 중국어로 '자휘(家伙)'라고 하며 친근한 의미의 '녀석'이라는 뜻이 있다. '나이스'는 '좋다'는 뜻의 '하오(好)'이니, 두 글을 합치면 '하오자휘(好家伙)' 혹은 '하오런(好人)'으로 번역된다.

내 후배는 나이스 가이라서 미국인 사이에서 인기가 좋았다. 하지만 중국인은 사람을 대할 때의 기준이 그와 다르다. '좋은 사람', '나쁜 사람'이 아니라 오로지 '능력이 있는 사람', '짜증나는 사람'이라는 잣대로 사람을 평가한다. 중화 문화에서는 '좋은 사람'이라는 개념이 그다지 중요하지 않은 반면, 미국의 상황은 전혀 다르다. 'You have to be a nice guy.' 좋은 사람이 되어야 한다.

그렇다면 좋은 사람이란 구체적으로 어떤 사람을 가리키는가? 앞서 소개한 후배를 예로 들어 설명해보겠다. 홍콩 중원대학교에서 강연하던 후배를 주의 깊게 관찰한 나는 그에게서 한 가지 작은 특징을 발견했다. 여러 사람이 함께 식사를 하기 위해 건물 밖으로 향하고 있었는데 나처럼 별 생각이 없는 사람들은 평소 하던 대로 문을 박차고 나갔다. 그 모습에 그 자리에 있던 일부 미국인이 눈살을 찌푸리는 것이 보였다. 하지만 내 후배는 그렇게 하지 않고 한 발 물러나 다른 사람이 지나가도록 문을 잡아준 후에 마지막에 문을 나섰다.

처음으로 문을 나섰던 나는 다른 사람을 배려하지 않았기에 '나이스 가이'가 될 수 없었지만 다른 사람을 먼저 챙긴 후배는 나이스 가이가 됐다. 하지만 미국에서 지냈던 사람이라면 나이스 가이라는 내 말에 아마 박장대소할 것이다. 다른 사람을 바라보는 미국인의 잣대를 설마 있는 그대로 믿는단 말인가?

내 분석을 듣고 나면 예의지국이 무엇인지 독자 여러분도 서서히 깨닫게 될 것이다. 예의지국이라고 해서 미국인을 보고 머리를 수그린 채 그들의 뒤를 따르거나 특별 대우하라는 것이 아니다. 실제로 이런 행동은 미국인에게 먹히지도 않는다. 미국인을 대하는 현재 중국인의 태도를 두고 이런저런 이야기가 많지만 중국인에 관한 미국인의 부정적 평가에는 사실상 아무런 영향도 주지 않는다. 왜냐하면 중국인에 대한 미국인의 평가는 아무것도 알지 못하는 상황 속에서 내려진 판단이기 때문이다.

"양복을 입을 때 왜 흰 양말을 신으면 안 된다는 거지? 흰 양말을 신는다고 상대방에게 피해를 주는 것도 아닌데…… 중국적인 개성을 표출하면 안 되는 건가?" 난 꼭 그런 건 아니라고 본다. 양복에 흰 양말을 신는 건 정말 대수롭지 않은 일이다. 서로 있는 힘껏 부딪히고 그속에서 서로를 이해하는 과정을 거쳐야 이러한 오해도 해소될 수 있다고 본다.

그밖에 교육문제에 관해서도 중국인이 거짓말을 한다고 미국인은 생각한다. 맞다, 이건 사실이다. 이 점에 관해서 중국 역시 자신의 실수를 인정해야 한다. 세계의 시선이 쏠린 올림픽 개막식에서 또 한 번의 '거짓'이 드러나지 않았던가! 개막식에서 노래를 부르며 천상의 소리라고 호평 받던 소녀가 알고 보니 '립싱크'를 했다. 이러한 행동은 분명히 잘못되었다고 생각한다.

강대국이란 무엇인가? 대국은 그 자체만으로도 자신감과 자긍심으로 가득 차 있어야 한다. 올림픽을 개최한다는 이유로 잘 봐달라는 뜻에서 미국인에게 머리를 숙일 필요는 없다. 평소 하던 대로 흰 양말을 신고, 해야 하는 일만 하면 된다. '중국인을 좀 제대로 이해하라'는 말을 미국인들에게 하고 싶다. 이 책을 통해 중국인이 어떤지, 미국인이 어떤지 잘 이해할 수 있는 기회를 찾기 바란다. 세계라는 커다란 무대에서 지금의 자리에 오른 중국을 전 세계가 주목하고 있을 뿐만 아니라 상당히 의식하고 있다. 그래서 유독 중국에게만 '까칠하다'고 생각한다. 하지만 중국인은 여기에 일희일비하지 말고 대국으로서의 면모를 유지해야 한다. 그것이 바로 중국의 문화이기 때문이다.

중화 문화는 외국인의 시선을 의식해 쉽게 바꿀 수 있는 것이 아니다. 중화 문화의 본질과 정신에 따라 예절을 갖추고 진심으로 외국인을 대하는 것이야말로 바로 중국인이 해야 할 일이다. 외국인이 중국인을 어떻게 바라보는가는 그들의 문제일 뿐이다. 중국인에게는 원래 문을 잡아주는 습관이 없다는 것을 알게 된다면 뒷사람을 위해 문을 잡아주지 않는 중국인을 더 이상 무례하다고 오해하는 일은 없을 것이다.

예절이라는 것은 본래 일종의 문화적 반응이다. 중화 문화와 미국 문화 중에 어느 것이 좋다, 나쁘다는 판단은 중요하지 않다. 왜냐하면 두 문화는 전혀 다르기 때문이다.

지식+ 1793년 건륭제(乾隆帝)의 80회 만수절(萬壽節)을 축하한다는 명분으로 영국은 조지 매카트니(George Macartney) 백작이 이끄는 대규모 축하사절단을 파견했다. 당시 서양 최대 강대국과 동양 최대 강대국이 처음 '접촉'하게 된 자리에서 무릎을 꿇는 청나라 왕실의 관례를 둘러싸고 양측 사이에서 갈등이 불거졌다. 서로의 이야기에 무조건 귀부터 막고 보는 '귀머거리 간의 대화'가 계속 이어지자 결국 양측은 동등하게 서로를 이해할 수 있는 귀중한 기회를 잃어버렸다. 그로부터 200여 년이 흘러 베이징 올림픽이 열렸다. 그리고 그 뒤인 2012년 런던에서 올림픽이 개최된다. 베이징 올림픽에 영국은 유독 많은 관심을 보였는데, 그중에서도 대다수 중국인의 눈에 비친 영국이 여전히 중절모에 콧수염, 한 손에는 우산, 그리고 나머지 한 손에는 지팡이를 든 신사의 모습이라는 이야기에 무척 많은 흥미를 보였다. 과거의 모습만 기억되고 있다는 이유에서 영국은 베이징 올림픽 기간에 다양한 외교와 민간 활동을 선보였다. 전 세계에 걸쳐 인류는 개성만점의 다양한 풍속을 만들어냈다. 올림픽은 각 민족의 다양한 문화를 아무런 편견도, 차별도 없이 한자리에서 공정하게 선보일 수 있는 무대다. 그 무대 위에서 펼쳐지는 서로에 대한 포용과 이해야말로 예절 뒤에 감춰진 본질이라 할 것이다.

5장

중국을 향한 시선을 자각해야 하는 이유

진실을 외면한 언론이 서로에 대한 '벽'을 만들다
서로 다른 시각차가 커다란 오해를 만든다
중립적이지도 않고 객관적이지도 못한 그들의 보도는 진실성을 잃었다.
우여곡절 끝에 민중도 자각하게 되었다
세계의 잘못된 시선에 대한 중국의 태도는 옳은 것이다.
이는 분노에 찬 중국인의 외침이다.

샤론 스톤은 진짜 말실수를 했을까?

2008년 5월 24일 프랑스 칸(Cannes)에서 열린 칸 국제 영화제의 공식 행사에 참석한 샤론 스톤은 중국의 원촨 대지진 사태를 알고 있냐는 기자의 질문에 '원촨 대지진은 인과응보다'는 어리석은 답변을 내놓았다. 티베트 탄압에 대한 업보로 원촨 대지진이 일어났다는 돌발적인 발언으로 샤론 스톤은 논란의 중심에 섰다.

먼저 여기서 말하는 '업보'를 그녀는 인과응보라는 뜻의 영어 'Karma'로 표현했다. 인과응보라고 대답한 영화배우 샤론 스톤의 행동이 과연 서양인의 민족성일까? 서양인이 도대체 언제부터 인과응보를 운운했단 말인가?

그녀의 발언에 중국이 강한 불쾌감이 표하자, 제일 먼저 사태 진압에 나선 것은 이번 사태의 당사자인 샤론 스톤이 아니라 디오르(Dior)였다. 난데없이 디오르가 끼어든 까닭은 무엇일까? 왜냐하면 디오르는 샤론 스톤을 광고모델로 기용했기 때문이다. 이번 사태에 깜짝 놀란 디오르는 재빨리 사태진압에 나섰다. 샤론 스톤 측의 동의를 받지도 않고 즉각 사과의 뜻을 전하며 샤론 스톤의 뜻은 그런 것이 아니었다며 그녀의 잘못을 인정했다. 하지만 디오르의 사과 후에도 샤론 스톤은 아무런 부인도 하지 않고 디오르 때문에 사과할 생각은 없다고 밝혔다. 이러한 그녀의 태도는 중국인의 공분을 샀고 여론의 압박에 못 이겨 샤론 스톤은 결국 2008년 5월 말에 공식적으로 자신의 발언을 사과했다.

여기서 주목해야 할 것은 사과하는 데 몸이 달았던 것은 중국에서 돈을 벌어야 할 디오르였고, 정작 당사자인 샤론 스톤은 사과할 생각이 없었다는 점이다.

할리우드의 유명 배우이자 국제 영화제에서 여러 차례 수상한 샤론 스톤이 왜 이런 어처구니없는 짓을 벌였는지 많은 사람이 의아스럽게 생각했다. 사실 유명인의 반중국 발언은 샤론 스톤 사태 하나로만 그치지 않는다. 미국의 영화배우 리처드 기어를 잠시 소개하자면, 달라이 라마의 제자라고 자처하는 그는 미국 하원에 베이징 올림픽을 보이콧해야 한다는 편지를 보내기도 했는데, 이러한 행동을 중국인은 도무지 이해할 수 없었다.

먼저 한 가지 밝혀두고 싶은 점은, 단순히 감정적으로 그들을 공격할 생각은 없다는 것이다. 그들의 발언에 분개하기보다는 다른 관점에서 샤론 스톤과 리처드 기어 등이 돌발적인 행동과 발언을 하게 된 경위를 살펴보기를 바란다.

그전에 독자 여러분에게 한 가지 묻고 싶은 것이 있다. "샤론 스톤은 엔터테인먼트 분야에서 획기적인 성과를 올린 여배우이니 절대로 멍청할 리 없겠죠?" 그렇다. 그녀는 절대로 우리가 쉽게 생각하는 머리 빈 여배우는 아니다. 그렇지 않다면 지금과 같은 위치에 오르지 못했을 것이다. 그런데 할리우드가 자랑하는 대배우로서, 평생 매스컴을 상대해온 샤론 스톤이 전 세계 언론이 주목한 칸 영화제에서 실언하고 말았다. 게다가 그녀는 매스컴의 힘을 잘 알고 있다. 이른바 '언론 플레이'에 관한 한 샤론 스톤은 적어도 우리보다 몇 수 위다. 자신의 존재를 알릴 도구가 필요한 그녀에게 매스컴의 도움이 없었다면 지금과 같은 유명세를 얻지 못했을 것이다. 그런 사람이 매스컴 앞에서 어떻게 말실수를 했을까? 과연 아무 생각 없이 나온, 말 그대로 실수일까? 나중에 샤론 스톤은 자신의 말실수를 인정하며 중국인에게 사과했다. 과연 그녀의 말이 사실일까? 나는 그녀의 발언이 절대로 말실수라고 생각하지 않는다.

　　샤론 스톤과 비슷한 생각을 가진 많은 배우가 미국 영화계에서 활약하고 있다. 예를 들어 할리우드의 가장 위대한 영화감독 중 한 명인 스티븐 스필버그 역시 중국과 아무 상관도 없는 일(수단 다르푸르 사건)로 중국 정부를 공개적으로 비난했다. 도대체 왜 그런 건지 난 잘 모르겠다. 수단에서 발생한 학살사건이 중국과 도대체 무슨 상관이난 말이다! 게다가 중국이 일으킨 사건도 아니다. 스티븐 스필버그는 중국이 그 사태를 적극적으로 막지 않았다고 비난했다. 그런 일을 중국이 어떻게 막는단 말인가? 다른 국가에서 일어난 일을 중국이 무슨 권리로 간섭할 수 있단 말인가? 별것도 아닌 일, 그것도 중국과 아무런 관련도 없는 일로 베이징 올림픽 고문 자리에서 스티븐 스필버그는 물러났다. 스티븐 스필버그 씨, 중국을 바라보는 댁의 시선도 그리 곱지만은 않구려!

서양인의 티베트 콤플렉스

유럽이나 미국의 많은 유명인이 유독 티베트에 많은 관심을 누는 까닭에 대해 많은 독자가 어리둥절해한다. 역사적인 사건을 통해 이들 유명인의 생각을 파헤쳐보겠다.

할리우드가 제작한 〈티베트에서의 칠 년(Seven Years in Tibet)〉(영화 〈잃어버린 지평선〉의 리메이크 버전으로 1997년에 브래드 피트가 주인공으로 참여했다 _옮긴이)의 남자 주인공은 하인리히 하러로, 2차 세계대전에 참전한 독일 나치군이다. 영화에서 하러는 티베트의 정신적 지도자 달라이 라마(당시에는 어린 소년이었다)를 만나 그의 소중한 친구이자 제자가 된다. 정말 이상하지 않은가? 어떻게 위대한 달라이 라마가 잔혹하기 이를 데 없는 나치와 친구가 된단 말인가?

이상한 문제에 관한 해답을 찾기 위해서 상당히 흥미로운 신화를 소개하려고 한다. 아주 아주 오랜 옛날에 아틀란티스라는 땅에 세상에서 가장 위대한 민족이 살고 있었다. 풍요로운 이 땅은 앞선 문명을 배출했지만 대지진을 겪은 후 아틀란티스 대륙은 바다 밑으로 가라앉았고 시퍼런 바닷물은 그들이 창조한 문명을 집어삼켰다.

당시 대지진과 해일의 손아귀에서 구사일생으로 탈출한 아틀란티스인은 노아의 방주를 타고 세상 곳곳으로 흩어졌는데 한 무리는 오늘날의 유럽으로 향해 독일인이 되었고 나머지는 동양으로 가 티베트인이 되었다. 이 이야기는 독일의 인종주의자 사이에서 전해지는 이야기다.

20~30년 전쯤 우연히 노아의 방주를 찾는 다큐멘터리를 보게 되었는데 그중에서도 노아의 방주가 도착한 곳에 관한 이론이 상당히 흥미로웠다. 다큐멘터리에서는 노아의 방주가 히말라야 산에 도달했다고 설명했다. 대륙을 집어삼킬 만큼 거대한 파도 앞에서 목숨을 구걸할 곳이라고는 세상에서 가장 높은 히말라야 산뿐이라는 이론 하에 탐사대는 히말라야에서 방주의 흔적을 찾았지만 결국 아무런 성과도 거두지 못했다. 하지만 해당 다큐멘터리에서는 아틀란티스 이야기가 결코 헛된 이야기가 아니며 많은 서양인이 이 이야기를 믿고 있다고 설명했다.

　요 근래에 2차 세계대전 당시에 촬영된 다큐멘터리를 보게 되었는데, 자신들의 '잃어버린 동포'를 찾기 위해 독일 나치에서 티베트에 탐사대를 파견한 이야기를 다루고 있었다. 다큐멘터리에 등장하는 여러 장면 중에서 가장 인상 깊은 장면은, 독일인이 자를 가지고 티베트인의 얼굴을 재는 모습이었다. 인류학에서는 골격을 상당히 강조하기 때문이다. 잃어버린 시절을 찾아 나치는 티베트 땅을 밟았다. 사실 2차 세계대전 이전 유럽에서는 '세계의 축'에 관한 이야기가 크게 유행했는데, 그들의 이야기에 따르면 세계의 축을 장악하면 시간을 지배할 수 있다고 한다. 이른바 세계의 축이 히말라야 산과 칭짱(青藏) 고원에 숨겨져 있다는 이야기에 당시 나치는 티베트에 탐사대를 파견했는데 그들은 다방면에 걸친 연구 끝에 세 가지 결론을 내렸다.

　첫째, 티베트의 신화에는 세계의 축에 관한 전설이 분명히 등장한다.

　둘째, 티베트 불교의 상징(卍)과 독일 나치의 상징(하켄크로이츠, Hakenkreuz)이 유사하다. 방향만 다를 뿐, 형태는 동일하다.

셋째, 나치의 제도와 티베트의 농노 제도(통치자가 모든 농노를 다스린다)는 똑같다. 나치가 독일을 지배하던 당시, 2차 세계대전이 끝날 때까지 독일 민중은 나치에 대항하지 못했다. 이런 까닭에 견고한 조직력을 자랑하는 나치를 무너뜨려준 연합군을 독일인은 고마운 존재라고 생각한다. 2차 세계대전을 바라보는 독일인의 심정은 다소 복잡하지만 연합군을 원망하기보다는 오히려 고마워한다. 연합군이 없었다면 독일 민중은 영원히 나치의 '노예'로 전락했을지도 모르기 때문이다.

위의 세 가지 원인에서 나치가 티베트에 관한 전설을 얼마나 확신했는지 짐작할 수 있다. 하지만 이보다 흥미로운 사실은 2차 세계대전이 끝난 후 티베트에 관해 나치가 보유하고 있던 일부 자료에 대한 금지가 풀리지 않았다는 점이다. 홀로코스트(Holocaust)와 같은 자료도 모두 금지 해제되었는데 티베트에 관한 자료만 세상에 등장하지 않은 까닭은 무엇인가?

이와 관련된 이야기는 상당히 흥미롭다. 19세기 말엽 유럽에는 『잃어버린 지평선』(『샹그릴라』라는 이름으로도 알려져 있다)을 비롯한 새로운 주류의 문학작품이 등장했는데, 책의 내용이 배경만 다를 뿐 도연명(陶淵明, 중국 동진·송나라의 시인으로, 기교를 부리지 않은 담담한 시풍으로 당시 크게 주목을 받지 못했다가 당대 이후는 육조 최고의 시인으로 이름을 날렸다 _옮긴이)의 작품 『도화원기(桃花源記)』와 전체적으로 비슷하다.

'복숭아 밭'에서 이야기가 시작되는 『도화원기』의 주요 줄거리는 다음과 같다. 진(晉)나라 시절 작은 강가에서 낚시하던 한 어부가 강 끝까지 노를 저어갔는데 그곳에는 강물도, 복숭아 꽃밭도 없었다. 이상하게 여긴

어부가 배에서 내려 조심스레 주변을 살피던 중 빛이 새어나오는 작은 입구를 발견했다. 『잃어버린 지평선』에서는 히말라야에서 길을 잃은 나그네가 빛이 새어나오는 입구를 발견하는 데서 이야기가 시작된다.

그 후의 이야기는 『잃어버린 지평선』과 『도화원기』 모두 같다. 빛을 따라 안으로 들어간 주인공의 눈앞에 아름다운 풍경, 선량한 사람들, 그리고 한 번도 본 적 없는 옷을 걸친 사람들이 살고 있는 '샹그릴라'가 펼쳐진다 …… 이야기의 마무리도 비슷하다. 『도화원기』에서는 개인적인 이유로 어부는 그곳을 떠나는데, 『잃어버린 지평선』에서도 주인공은 개인적인 이유로 그곳을 떠난다. 나중에 두 주인공이 샹그릴라로 돌아오려고 했지만 그곳을 끝내 찾지 못한 채 한 줄기 아쉬움을 남기며 이야기는 끝을 맺는다. 『잃어버린 지평선』과 『도화원기』의 유사성은 무려 99퍼센트나 된다. 그렇다면 『잃어버린 지평선』에서 말하는 샹그릴라는 어디일까? 바로 티베트다.

이 소설을 모티브로 1937년에 제작된 동명의 영화 〈잃어버린 지평선〉은 서양 영화계에서 커다란 센세이션을 불러일으켰다. 서양 영화를 조금이라도 알고 있는 사람이라면 잘 알 것이다. 말 그대로 걸작이기 때문이다. 40년 전에 이 영화를 본 나도 여전히 영화의 줄거리를 생생히 기억하고 있다. 이 영화는 서양인에게 티베트 불교의 역사적 뿌리에 관한 강렬한 인상을 남겼다. 독일 나치 때부터 시작된 티베트에 대한 서양인의 인식은 영화 〈잃어버린 지평선〉을 통해 더욱 널리 확산되었다. 이러한 현상에서 서양인의 눈에 비친 티베트가 과연 어떤 모습일지 독자 여러분도 쉽게 상상할 수 있을 것이다.

물론 독일인의 이른바 혈통주의는 언급할 가치가 조금도 없다. 1988년 미시간 대학교에서 교편을 잡고 있던 시절, 내 수업을 듣고 있는 학생 중에 칼이라는 독일 청년이 중국 여성과 사랑에 빠졌다. 결혼을 결심한 칼은 부모님에게 결혼을 허락해달라고 이야기하다가 뜻밖의 반대에 부딪히고 말았다. 아들의 결혼을 반대한 까닭은 무엇일까? 여자가 못생겨서? 아니다. 독일인의 우수한 혈통을 동양 여자가 망칠 수도 있다는 이유에서란다. 정말 우습지 않은가?

1982년 독일을 방문했을 때 나 역시 실제로 인종차별 현장을 직접 경험할 수 있었다. 비행기를 기다리기 위해 공항 대기실을 찾은 내가 대기실 의자에 앉자마자 웬 독일인이 득달같이 달려와 고함치기 시작했다. "비켜, 비키라고! 우리 식구 근처한테 너무 들러붙지 말란 말이다!" 물론 현재는 이러한 상황이 많이 개선되었다고 생각한다. 이미 30년 전에 겪었던 일이니 말이다.

독일인의 혈통주의는 유대인에 대한 나치의 홀로코스트라는 인류 최대의 비극으로 끝나고 말았다. 영화 〈잃어버린 지평선〉을 통해 퍼져나간 혈통주의는 서양 각국에 강력한 티베트 콤플렉스를 심어주었다. 노아의 방주를 타고 동쪽과 서쪽으로 흩어진 아틀란티스인이 각각 지금의 티베트인, 그리고 독일인이라는 이야기가 서양 사회에 널리 퍼져 있기 때문에 달라이 라마가 서양을 방문할 때마다 각국의 지도자로부터 극진한 대접을 받는다. 이것이 바로 서양의 티베트 콤플렉스다.

도대체 티베트 콤플렉스는 어떤 콤플렉스를 가리키는 것일까? '동심원'이라는 형태로 구체화된 콤플렉스라고 하겠다. 여기에서 말하는 동심원은 세 개의 원을 가지고 있다. 가장 안쪽에 있는 동그라미는 독일인이 허세를 부리는 이른바 우수민족 이론이다. 그리고 중간에 있는 동그라미는 아틀란티스라는 신기한 전설이 만들어 낸 티베트 불교다. 가장 바깥에 있는 동그라미는 달라이 라마가 곳곳에 퍼뜨리고 있는 이른바 평화주의라는 보편적 가치다. 허세 섞인 달라이 라마의 주장을 기본적으로 동의하지 않지만 티베트 콤플렉스를 설명하기 위해 구체적으로 설명해보았다. 동심원이 서양인으로부터 공감을 사고 있다는 사실을 과거 중국은 이해하지 못했다. 다시 말해서 바로 이러한 이유로 티베트 불교에서 주장하는 툴쿠니 환생이니 하는 중국인에게는 황당하지 그지없는 이야기가 미국과 유럽 영화계에서는 신비롭고 영적인 존재로 자리잡은 것이다.

위의 이야기를 꺼낸 이유는 "원촨 대지진은 인과응보다"라는 샤론 스톤 사태의 전말을 설명하기 위해서다. 현명한 여성이자, 평생 언론을 멋지게 상대했던 여배우가 말실수를 할 리가 없다. 그럼에도 그녀가 원촨 대지진으로 구설에 오른 이유는 〈잃어버린 지평선〉의 메시지가 서양인의 잠재의식 속에 새겨져 있기 때문이다.

서양은 이러한 잠재의식을 점진적으로 받아들였기 때문에 티베트와 중국을 바라보는 그들의 시선이 전혀 다를 수밖에 없다. 〈잃어버린 지평선〉에서 비롯된 티베트 콤플렉스와 노아의 방주가 한데 뒤섞여 샤론 스톤은 '말실수'를 하게 된 것이다.

이러한 일련의 배경을 차근차근 이해하다보면 샤론 스톤이 과격한 발언을 하게 된 배경에 수긍이 갈 것이다. 실제로 많은 미국 영화배우에게서도 이러한 태도를 찾아볼 수 있다. 이들이 중국에 적의를 가지게 된 배경을 이해했다면 중국 정부의 외교 정책이 나아가야 할 방향을 더 분명하게 정할 수 있으리라 확신한다. 기본적으로 나는 티베트 문제를 다루는 현 중국 정부의 태도에 찬성한다. 위에서 설명한 이유를 핑계로 중국을 분열시키는 이들을 절대로 용납해서는 안 될 것이다. 샤론 스톤 사태에서 중국 국민과 중국 정부가 보여준 행동을 기쁘게 생각한다. 중국이 하나로 단결할 수 있었던 소중한 기회였기 때문이다.

모든 것을 바꾼 원촨 대지진

지식+ 샤론 스톤의 발언과 행동은 많은 중국인으로부터 지탄을 받았다. 그녀의 공식 사과에도 대다수 중국인은 용서받을 수 없는 잘못을 저질렀다고 생각했다. 샤론 스톤에 대한 중국인의 분노는 식을 줄 몰랐다. 어떤 이는 그녀의 이름을 '돌 (石) 샤론'이라고 비하해 부르기도 했으며, 어떤 이는 그녀가 광고하는 상품을 보이콧하겠다는 뜻을 밝히기도 했다. "샤론 스톤이 똑똑하다고 하지만 발언을 보면 그런 것 같지도 않네. 오히려 멍청한 것 같은데? 중국인이라면 샤론 스톤이 출연한 영화에 아무 관심도 없을걸!", "죽었다 깨도 샤론 스톤이 출연하는 영화는 보지 않을 테다!" 그뿐만 아니라 해외의 많은 언론 역시 그녀의 발언에 동조하기는커녕 공개적으로 비난했다. 이 사건을 통해 중국과 세계의 우정이 하루아침에 생겨난 것이 아니라는 사실을 발견할 수 있다. 중국은 세계의 관심을 원한다. 그리고 중국에 대한 세계의 이해를 더욱 간절히 원한다.

원촨 대지진이 이 모든 사태의 전환점이라는 점을 다시 한번 강조하고 싶다. 반중국 정서가 순식간에 사라질 수 있었던 것은 외국 기자들이 쓰촨을 직접 찾아 피해 현장을 자유롭게 취재할 수 있도록 중국 정부가 해외 언론에 활짝 문을 열었기 때문이다. 바로 이 과정에서 외국 기자들은 자신들이 촬영한 다큐멘터리나 취재 영상을 통해 진짜 중국인의 모습이 여태껏 공개된 적이 없다는 뜻밖의 사실을 서양인에게 전해주었다. 원촨 대지진이 일어난 후 티베트 진압 사태에 관한 논란도 사라졌다.

그렇다면 여기에서 독자에게 묻고 싶은 것이 있다. 중화 민족이 뜨거운 사랑을 가진 민족이라고 한 번이라도 생각해본 적 있는가? 중국인이라고 하면 가장 먼저 무엇이 떠오르는가? 저마다 서로 다른 답변을 들려주겠지만 그 답변 사이에서 한 가지 공통점을 찾자면 '사랑'이라는 두 글자와는 크게 관련이 없을 거라는 점이다. 심지어 중화 민족이 무슨 사랑으로 가득 한 민족이냐고 생각하는 독자도 있을 것이다. 하지만 원촨 대지진은 이 모든 것을 바꿨다.

서방의 언론 보도를 보고 나서 나 역시 크게 감동했다. 학교 건물이 무너져내리자 제자들을 교탁 아래로 피신시킨 교사는 두 손으로 학생들을 감싼 채 자신은 건물더미에 압사하고 말았다. 이러한 사례는 셀 수 없이 많다. 영어를 가르치던 여교사도 건물이 무너져내리는 순간 학생들을 끌어안았다. 그녀의 품에 안겨 있던 세 학생은 모두 목숨을 건졌지만 여교사는 안타깝게도 목숨을 잃었다. 두장옌(都江堰, 중국 쓰촨 성 청두 시에 자리 잡은 고대 수리 시설 _옮긴이)은 아무런 피해도 입지 않았지만 청두 번호판을 단 수많은 택시가 구조 활동을 벌이기 위해 사고현장으로 달려가기도 했다.

이처럼 중국인이 본능적으로 보여준 위대한 사랑을 서양인은 한 번도 본 적이 없기 때문에 무정하고 냉혹한 중국인이 불쌍한 티베트를 탄압한다고 생각하는 것이다. 영화 〈잃어버린 지평선〉에 등장하는 티베트 콤플렉스에 물든 그들은 중국의 티베트 정책을 비난했다. 하지만 원촨 대지진 이후 중국의 티베트 정책을 비난하고 베이징 올림픽 개최를 반대하는 서양언론 중 약 70퍼센트가 사라졌다. 그냥 하는 말이 아니라 실제로 입증된 사실이다. 홍콩에 살고 있는 나는 이러한 현상을 직접 목격할 기회가 많다. 2008년 5월 전후 중국에 대한 주변의 시선이 확실히 달라졌을 뿐만 아니라, 당시 중국인의 행동에 관한 새로운 분석이 등장하기도 했다.

예를 들어, 세계에서 자선 활동에 가장 적극적으로 참여하는 곳이 어딜까? 바로 홍콩이다. 인도네시아에 쓰나미가 발생했을 때, 홍콩 주민이 기부한 평균 금액은 700위안으로 세계 1위였다. 미국은 명함도 내밀지 못한다. 이러한 기사를 취재하기 위해 홍콩을 찾은 기자들은 이번 원촨 대지진에 희생된 피해 주민을 돕기 위한 홍콩 주민의 노력과 열정을 앞다투어 보도하며 다른 국가에서 발생한 불행한 사고를 돕는 데 발 벗고 나서는 위대한 홍콩인을 소개했다.

대만은 또 어떠한가? 천수이볜 집권시절 대만과 중국 대륙 간의 관계는 그리 원만하지 못했다. 이로 인해 그가 물러났을 때에도 양국 관계는 여전히 불안한 상태였다. 이러한 상황 속에서 원촨 대지진이 터졌을 때 대만인들은 어떻게 행동했는가? 인명구조팀을 즉각 사고현장에 파견했다. 단순히 구제성금을 모으는 데 그치지 않고 TV에서 대대적으로 성금모금 프로그램을 내보내기도 했다. 대만과 홍콩 사람들의 모습에서 어떤 사실을 발견할 수 있는가? 바로 남을 위하는 순수한 마음이다. 순수하게 이타적인 중국인의 사랑을 전 세계가 처음으로 목격했다고 하면 믿을 수 있겠는가? 슬픈 일이지만 정말 처음 있는 일이다.

과거 전 세계는 중국을 사랑이라고는 요만큼도 없는 냉혹한 지배자로 생각했지만 중국에 대한 세계의 오해와 티베트 콤플렉스는 원촨 대지진을 겪으며 눈 녹듯이 사라졌다. 이러한 변화로 베이징 올림픽은 순조롭게 개최될 수 있었고 티베트 문제도 크게 다뤄지지 않았다. 중국인에 대한 세계의 편견을 중국인 스스로 바꾼 것이다.

CNN의 태도 변화를 어떻게 바라봐야 할까?

2008년 5월 15일 짐 월튼(Jim Carr Walton) CNN 사장은 자사 프로그램 진행자인 카퍼티(Jack Cafferty)가 중국을 비하한 사건에 대해 미국 주재 중국 대사관에게 편지를 보냈다. 'CNN은 전 세계 중국인에 최고의 경의를 표하는 바입니다. 카퍼티의 발언이 중국 국민에게 불쾌감을 주었다고 확신합니다. CNN을 대표해 중국 국민에게 사과합니다.' 이렇게 해서 카퍼티 사건은 일단락되었다.

카퍼티 사건을 문화적인 관점에서 분석해보자.

베이징 올림픽 성화가 캘리포니아에 도착했을 당시 CNN은 전 과정을 보도했는데 해당 프로그램의 진행자 카퍼티가 프로그램에서 중국을 비하하는 어처구니없는 사건이 발생했다. 이에 분노한 전 세계 중국인이 CNN에 사과를 요구했지만 CNN은 카퍼티를 변호하고 나섰다. 하지만 2008년 5월 15일, 즉 원촨 대지진이 터진 삼일 째 되는 날 짐 월튼 CNN 사장은 미국 주재 중국 대사에게 정식으로 중국 국민에게 사과한다는 서신을 보냈다. CNN이 갑자기 태도를 바꾼 이유는 무엇일까? 2008년 서양 언론이 다룬 중국 관련 보도에는 또 어떠한 문화적 의미가 숨어 있을까?

전 세계 매스컴, 특히 유럽과 미국 등의 국가에서 중국은 어떤 의미로 다가서고 있는지 다뤄보겠다. 이는 중국 국민 모두 관심을 기울여야 할 문제다. 전 세계적으로 유명한 미국 TV 채널인 CNN은 뉴스 외에 다른 프로그램을 방영하지 않는다. 평소 CNN으로부터 자주 인터뷰 요청을 받기 때문에 나는 CNN에 대해 잘 알고 있다고 생각한다(전 세계 언론에 대해서도 물론 잘 알고 있다). 중국 CCTV는 잘 알지 못하지만 CNN에 대해서만은 훤하다고 자신한다. CNN의 앵커 카퍼티는 뉴스 보도에서 중국에 대한 자신의 생각을 피력했다.

"지난 50년 동안 그랬던 것처럼 중국은 여전히 폭군이고 깡패라고 생각합니다."

이 내용이 전파를 타자마자 중국 국민은 안티 CNN 사이트를 개설했고 중국 정부 역시 그의 공개사과를 강력히 요구하는 성명을 발표했다. 여기서 한 가지 반드시 가슴에 새겨두어야 할 말이 있다. 2008년 4월 16일 CNN은 카퍼티의 발언이 중국 국민이 아니라 중국 정부를 겨냥한 것이라고 답변했다. 아니 그러면 그들은 중국 정부와 중국 국민을 별도의 존재라고 생각한단 말인가?

지식+ 베이징 올림픽 성화는 봉송 과정에서 악의적 세력으로부터 끊임없는 공격을 받았다. 상황이 여의치 않자 성화 봉송주자를 보호하는 경호원이 몸으로 이들을 저지하기도 했는데, 중국의 이러한 처리방식에 대해 많은 해외 언론이 반감을 보였다. 음해세력이 성화 봉송을 방해하려고 뛰어들자 경호원은 적극적으로 이들을 막아섰고 때로는 폭력을 불사하기도 했다. 이러한 상황에 대해 해외 언론은 어떻게 사람을 때릴 수 있느냐며 크게 분노했다. 봉송행사를 책임지고 있던 베이징 올림픽 개최준비위원회는 난데없이 끼어드는 악의적인 세력과 거짓을 보도하는 서양 언론의 공격에 직면했다. 이들 서양 언론은 성화 봉송을 저지하는 악의적인 무리를 비난하기는커녕 오히려 순조로운 성화 봉송을 위해 노력하는 경호원을 '깡패'라고 멸시했다.

CCTV와의 인터뷰 당시 나는 이런 질문을 받았다. "올림픽 성화 봉송과정에서 많은 사람이 악의적으로 성화 봉송을 방해했습니다. 그중에는 소화기를 들고 달려든 사람도 있었습니다. 이런 행위에 대해 어떻게 생각하십니까?"

당시 내 답변에 많은 사람이 당황했다고 한다.

"그런 사람들에게는 그저 매가 약이죠. 미국에서 올림픽이 개최하는데 성화 봉송을 방해하는 세력이 있다면 미국 경찰이 가만히 있을까요? 아마 더 심하게 때릴 걸요. 공공 위협을 부추겼다며 경찰봉으로 죽도록 때릴 겁니다. 경찰에게 저항한다면 총에 맞을 수도 있습니다. 그래도 문제 삼지 않을 겁니다. 미국에서 그런 일은 합법적인 행동에 속하기 때문입니다."

뉴욕 대학교에서 교편을 잡고 있던 당시, 나는 경찰이 구타하는 장면을 여러 번 목격한 적 있다. 미국 경찰, 프랑스 경찰, 그리고 영국 경찰은 폭력을 행사할 수 있다. 그러나 중국 경호원은 폭력을 행사할 수 없다. 내가 인터뷰에서 그렇게 밝히자, 진행자가 그 이유를 물었다. 나는 이렇게 대답했다.

"중국은 사회주의 국가니까요."

지식⁺ 중국이 개혁개방의 물결에 휩싸인 지 30년이 지났지만 이데올로기의 차이 때문에 중국을 대하는 많은 서구 언론은 여전히 색안경을 끼고 중국을 바라보고 있다. 이러한 편견은 처음부터 끝까지 항상 진실의 편에 서야 하는 언론보도에서 객관성을 빼앗을 수밖에 없다.

미국이 영국, 프랑스, 독일 등과 갈등을 빚는다고 해도 크게 문제 될 것이 없다. 내일이면 언제 그랬느냐는 듯 다시 친분을 과시할 것이 뻔하다. 하지만 미국, 프랑스, 영국이 중국과 충돌했다면 냉전이 즉각 벌어질 것이다. 중국은 사회주의 국가이기 때문이다. 이것이 그들과 중국 사이의 가장 큰, 그리고 가장 기본적인 차이다. 중국 국민으로서 이는 내게 많은 점을 시사해준다. 중국 정부에 대한 해외 언론은 대체로 편향되었다고 분명하게 이야기할 수 있다. 내가 직접 겪은 일을 가지고 설명해보겠다.

2006년 후진타오(胡錦濤) 중국 국가주석이 상하이 시 사회보장기금 사건에 대한 철저한 조사를 지시했을 때 나는 CNN, BBC 등 많은 해외 언론사로부터 인터뷰 요청을 받았다. BBC의 유명한 앵커가 내게 직접 전화를 걸어 이번 사태에 대한 평론을 부탁했을 때 나는 흔쾌히 승낙했다. 그러자 그는 이번 논평에 관해 한 가지 분명히 약속해줘야 할 것이 있다고 이야기했다. 그게 뭐냐고 묻는 내 질문에 그는 이렇게 이야기했다.

"정치 투쟁과정에서 중국 정부가 자신과 다른 세력을 어떻게 다루는지, 그 관점에서 논평해주었으면 합니다."

그 말에 화가 머리끝까지 난 나는 영어로 욕을 퍼부었다.

"도대체 날 인터뷰하겠다는 거요, 아니면 내가 당신을 인터뷰해야 하는 거요! 내가 댁을 인터뷰한다면 뉴스의 객관성과 중립성을 지켜야 하기 때문에 댁이 뭐라 말해도 난 아무 말도 하지 않을 거요! 헌데 지금 날 취재하겠다는 사람이 무슨 자격으로 나를 마음대로 다루려는 거요? 하고 싶은 말이 있으면 그냥 하는 거지! 경고하는데 날 취재할 생각은 꿈도 꾸지 마시오!"

이렇게 과격한 중국인을 본 적이 없었는지 상대방은 크게 놀라 전화를 끊었다. 또 한 번은 CNN과의 인터뷰에서도 나는 크게 화를 낸 적이 있었다.

"랑 교수님, 오늘 인터뷰에 응해주셔서 감사합니다. 이번 인터뷰에서 한 가지 당부드릴 일이 있는데요, CNN은 줄곧 중국 정부에 머리를 숙이지 않은 언론사라는 점입니다."

"그거야 당신네들 일 아닌가요? 내가 그것까지 알 필요는 없지 않소? 나야 그저 내 생각대로 이야기하면 되는 거지. 당신네들이 중국 정부에 머리를 숙이든 어쩌든 나와는 아무 상관없는 일이오."

카퍼티의 발언이 중국 국민이 아니라 중국 정부를 겨냥한 것이라고 CNN이 이야기한 이유는 중국이 사회주의 국가이기 때문이다. 다른 이유는 없다. 이것이 바로 중국을 대하는 서양의 태도다. 중국에 관한 서양 언론의 입장은 기본적으로 중국 정부에 대한 '적의'에서 출발한다. 이러한 이유 때문에 최근 해외 언론과의 인터뷰에서 나는 왜곡된 언론을 향해 비난의 수위를 높이고 있다. "중립적이지도 않고 객관적이지도 못한 당신네들의 보도는 진실성을 잃었소!"

못 믿겠으면 직접 와서 보시오

2008년 티베트 시위 진압 사태에 관한 보도영상에서 중국 정부의 설명처럼 중국 진압 경찰이 티베트 군중으로부터 폭행을 당하는 장면을 목격할 수 있지만 독일의 일부 언론을 포함한 서양 매스컴에서는 중국을 비난하는 입장에서 문제를 바라보도록 해당 영상물을 교묘하게 편집했다.

당시 지진 피해지역에 대한 해외언론의 취재를 중국 정부가 허용하지 않았기 때문에 이들은 본능적으로 CCTV가 내보내는 뉴스에 반감을 품고는 중국 정부가 사실을 왜곡하고 있다고 공격했다. 결국 이들은 '중국은 무조건 나쁘다'라는 자신들의 편집적인 가치관에 따라 마음대로 뉴스를 편집했고, 자신의 생각에 맞는 내용만 교묘히 편집해 방송했다. 이것이 바로 모든 문제의 원흉이다. 중국 정부의 보도를 시청했다면 중국이 진실을 이야기하고 있음을 쉽게 알 수 있었을 텐데…….

다시 원촨 대지진으로 되돌아가보자. 중국에 최악의 지진이 발생했다는 소식에 많은 해외 인명구조팀이 중국을 찾아 구조작업을 돕겠다는 입장을 전달해왔지만 중국 정부는 감사의 뜻을 전하며 이들의 호의를 거절했다.

자신의 힘만으로도 해결할 수 있다는 중국 정부의 입장에 나는 수긍이 간다. 지진 피해지역이 대만 면적의 세 배에 달한다는 사실만 보더라도 원촨 대지진으로 인한 피해는 상상을 초월할 만큼 엄청날 것임이 분명했다. 실제로 아시아 지역에서는 여태껏 이렇게 큰 규모의 지진이 일어난 적이 없었다. 10만 제곱킬로미터에 달하는 지역에서 일어난 지진 피해를 수습하는 데 수십 명 혹은 수백 명의 해외구조팀만으로는 역부족할 것임은 불 보듯 뻔하다. 게다가 지진이 발생한 쓰촨 성 원촨은 지리적으로도 상당히 외진 곳에 자리 잡고 있는데다 피해상황이 심각해 많은 위험이 도사리고 있었다. 이러한 상황에서 해외 인명구조팀이 중국을 찾을 경우, 중국 정부로서는 이들을 관리하기 위한 별도의 준비를 해야 했다. 피해 수습에 정신이 없는 중국 정부로서는 솔직히 꽤 번거로운 일이었다. 설사 해외 인명구조팀이 지원에 나선다고 해도 수십 명 혹은 수백 명에 불과한 이들이 과연 제대로 된 인명 구조 활동을 펼칠 수 있을까?

10만 명이나 되는 병력을 투입했음에도 많은 주민을 구해내지 못했는데 하물며 수십 명에 불과한 해외 인명구조팀에게서 성과를 기대하기란 사실상 불가능했다. 당시 중국 정부는 진심에서 우러나온 이들의 호의에 감사를 표하며 완곡히 이를 거절했지만 해외 언론은 그렇게 생각하지 않았다. 해외 인명구조팀의 호의를 거부한 중국 정부를 해외 언론이 어떻게 보도했을까? 지진 피해 지역 주변에 핵미사일 기지가 있다는 이야기에서부터 별별 이야기가 쏟아져 나왔는데, 결론적으로 외부로 알려지기를 원치 않는 무언가가 있으며 이를 공개하지 않기 위해 중국 정부가 해외 인명구조팀의 도움을 거부하며 해외 언론의 피해지역 접근을 고의적으로 막고 있다는 주장이 등장했다.

지진이 발생한 지 3일 째 되는 날, 일본 구조팀이 처음 피해지역을 방문한 후 로이터(Reuters), AP(Associated Press), AFP(Agence France Press) 등에서 급파된 기자들이 피해현장을 찾아 보도에 나섰다. 해외언론에 문을 활짝 열고 마음대로 찍게 내버려둔 중국 정부의 결정은 상당히 현명했다. 직접 현장을 찾은 해외언론은 중국 정부가 당초 해외 언론의 취재를 거부한 조치가 얼마나 옳은 것이었는지 깨달았기 때문이다.

피해지역을 취재하는 일은 말 그대로 고난의 연속이었다. 로이터에서 일하는 담당자로부터 당시 피해현장에 급파된 십여 명의 기자가 제대로 된 기삿거리를 뽑아내기 위해 생고생을 했다는 이야기를 들은 적이 있다. 물설고 낯선 곳에 도착한 이들은 피해 현장으로 어떻게 가야 하는지조차 알지 못했다. 택시를 타면 된다고? 엄청난 재앙이 일어난 피해현장에 가려는 택시는 단 한 대도 없었다. 운 좋게 승합차를 찾아낸다고 해도 모두 구조 활동을 벌이느라 차에 탈 자리가 없었다. 중국 정부 역시 피해상황 수습에 여력이 없는 터라 이들의 취재활동을 제대로 지원해줄 수 없었다. 가까스로 원촨에 도착한 이들이 카메라를 들고 피해현장에 발을 들여놓는 순간 자신들은 아무런 도움도 될 수 없다는 사실을 깨달았다. 도움은커녕 오히려 자신들이 짐 덩어리라는 사실에 그들은 미안해 어쩔 줄 몰랐다고 한다.

현지 언론의 도움으로 간신히 피해지역에 도착한 그들은 피해현장에서 2~3일 정도 머물며 상황을 지켜본 후에야 해외 인명구조팀이 10만 제곱킬로미터나 되는 피해 지역에서 구조 활동을 펼치는 일이 사실상 아무런 의미도 없으며, 중국 정부가 당초 해외 언론의 현장 진입을 허용하지 않은 이유를 수긍하게 되었다. 하지만 남에 대한 배려에서 비롯된 중국 정부의 행동을 서양 언론은 어떻게 받아들였는가? 외부에 알려져서는 안 되는 꿍꿍이가 있다는 의심 섞인 눈초리가 전부였다. 하지만 서양 언론에 피해현장을 공개한 후 쓰촨 지역의 참상이 알려지면서 이들도 중국 정부의 결정에 고개를 끄덕였다. 그 결과 훗날 중국 정부의 피해수습 상황을 보도하는 해외언론은 비난이나 의혹 위주에서 칭찬 일색으로 급선회했고 심지어 미얀마 군부와 대놓고 비교하기도 했다.

지식＋ 2008년 5월 3일 초강력 태풍 '나르기스(Nargis)'가 시속 190km로 미얀마를 휩쓸었다. UN 기구의 소식에 따르면, 미얀마를 휩쓴 초강력 태풍으로 미얀마 전체 인구의 절반에 해당하는 약 2천 400만 명의 이재민이 발생했으며 긴급구조가 필요한 이재민의 수는 160~250만 명이라고 한다. 세계 최빈국 중 하나인 미얀마의 피해 수습능력은 미흡하기 짝이 없었지만 미얀마 정부는 해외원조를 거부했다. 정치적 목적 때문에 자국 국민의 생명을 나 몰라라 한 것이다.

미얀마 군부는 피해 사태에 아무런 조치도 취하지 않았다. 자체적 해결이 어려워 아무 행동도 취하지 못했다면 그들의 처지를 이해할 수 있었겠지만, 미얀마 군부는 미국과 유럽 구조팀의 입국을 의도적으로 허가하지 않았을 뿐만 아니라 구호물자의 반입마저 거부했다. 자국의 구호물자를 반입하지 않을 바에야 차라리 미국에서 미얀마를 공격해 군부를 무너뜨린 뒤 이재민 구호활동을 펼치는 편이 더 낫겠다는 논평마저 등장했다!

미국의 이러한 발언에(미국 정부가 아닌 미국 대중의 발언에) 미얀마 군부는 미국이 이재민 구호라는 명목으로 자신들을 해하려 하는 것은 아닌지 두려움에 떨며 문을 더 단단히 걸어 잠갔다. 각국 언론은 미얀마 정부의 무능함과 어리석음을 비난하며 원촨 대지진 사태 수습에 나선 중국 정부를 높이 평가했다.

지진 피해 지역의 주민을 구조하기 위해 중국 정부가 낙하산 부대를 급파했다는 CNN의 연속 보도에 중국과 미국 국민은 전혀 다른 반응을 보였다. 인민해방군의 대민지원을 당연한 의무로 받아들이는 중국 국민과 달리, 미국 국민은 이해할 수 없다는 반응을 보였다. 미국에서는 군대가 대민지원을 위해 급파되지 않기 때문이다.

예를 들어 태풍 카트리나가 2005년 미국 루이지애나 주를 휩쓸며 대규모 재산, 인명 피해를 일으켰다. 이 와중에 아름다운 뉴올리언스 시가지는 전부 파괴되었으며 수십만 명의 주민이 돌아갈 곳을 잃었다. 전대미문의 자연 참사가 발생했음에도 조지 부시 전 대통령은 피해지역을 방문하지 않았다. 태풍 카트리나가 루이지애나 주를 덮친 지 일주일째 되는 날, 미국 정부는 뉴올리언스에 군대를 급파했다. 그곳에서 미군은 어떤 작전을 펼쳤을까?

CNN의 보도에 따르면 탱크와 장갑차를 앞세운 미군은 기관총을 두르고 약탈이나 폭력 사태 예방을 위해 현지 치안유지에 나섰다고 한다. TV를 통해 이 모습을 지켜보던 난 누구보다도 어떻게 돌아가는 상황인지 금세 파악할 수 있었다. 미국에 대해 아주 잘 알고 있기 때문이다. 뉴올리언스 주민의 대부분이 흑인으로, 미군이 이곳에 들어간 까닭은 태풍 피해를 본 주민을 지원하기 위해서가 아니라 흑인폭동을 예방하기 위해서였음이 분명했다. 실제로 몇몇 경찰만 대민지원에 나섰을 뿐이었다.

그렇다면 미국 정부는 어떻게 이들 이재민을 지원했을까? 결론적으로 이야기하자면 중국 정부와 전혀 다른 행보를 보였다. 원자바오(溫家寶) 중국 총리는 시진이 발생한 지 2시간 만에 피해지역으로 달려가 피해주민을 최대한 돕기 위해 현장지휘에 나섰지만 조지 부시 전 대통령은 피해지역을 방문조차 하지 않았다. 그렇다면 그는 어떤 조치를 취했을까? 바로 피해지역에 무이자 대출을 제공하기로 했다.

중국과 달리 미국은 자연재해가 거의 발생하지 않는다. 지진은 물론 태풍도 발생하지 않는데, 간혹 1~2번의 자연재해가 발생할 뿐이다. 그렇다면 미국 정부는 이러한 자연재해 앞에서 어떤 행동을 취했을까? 대체로 미국의 사회 안전보장 시스템을 이용해 피해 지원에 나선다. 뉴올리언스의 모든 주택은 수재, 화재 보험과 지진보험에 들고 있는데, 보험에 가입하기만 했으면 수재나 화재, 태풍 등으로 주택이 파손되었을 때 삶의 터전을 재건할 수 있는 배상금을 보험사로부터 지급받을 수 있다. 개인 생명보험과 건강보험을 들었다면 몸이 아파 병원을 찾았을 때도 무상 의료 서비스를 받을 수 있다.

태풍 카트리나로 입은 뉴올리언스의 피해 상황을 미국은 완벽한 사회보장 시스템(다시 말해서 보험제도)으로 해결하려 했기 때문에 기본적으로 정부개입이 불필요했다. 보험사가 원칙대로 계약조건에 따라 주택 파손, 보험자의 질병 및 상해 등의 피해 상황에 따라 배상금을 지급하기만 하면 뉴올리언스 시의 모든 주민은 보험 시스템(다시 말해서 사회 안전 시스템)을 통해 구제될 수 있었다.

서양인에게 이러한 처리방식은 지극히 자연스러운 것이다. 그렇기 때문에 재해가 일어났더라도 정부가 할 일은 크게 없다는 것이 그들의 생각이다. 사회보장 시스템이 모든 문제를 해결해주기 때문에 군대는 피해지역의 치안을 유지하는 일만 하면 된다고 생각한다. 그들로서는 군대가 피해지역에 들어가 부서진 가옥더미에서 주민을 구출하는 상황은 상상도 할 수 없다. 미군은 대민지원이 아닌 전문적인 교전업무만 수행하기 때문이다.

이번 원촨 대지진 사태를 통해 서양언론은 중국이 상당히 고달픈 나라라는 사실을 발견했다. 중국 경제는 이제 막 성장을 위한 발걸음을 떼기 시작했고 미국과 같은 사회보장 시스템은 물론, 건전한 보험사도 없다는 사실을 알게 된 것이다. 이러한 상황 속에서 심각한 자연재해가 발생했다면 살고 있던 주택이 파손되더라도 개인이 부담해야 하고, 몸이 아파도 자비로 해결해야 하며 먹을 것이 없으면 굶어죽을 수밖에 없다는 것을 이해한 것이다. 자국의 상황과 전혀 다른 중국의 현실을 이번 원촨 대지진을 통해 미국인은 깨달은 것이다. 그래서 인민해방군이 피해지역에 대거 투입되어 피해주민을 돕는 장면을 보며 수많은 미국인은 자국과의 비교를 통해 크게 감동한 것이다. 그리고 중국 국민이 원촨 대지진에서 보여준 불굴의 정신과 협동심을 소개하는 많은 보도를 지켜보며 전 세계가 크게 감동했다. 누가 이를 전 세계에 알린 것일까? CCTV? 아니다. 바로 CNN이다. CNN은 왜 그런 행동을 한 것일까?

CNN이 피해지역에서 내보낸 방송을 통해 미국 국민은 하나로 똘똘 뭉친 중국인의 저력을 발견했다. 이보다 더 중요한 사실은 과거와 다른 관점에서 CNN이 중국 소식을 전했으며, 지진 피해 수습에 나선 중국 정부를 향한 세계인의 격려와 응원이 쇄도했다는 것이다. 종전에 없던 중국 정부의 포용과 열린 마음은 피해 수습의 효과를 높였을 뿐만 아니라, 민심을 얻는 데도 성공했다. 그제야 CNN과 서양 언론은 당초 중국 정부의 힘든 속내를 알게 되었다.

2008년 4월 16일 카퍼티의 중국 비하 발언은 중국 국민이 아닌 중국 정부를 겨냥한 것이라는 해명이 발표되었다. 중국 정부와 중국 국민을 서로 별개의 존재로 인식한 발표였지만, 원촨 대지진이 일어난 후 그들은 중국 정부와 중국 국민이 떼려야 뗄 수 없는 하나의 존재라는 사실을 발견했다. 부서진 가옥더미 속에서 구조된 주민들은 아무런 원망도 없이 자신의 아이들을 구해준, 그리고 자신을 구하러 달려와준 인민해방군에게 고맙다는 인사를 건넸다. 피해주민들은 인민해방군을 위해 식사를 준비하고, 인민해방군은 목숨을 걸고 주민 구조에 나섰다. 아무런 원망도, 불평도 없이 성심성의껏 서로 챙기고 아끼는 모습은 중국인에게는 지극히 자연스러운 것이다. 왜냐하면 여태껏 그렇게 지내왔기 때문이다.

하지만 서양인은 중국 정부와 중국 국민을 별도의 존재로 구분 짓는 CNN의 기존 입장이 잘못되었다는 것을 처음으로 알게 된 것이었다. 정부에 대해 강한 불만을 가지고 있을 것이라고 생각했는데 위기가 닥쳐오자 정부와 하나로 똘똘 뭉쳤기 때문이다. 자신들이 알고 있는 중국인이라면 위기에 처했을 때 즉각적으로 정부에 불만을 표시해야 하지만, 실제 결과는 자신의 예상과 다르다는 것을 서양 언론은 마침내 깨달은 것이다.

이런 이유에서 2008년 5월 15일 원촨 대지진이 발생한 지 3일째 되던 날 CNN은 중국과 중국 국민에게 공식적으로 사과했다. 주목할 것은 바로 이때부터 그 후 열린 베이징 올림픽에 이르기까지 중국에 대한 서양 언론의 평가가 180도 달라졌다는 사실이다. 중국을 제대로 알리려는 의도가 100퍼센트 순수하게 성공을 거둔 사례라고 생각한다. 완전히 개방된 언론 환경이 제공되었기에 긍정적인 결과가 도출될 수 있었다고 생각한다.

누구도 13억 중국을 거스를 수 없다

지식+ 2008년은 폭설, 원촨 대지진 등의 대규모 자연재해가 발생했지만 중국인에게는 자랑스러운 한 해였다. 연이은 자연재해는 올림픽 정신을 전 세계에 널리 전하겠다는 중국인의 결심을 막지 못했을 뿐만 아니라, 역경속에서 전 세계에 중국을 제대로 알리고 강인한 민족정신을 소개하는 데 성공했다. 결국 전 세계로부터 이해를 얻었고 자국의 민족정신을 한 단계 끌어올릴 수 있다는 강한 자신감을 얻었다. 그렇다면 중국 정부의 압박 외에 CNN은 어떤 이유에서 정식으로 중국 정부와 중국 국민에게 사과한 것일까?

CNN은 전 세계 모든 중국인에게 가장 숭고한 경의를 표한다고 사과했다. 왜 이렇게 이야기한 것일까? 앞서 얘기했듯이 올림픽 개최 전 미국의 유명감독 스티븐 스필버그는 수단 다르푸르의 유혈사태에 중국 정부가 최선을 다하지 않았다는 이유로 베이징 올림픽 고문직에서 물러나겠다는 뜻을 밝혔다. 나는 이 같은 행동을 중국 정부가 너무 관대하게 봐주지 않았나 싶다. 나 같으면 절대로 그렇게 봐주지 않았을 것이다. "스티븐 스필버그, 당신이 뭐 그리 대단하다고 그런 말을 하는 거요? 기껏해야 영화감독인 주제에! 중국 정부를 비난하는 정치적 구호를 남발할 자격이 댁한테 있소이까? 뭘 믿고 그러는 거요? 자신이 미국 대통령이라도 되는 줄 아시오? 설사 미국 대통령이라고 해도 그렇게 말해서는 안 되지!" 나라면 모두에게 스티븐 스필버그의 영화를 보이콧하자고 할 텐데! 전 중국인이 스티븐 스필버그의 영화를 보지 않겠다고 하기만 하면 금세 굴복할 것이 뻔하다. 그게 바로 미국인이다.

중국 정부를 비난할 수는 있겠지만 현재 전 세계적으로 13억 중국인의 비위를 거스를 수 있는 사람은 단언컨대 단 한 명도 없을 것이다. 2008년 까르푸 사건을 두고 많은 전문가가 과격한 행동을 삼가고 대국으로서의 풍모를 보여줘야 한다는 헛소리를 또다시 늘어놓았다. 그밖에 많은 전문학자는 CNN의 카퍼티는 별것도 아닌 존재라며 괜히 소란 피울 필요가 없다고 지적하기도 했다.

독자에게 한 가지 분명히 이야기하고 싶은 것이 있다. 까르푸와 카퍼티에 대한 중국 국민의 태도는 옳았으며, 이는 중국 국민의 분노에 찬 외침이라고 말이다. 이는 정부 차원의 문제가 아니라, 바로 이들 서양 언론에 대한 전 중국인의 불만이기 때문이다.

중국에서 거액의 수익을 벌어들인 까르푸가 '티베트 독립'을 지지한다고 밝힌 까닭은 무엇인가(까르푸는 '티베트 독립'을 지지한다는 뜻을 밝힌 적이 없다며 자신의 결백을 주장했다)? 까르푸에 대한 전 국민적인 보이콧이 없었다면 까르푸는 중국인에게서 번 돈으로 '티베트 독립'을 지지했을지도 모른다. 여기서 알 수 있는 사실은, 어느 누구도 함부로 중국인의 비위를 거스르려 하지 않는다는 점이다. 게다가 CNN이 이야기한 것처럼 전 세계의 모든 기업이 중국인에게 가장 숭고한 경의를 가지게 될 것이라는 점이다. 이 점을 중국인 스스로 깨달아야 한다.

하지만 이러한 문제에 대한 중국인의 자각이 조금 부족하다고 생각한다. 전 세계에 있는 미국이나 유럽 정부, 혹은 그들의 기업에게 중국이 얼마나 중요한 위치를 차지하는지 중국인은 전혀 알지 못한다. CCTV와의 인터뷰에서 반중국 세력에 당연히 강하게 항의해야 한다고 주장한 이유가 바로 여기에 있다. 물론 항의에도 절제가 필요하다. 항의를 위한 폭력행사는 정당화될 수 없다. 분명한 의사표현은 반드시 필요하며, 이에 대한 정부의 지지 역시 반드시 뒤따라야 한다. 본서에서 이렇게 강조하는 까닭은 전 세계가 진심으로 중국, 중국 국민의 목소리와 생각에 귀 기울이고 있기 때문이다.

6장

중화 문화의 콤플렉스, 그리고 숨겨져 있는 진짜 중국

"운명에서 도망치는 길에서 예상과 전혀 다른 사건에 맞닥뜨릴 수 있다."

"어제가 역사였다면 내일은 수수께끼다. 오늘, 지금만이 하늘이 준 선물이다."

"우리 가문이 자랑하는 국수에 들어가는 비밀재료는 말이지…… 아무것도 없어. 특별하다고 생각하니깐 특별하게 느껴지는 거지!"

철학적이지만 쉽게 와 닿는 이 대사는 모두 3D 애니메이션 영화 〈쿵푸 팬더〉에 등장하는 내용이다. 미국에서만 6천 만 달러에 달하는 수익을 거둬들인 〈쿵푸 팬더〉는 중국에서도 흥행 돌풍을 일으켰다. 중국 관중에게서 웃음을 이끌어낸 이 영화는 서양인의 눈에 비친 중국인의 모습을 고스란히 담아내고 있다.

〈쿵푸 팬더〉에 등장하는 중국인의 특징

영화 〈쿵푸 팬더〉가 상영됐을 때 나도 극장을 찾았다. 그런 나를 보며 영화 볼 시간이 있냐고 묻는 사람도 있었는데, 영화를 볼 시간이 있는 것이 아니라 영화 평론을 위해서 일부러 찾은 것이다. 영화관을 찾은 많은 관중은 웃음을 터뜨리며 무척이나 즐거운 시간을 보낸 듯하지만 나는 웃음은커녕 깊은 생각에 잠길 수밖에 없었다.

중국 사회는 루쉰(魯迅)의 비평을 귀에 거슬리는 이야기로만 치부하는 경향이 강하다. 루쉰이 위대하다고 평가받는 이유는 무엇인가? 솔직히 그의 작품만 보면 그를 위대한 문호라고 부르는 이유를 짐작하기는 어렵다. 화려하고 섬세한 표현은커녕 이야기 구조마저 허술하다. 평범한 문체를 가진 그를 중국인이 위대한 문호라고 추앙하는 까닭은 무엇인가? 그 이유는 바로, 그가 쓴 글이 중국인의 집단적 인격, 즉 문화에 커다란 영향을 주었기 때문이다. 문학가가 위대하다거나 심오한 사상을 지녔다고 평가받으려면 한 가지 전제 조건이 필요하다. 바로 민족성과 해당 민족의 집단적 인격, 다시 말해서 문화를 작가 고유의 생각으로 표현했는가에 달렸다.

여기에서 루쉰이 비판한 '아Q정신(루쉰의 작품 『아Q정전』에 등장하는 아Q는 신해혁명 당시 혁명당원을 자처했으나 도둑으로 몰려서 싱겁게 총살된다. 모욕을 받아도 저항할 줄 모르고 오히려 이를 '정신적 승리'로 탈바꿈시켜버리는 아Q의 정신구조를 가리켜 아Q정신이라고 희화화했다. 중국 구사회의 병폐를 적나라하게 제시한 것이다 _옮긴이)'에 대해 이야기해보자. 루쉰의 글에 많은 사람이 흥미를 보인 까닭은 그가 들려주는 아Q정신에 쉽게 공감할 수 있기 때문이다. 그래서 그를 가리켜 근대 중국 문학계에서 가장 위대한 비평가이자 문학가라고 부르는 것이다.

영화 〈쿵푸 팬더〉가 중국에서 큰 인기를 누리게 된 이유는 영화가 중국 문화를 아우르고 있기 때문이다. 하지만 실제로는 문화 전체가 아니라 한쪽에 치우치고 있다는 데 문제가 있다. 영화 〈쿵푸 팬더〉는 중국의 어두운 면만을 강조한다. 솔직히 말해서 루쉰이 쓴 '아Q정신' 역시 중국인의 어두운 면을 조명한다. 중국인의 인격 중에서 가장 긍정적인 부분, 즉 원촨 대지진에서 드러난 중국인의 '감춰뒀던 사랑'은 문학가에 의해 거의 깊이 있게 다루지 않았다.

바로 이러한 이유에서 중국인은 자신의 어두운 면이 조명될 때 '공감'하고 '만족'하면서도 '정신적인 충격'을 받는다. 루쉰 역시 중국 문화의 어두운 일면을 분명히 이야기했다.

그렇다면 '숨겨뒀던 사랑'이란 도대체 언제 드러나는가? 자식이 위험에 빠졌을 때 제 몸 따위는 아랑곳하지 않는 헌신적인 부모의 사랑, 친구가 어려울 때 어깨를 두드려주는 친구의 사랑, 혹은 두세 살에 불과한 아이가 자신을 구해준 군인에게 힘들게 경례하는 모습…… 이것이 바로 중국인의 숨겨진 사랑이다. 많은 이들이 그렇게 어린아이가 경례를 할 줄 안다는 사실에 놀라움을 금하지 못했다. 도대체 무엇이 아이에게 경례를 하도록 한 것일까?

TV를 통해 원촨 대지진 당시 군인 몇 명이 폐허 속에 갇힌 영어교사를 구하는 장면을 본 적 있다. 교사의 용기로 그녀의 품속에 있던 아이들은 불행을 피할 수 있었지만 여교사는 목숨을 잃고 말았다. 그녀의 시신을 꺼내는 순간에 그녀 옆에 있던 군인 몇몇이 엄숙한 표정으로 경례했다. 영화에서나 볼 법한 이러한 장면을 이번 원촨 대지진에서는 수없이 목격할 수 있었다. 그리고 자신의 아이를 찾기 위해 무너져내린 학교 앞으로 달려가는 수많은 부모의 근심과 공포를 목격하며 나도 무척 괴로웠다. 같은 부모 입장에서 그들의 심정이 어떠했을지 말하지 않아도 안다. 주변 사람들이 아이를 찾기 위해 무너진 현장을 뒤지는 학부모들을 돕는 장면을 보며 나 역시 눈시울이 뜨거워졌다.

이처럼 겉으로 잘 드러나지 않는 중국인의 사랑은 여태껏 각종 문학작품의 주제로 등장하지 않은 듯하다. 원촨 대지진 이후 중국문단에 우후죽순처럼 새로운 작품이 쏟아져 나오고 더욱더 활력 넘치는 문단으로 성장하기를 기대한다. 여기서 한 걸음 더 나아가 마음 깊은 곳에 숨겨졌던 중국인의 사랑을 보여줄 수 있는 기회를 제공해주기도 기대한다.

원촨 대지진을 지켜보며 많은 중국인은 눈물을 흘렸다. 중국인의 집단적 인격이 전 중국을 감동시켰다. 반면 루쉰의 작품을 보며 감동을 받는 것은, 중국 문화의 어두운 일면을 통해 자극을 얻기 때문이다. 그래서 그의 작품을 기꺼이 보게 되는 것이다. 결론적으로 문화는 긍정적인 면과 부정적인 면으로 크게 나눌 수 있다. 원촨 대지진처럼 중화 문화의 긍정적인 면과, 아Q정신과 같은 부정적인 모습 모두 중국인에게 '감동'을 선사한다.

자, 이제 〈쿵푸 팬더〉에 대해 이야기해보자. 〈쿵푸 팬더〉는 루쉰의 작품과 어깨를 견줄 만큼 뛰어난 작품성을 가지고 있지 않지만 많은 사람으로부터 사랑을 받았다는 점에서 중국인의 집단적 인격, 혹은 문화를 다루고 있음을 알 수 있다. 결론적으로 〈쿵푸 팬더〉는 중화 문화의 어두운 일면을 바라보는 미국인의 인식을 담아내고 있다. 작품성이 높지 않은 영화임에도 관객으로부터 공감을 살 수 있었던 것은 영화를 잘 만들어서라기보다는 중국인이 공감할만한 중화 문화의 어두운 일면을 다루고 있기 때문이다.

중국을 향한 드림웍스의 러브레터

그렇다면 〈쿵푸 팬더〉는 어떤 영화인가? 포라는 팬더에 관한 이야기다. 국수장사를 하는 포는 일자무식인데다 헛된 망상에 빠져 사는 평범한 민초다. 제대로 된 학문을 닦지 못한 포지만 언젠가는 국수집이 아닌 바깥세상에 나가 성공하겠다는 꿈을 가지고 있다. 하지만 포의 아버지 거위 핑은 그저 국수나 열심히 말아 팔면 편안하게 살 수 있다고 생각한다. 그러던 중 가게 근처에 있는 사원에서 수련생을 뽑는 대회가 열린다는 소식에 펑은 포더러 그곳에 가서 국수를 팔라고 한다. 조리도구를 잔뜩 끌고 사원에 도착한 포는 일생 최대의 사건에 휘말리게 된다.

아주아주 오래전 시푸는 밖에서 하마터면 얼어 죽을 뻔한 새끼 표범을 주워와 키웠는데 그 이름이 바로 타이렁이다. 자신의 친자식은 아니었지만 시푸는 타이렁을 마치 제 자식처럼 아꼈다. 평소 타이렁의 재능을 눈여겨본 시푸는 쿵푸를 가르치며 타이렁이 천하제일의 고수가 되기를 내심 기대했다. 훗날 타이렁은 뛰어난 쿵푸를 익히는 데 성공했지만 더 큰 욕심을 채우기 위해 사문을 배반했을 뿐만 아니라 자신을 애지중지 키워준 시푸마저 해하려 했다. 시푸를 없애기만 하면 모든 것을 소유할 수 있다고 생각한 타이렁은 어렸을 때부터 죽도록 쿵푸를 연마했으니 이제는 자신이 모든 것을 소유할 시간이 되었다고 확신했다.

시푸에게 가장 중요한 것은 무엇이었을까? 용의 문서라는 무술비급이었다. 용의 문서를 자신에게 주지 않자 화가 난 타이렁은 그것을 빼앗기 위해서 사원 전체를 쑥대밭으로 만든다. 비급을 찾는 데 혈안이 된 타이렁은 결국 무림 최고수인 사조(師祖) 우그웨이에게 제압된 후 경비가 삼엄한 감옥으로 끌려간다. 하지만 우그웨이는 앞으로 타이렁이 감옥을 탈출해 용의 문서를 다시 빼앗으러 올 것이라고 예언한다.

사원에서 열린 대회는 다름 아닌 시푸의 무술 비급을 물려받아 타이렁에게 대항할 수 있는 용의 전사를 찾기 위한 대회였다. 무술대회에 도착한 포는 국수를 팔 준비를 한다. 시푸에게는 멍키, 타이그리스, 크레인, 바이퍼, 맨티스처럼 뛰어난 실력을 자랑하는 다섯 제자가 있었지만 모두 타이렁의 상대가 되지 못했다. 우그웨이는 '용의 전사'가 하늘에서 내려와 타이렁을 물리칠 것이라고 이야기한다.

국수를 팔던 포는 아무것도 할 줄 모르고, 쿵푸는 배운 적도 없었다. 요령만 피울 줄 알았던 포는 먹는 것만 밝히고 쿵푸 연마에 게으른 쓸모 없는 존재였지만 결국 타이렁을 물리친다는 것이 이야기의 전말이다.

지식⁺ 〈쿵푸 팬더〉의 제작사인 드림웍스는 〈쿵푸 팬더〉를 가리켜 중국인에게 보내는 러브레터라고 이야기했다. 분명 영화에서는 단순하게 중국적 요소를 드러냈다. 팬더에다 쿵푸만 해도 중국적 색채가 물씬 풍기는데, 여기에 영화 속에 등장하는 풍경, 소품, 의상, 음악 모두 중화 문화의 매력을 담뿍 담아냈다. 당나라 옷(唐裝)을 걸친 타이그리스, 갓을 쓴 크레인, 선의(禪意)를 상징하는 우구웨이…… 외국인의 눈에 비친 중국의 이미지가 아니던가? 그리고 주인공 팬더 포가 겪게 되는 인생의 우여곡절은 전형적인 중국식 영웅담을 그대로 재현했다.

〈쿵푸 팬더〉의 줄거리는 뻔하고 황당하게 느껴지지만 그렇게 단순히 문제를 봐서는 안 될 것이다. 하나하나 나와 함께 살펴보자.

첫째, 영화 속에서 타이렁은 자신만 생각할 뿐, 어릴 때부터 지금껏 자신을 길러준 시푸의 목숨을 빼앗으려 했다. 왜냐하면 중국인은 이기적이고 잔혹하기 때문이다. 이러한 평론을 독자 여러분이 어떻게 생각하든, 미국인은 중국인을 이기적이고 냉정한 존재라고 생각한다.

둘째, 영화 속에서 타이렁은 자신의 실력을 쌓기 위해서 어떻게 행동하는가? 용의 전사가 될 수 있는 용의 문서를 차지하기 위해 수단 방법을 가리지 않는다. 오랫동안 시푸에게서 쿵푸를 배운 그는 용의 문서만 얻으면 천하제일의 무림고수가 될 수 있고, 그렇게 되면 세상 사람으로부터 인정을 받을 수 있다고 생각한다. 남을 배려하기보다는 남들로부터 인정만 받으려고 집착하는 중국인을 향한 서양인의 비판적 시선이 드러나는 대목이다.

셋째, 시푸와 결투를 벌이게 된 타이렁은 시푸에게 최후의 공격을 퍼붓는 순간에 가슴 속에 품었던 질문을 던진다.

"쿵푸를 가르쳐줄 때 제가 용의 문서를 차지하는 걸 바라셨잖아요? 그렇지 않으면 뭐 하러 이런 고생을 사서 했단 말입니까? 용의 문서를 주지 않겠다면 없애버릴 수밖에!" 자신에게 무술 비급을 차지할 수 있는 자격이 있다고 주변에서 모두 인정하는데도 오랫동안 자신을 길러준 시푸가 어떻게 무술비급을 주지 않을 수 있냐며 타이렁은 포효한다. 체면을 중시하고 이기적인 중국인의 모습이다.

중국인의 민족성에 대한 서양인의 평가는 이처럼 타이렁이라는 캐릭터를 통해 구체화되는데, 중국인의 인격에서 가장 어두운 면만 담아냈다.

앞서 중화 문화는 숨겨진 사랑과 어두운 면이라는 두 부분으로 이루어져 있다고 이야기했는데 영화 〈쿵푸 팬더〉는 어두운 면에만 초점을 맞추었다는 점에서 작품성이 대단하다고 볼 수 없다. 하지만 그럼에도 타이렁으로 구체화된 중화 문화의 어두운 면은 영화 상영 내내 관중으로부터 공감을 사는 데 성공했다. 그럼 이번에는 팬더 포에 투영된 중국인의 모습에 대해 이야기해보자.

첫째, 많은 서양인은 경제적 빈곤으로 중국인이 제대로 된 교육을 받지 못했다고 생각한다. 그들의 눈에 비친 중국인에게는 우아함도, 예의도 없다. 공부도 해본 적 없고 하루하루 국수를 팔아 생계를 잇는 팬더 포는 거칠기 짝이 없는 일자무식으로 우아함이나 예의와는 거리가 멀다.

둘째, 서양인의 눈에 비친 중국인은 항상 기적을 꿈꾼다. 노력하기보다는 아무것도 하지 않고 공짜로 얻을 생각만 한다. 영화에서 포는 어떻게 행동하는가? 쿵푸를 연마하라고 해도 딴청을 부리거나 게으름을 피우기 일쑤다. 하지만 떡을 먹는 일이라면, 특히 다른 사람의 떡을 훔쳐 먹는 일에서는 남다른 재능을 선보인다. 높다란 벽도 아등바등 기어오르고, 뒤뚱거리던 다리도 '쫙' 찢는다. 평소 쿵푸를 연마할 때는 제대로 펴지도 못했던 다리가 떡을 훔쳐 먹을 때는 상상을 초월할 정도로 민첩하게 움직인다. 게다가 떡을 훔쳐 먹는 스킬 역시 날로 지능화된다. 열심히 쿵푸를 연마하라고 할 때는 듣는 시늉도 안 하더니 꾀를 부려 떡을 훔쳐 먹으려고 하자 그 누구도 따라올 수 없는 실력을 선보이는 것이다. 중국인은 노력하지 않고 공짜로 얻을 생각만 한다는 미국인의 시선을 있는 그대로 담아냈다.

셋째, 서양인의 눈에 비친 중국인은 항상 요행만 바란다. 이 말은 정말 맞다. 영화에서 포는 게으르기 짝이 없는 존재로 등장한다. 쿵푸를 연마해봤자 아무런 소용도 없다고 생각한 포는 쿵푸를 닦는 데 별다른 흥미를 보이지 않았다. 계속해서 게으름을 피우는 포를 참지 못한 시푸가 어떻게든 쿵푸 연습을 시키기 위해서 그가 좋아하는 만두로 계속해서 유혹한다. 두 사람은 만두를 뺏는 방법으로 무술을 연마하기도 한다. 준마보를 연마하라고 해도 포는 만두 뺏기에만 집착한다. 요행만 바란 것이다.

넷째, 서양인의 눈에 비친 중국인은 자신이 옳다고 생각하는 일을 추구할 용기가 없을 뿐만 아니라 행동력 또한 크게 부족하다. 열심히 쿵 푸를 연마하라는 시푸의 엄포에도 포는 설렁설렁 연습하는 시늉만 하다 가 한밤중에 훈련장을 슬그머니 빠져나온다. 타이렁에게 대항하기 위해 서는 쿵푸를 연마해야 하는데, 타이렁의 실력이 워낙 출중한 터라 자신 이 그의 적수가 될 수 없다고 자포자기했기 때문이다. 어렵사리 쿵푸에 입문한데다 시푸도 자신을 제자로 받아들여준 만큼, 열심히 쿵푸를 연마 해 당초 체결한 계약 혹은 협의에 따라 타이렁에게 맞서야 하는데 포는 그러지 않았다. 그렇다면 도대체 뭘 하고 있었나? 한밤중에 꽁지 빠지게 도망쳤다! 행동력이 결핍된 중국인의 모습이다.

영화에서 표범 타이렁과 팬더 포는 이와 같이 중국을 상징한다. 타이 렁과 포가 쿵푸를 배우는 과정, 그리고 자신의 실력을 드러내기 위해 선 보이는 스킬은 중국에 대한 서양의 인식을 보여주고 있다. 〈쿵푸 팬더〉는 중국인에 대한 서양인의 시각을 고스란히 담아낸 축소판이라고 하겠다.

잠재의식 속에 숨겨진 중화 문화의 정수

팬더 포는 많은 단점을 가지고 있지만 승리를 꿈꾸고 자신의 꿈을 이룰 날을 손꼽아 기다린다. 온갖 어려움을 하나하나 헤치고 역경을 뛰어넘은 포는 만두를 입에 문 채 승리했고 주변으로부터 인정을 받는 데도 성공했다. 포의 인생역전은 노력하기만 하면 꿈은 언젠가 이루어진다는 응원의 메시지를 담고 있다고 누군가 지적했다.

내가 생각하는 영화의 감동 포인트는 포 외에도 다양한 개성을 자랑하는 캐릭터들에 있다. 〈쿵푸 팬더〉가 중국 관객으로부터 사랑받을 수 있었던 데는 중국인의 어두운 일면을 폭로한 점 외에도 두 가지 요소가 존재한다.

첫째, 시푸는 그동안 숨겨왔던 사랑을 있는 그대로 드러냈다. 시푸의 애제자 중 한 명인 타이그리스는 포에게 시푸에 관한 이야기를 들려준다. "시푸께서는 그 누구도 타이렁만큼 사랑해주시지 않았어. 시푸가 가장 사랑한 건 오직 타이렁이었어. 우리 다섯 제자도 시푸에게서 그런 사랑을 받지 못했지."

자신에게 복수를 하러 돌아온 타이렁과 목숨을 건 승부를 벌이던 시푸가 최후의 일격을 날리던 순간, 그의 눈앞에 어린 시절 타이렁의 순진무구한 눈빛이 떠오른다. 시푸가 추억 앞에서 머뭇거리고 있던 찰나 타이렁은 시푸를 향해 필살의 일격을 가한다. 생명의 위협을 받으면서도 타이렁을 생각하는 시푸의 사랑은 중국인의 숨겨뒀던 사랑과 상당히 비슷하다. 사문을 배신했다고 해도 그런 타이렁을 버리지 않고 여전히 아끼는 시푸의 마음은 감동적이다.

둘째, 포의 아버지 거위 핑이 보여준 사랑이다. 포의 아버지 핑은 포에게 국수를 파는 가업을 이으라며 계속해서 격려한다. 그 까닭은 무엇인가? 아무리 제 자식이라고 하지만 별다른 재주가 없는 포에게 국수를 파는 일이 가장 안전하다고 생각했기 때문이다. 하지만 포는 아버지의 기대를 저버리고 쿵푸를 배우겠다고 결심한다.

영화의 마지막에 이르러 마을의 영웅이 된 포는 아버지로부터 인정을 받고자 한다. 이것이 바로 중국인의 콤플렉스다. 참으로 슬픈 일이다! 왜냐하면 포의 아버지는 여태껏 포에게 무엇을 해야 하는지, 어떻게 해야 하는지만 알려주었을 뿐, 너를 사랑하는 마음에서 그런 것이라고 단 한 번도 이야기하지 않았기 때문이다. 핑은 포에 대한 사랑을 겉으로 드러내지 않고 대신 국수장사를 해야 한다고만 이야기한다. 열심히 공부해서 칭화(淸華)대학교나 베이징대학교에 들어가기를 바라는 부모의 심정과 다름없다.

중국에서 대다수 부모와 자녀 간의 관계는 부모로부터의 일방적인 명령이나 지시가 하달되는 수직적인 관계에 그친다. 부모는 자식에게 끊임없이 어떻게 행동할지를 요구한다. 한 치의 틈도 보이지 않는 부모의 일방적인 요구속에 자녀들은 자신에 대한 부모의 사랑을 깨닫지 못한다. 그래서 중국인은 이름을 알릴 정도로 성공하면 부모로부터 인정받고자 하는 욕망을 가지고 있다. 이 얼마나 슬픈 일인가!

드림웍스나 스티븐 스필버그가 중국인의 이러한 사랑을 제대로 이해한 것인지는 알 수 없지만 〈쿵푸 팬더〉의 마지막 장면에서 주인공 포가 아버지를 바라보는 눈빛이 바로 중국인의 심정을 대변한다고 볼 수 있다. 타이렁을 물리치는 데 성공한 포가 영화의 마지막에 자신을 사랑해 달라고, 인정해달라고 갈구하는 눈빛으로 아버지를 바라본다. 핑은 한 치의 망설임도 없이 포에게 자신의 사랑을 고백했다. 바로 이 점이 많은 중국인에게 커다란 감동을 주었다. 이것이 바로 중국의 문화이기 때문이다.

〈쿵푸 팬더〉는 많은 관객으로부터 사랑을 받았다. CG, 아름다운 배경, 개성 넘치는 캐릭터 등 표면적인 내용만 가지고 단순히 영화를 평론해서는 안 될 것이나. 〈쿵푸 팬더〉가 대다수 중국 관객으로부터 사랑을 받은 까닭은 중국인의 집단적 인격, 다시 말해서 문화를 자극했기 때문이다. 중국인의 문화는 겉으로 잘 드러나지 않는 사랑과 어두운 일면으로 나뉜다. 타이렁으로 대표되는 이기심과 냉혹함이 중국 문화의 어두운 일면을 노골적으로 보여주었다. 아Q정신처럼 비판의식이 노골적으로 드러나지 않았지만 팬더 포 역시 중화 문화의 어두운 일면을 보여주었다. 그러나 〈쿵푸 팬더〉에서 감동적인 점은 타이렁에 대한 시푸의 변하지 않는 사랑과 성공을 거머쥔 뒤에도 포가 여전히 아버지 핑으로부터 칭찬과 인정을 구한다는 점이다. 겉으로 드러나지 않는 아버지 혹은 시푸의 사랑을 꼭 집어 보여주는 이 장면은 영화에 대한 관중의 몰입도를 높인다.

지식+ 〈쿵푸 팬더〉를 보고 나면 중국에 대한 서양의 시선이 젓가락, 침(針), 산수(山水)같은 표면적인 특징에 머물러 있다는 생각을 하게 된다. 하지만 중화 문화의 정신적 의미를 탐구하는 과정에서, 가업을 잇고 자식이 잘 되기를 바라는 포 아버지의 마음이 중국식 교육법이며, 제자들을 향한 시푸의 변치 않는 사랑이 중국인의 핏속에 흐르는 미덕이라는 사실도 발견할 수 있다. 〈쿵푸 팬더〉를 통해 서양은 중화 문화를 재조명하며, 서양의 전통 문화와 다른 중화 문화를 받아들이고 있음을 알 수 있다.

무림에 절대 비급 따위는 없다

영화 〈쿵푸 팬더〉에서 특별히 주목해야 할 장면을 다시 한번 살펴보자. 주인공 팬더 외에 등장하는 사형(師兄) 크레인, 맨티스, 바이퍼, 멍키, 그리고 타이그리스에 주목하자. 이들은 막강한 쿵푸 실력을 자랑하며, 시푸의 가르침 아래 열심히 쿵푸 수련에 매진한다. 이들에게는 지극히 현실적인 목적, 즉 용의 문서를 얻겠다는 목표가 있기 때문이다.

그리고 이들 캐릭터가 선보이는 쿵푸 실력은 영화 〈와호장룡(臥虎藏龍)〉의 주인공이 보유한 실력과 유사하다. 〈와호장룡〉에 등장하는 각종 무술 초식은 〈쿵푸 팬더〉의 다섯 캐릭터를 통해 100퍼센트 발휘된다. 하지만 〈와호장룡〉은 〈쿵푸 팬더〉에 비해 한 가지가 빠졌다. 바로 팬더 포다. 앞에서 설명한 중국인의 특징을 한데 합친 것이 바로 팬더 포다.

팬더는 중국에만 서식하고 있으며 동시에 중국의 국보다. 그런 점에서 팬더는 그 자체로 중국을 상징한다. 팬더 포가 배우는 각종 스킬과 쿵푸는 서양이 중국에게서 받는 인상을 표현한 것이다. 중국인을 상징하는 캐릭터로는 팬더 포 외에도 표범 타이렁이 있지만, 오로지 '힘'만 추구하는 두 주인공에게는 사랑 대신 우매함과 냉혹함만 있을 뿐이다.

포와 타이렁에게는 각자의 목적이 있다. 포가 쿵푸를 배우는 까닭은 만두를 먹기 위해서고, 타이렁은 용의 문서를 얻기 위해서다. 세상을 지배할 수 있다고 알려진 용의 문서는 아무것도 쓰여 있지 않은 백지였다는 사실이 영화 말미에 밝혀진다. 자신을 돌아보라는 가르침이 바로 용의 문서가 주는 교훈이라는 시푸의 말을 영화에서는 정확하게 이야기하지 않는다.

중화 문화가 무엇인지 다시 한번 곰곰이 생각해보자. 당신에게 중화 분화는 아무것도 석혀 있지 않은 백지나 다름없다는 사실을 발견할 수 있을 것이다!

이 같은 스토리 전개는 상당히 많은 것을 시사해준다. 사실 드림웍스가 제작한 영화가 의도적으로 중국인의 숨겨뒀던 사랑을 보여주려 한다고 생각해본 적은 없다. 미국인에게 이러한 플롯은 케케묵은 뻔한 스토리이기 때문이다. 스티븐 스필버그가 평생 제작한 모든 영화에서는 클라이맥스에 이르러 하나같이 아름다운 휴머니즘을 강조한다. 전쟁 영화나 코미디 영화 가릴 것 없이 대다수 미국 영화에서는 인성의 소중함에 주목한다.

영화 〈라이언 일병 구하기〉를 보자. 영화에서는 수많은 병사가 희생된다. 왜? 라이언 일병 한 명을 구하기 위해 동포애를 가진 많은 이가 목숨을 걸고 구출작전에 나선 것이다. 다른 영화 역시 마찬가지다. 미국인이 제작한 거의 모든 영화의 클라이맥스에서는 하나같이 '사랑'을 강조한다. 〈쿵푸 팬더〉가 영화 말미에 보여주는 사랑은 바로 포를 응원하는 아버지 핑을 통해 구체화되고, 타이렁의 어린 시절을 떠올리며 그를 버리지 못하는 시푸의 사랑으로 구체화된다. 그러니 드림웍스의 〈쿵푸 팬더〉는 중국인의 사랑을 드러내기 위해 제작된 것은 아닌 셈이다. 드림웍스는 중국인의 보이지 않는 사랑을 전혀 모른다. 그저 영화 말미에 형식적으로 사랑을 강조했을 뿐이다.

242

미국인이 습관적으로 영화 말미에서 강조하는 사랑이, 중화 문화의 숨겨진 사랑과 어느 정도 맞아떨어진다는 것을 여기서 사실을 발견할 수 있다. 이러한 문화적 이념을 세계에 널리 알릴 수 있다면 중국인을 바라보는 전 세계의 시선이 달라질 것이라고 생각해볼 수 있지 않을까? 〈쿵푸 팬더〉에서 드러난 중국인의 숨겨뒀던 사랑이 전 세계인의 사랑과 같다는 점을 알릴 수 있다면, 다시 말해서 이러한 문화적 기반을 바탕으로 각국과 공감대를 이룰 수 있다면 제대로 중국을 알리는 일이라고 나는 자신 있게 이야기할 수 있다.

하지만 아쉽게도 현재 일부 중국 영화감독은 위의 이야기를 알아듣지 못하는 것 같다. 예를 들어 장이머우가 연출한 베이징 올림픽 개막식은 전 세계에 중국인의 사랑을 보여줄 것이라는 내 기대를 여지없이 무너뜨렸다. 개막식에서 장이머우는 중국인의 집단적 인격을 제대로 보여주지 못했을 뿐만 아니라, 대애주의를 보여주는 데도 실패했다.

예전에 TV 프로그램에서 내가 예언한 것처럼 실제 올림픽 개막식은 '힘'을 강조한 개막식으로 그쳤다. 영화 〈영웅〉처럼 거대한 규모, 눈부신 색채의 향연, 그리고 대국으로서의 강한 면모만 자랑했다. 개막식에 등장하는 모든 것은 하나같이 거대하고 화려했다. 하지만 이는 진짜 문화가 아니다.

본서를 통해 중화 문화가 무엇인지 천천히 깨닫기 바란다. 솔직히 말해서 루쉰의 아Q정신, 보양(柏楊, 대만의 유명 작가 _옮긴이)의 『추악한 중국인』에서 강조하는 정신은 오늘날 중국에 이미 널리 알려져 있다고 생각한다. 미래 중국의 문화는 전혀 새로운 사고방식을 원할 것이다. 특히 문화예술 분야에서 중국인의 순수한 사랑을 어떻게 전 세계에 알릴 것인 가에 관한 중국인 스스로의 관심은 부족하다. 중국의 문화, 예술이 중국인의 사랑을 제대로 드러내지 못했기 때문에 올림픽 개막식이 이를 바로 잡을 수 있는 절호의 기회가 될 것이라고 기대했나. 하시만 '힘'으로 분칠된 올림픽 개막식은 원촨 대지진에서 드러난 중국인의 사랑을 계승하지 못했다. 불행히도 중국인의 사랑을 전 세계에 보여줄 수 있을 것이라는 바람은 이루어지지 않게 되었다.

지식+ 〈쿵푸 팬더〉가 전 세계 관객들로부터 사랑을 받았다는 사실은 이제 중국을 향한 세계인의 시선이 더욱 뜨거워졌다는 것을 의미한다. 하지만 대다수 서양인에게 중국은 용의 문서처럼 여전히 신비스러운 존재다. 그래서 중국을 숭배하기도 하고, 호기심을 가지고 바라보기도 한다. 물론 아무런 까닭 없이 중국을 공격하기도 한다.

원촨 대지진을 겪은 후 질서정연하고 적극적인 중국 정부의 사고수습은 높은 평가를 받았다. 그뿐만 아니라 원촨 대지진 이후 중국인이 보여준 용기와 강인함, 우정, 낙관적인 태도와 뜨거운 사랑에 세계인이 감동했다. 신기한 점은, 중국의 국보 팬더가 지진이 일어난 한가운데서도 살아가고 있다는 점이다. 오늘날 팬더는 더 이상 단순한 의미의 국보가 아니다, 강인한 믿음, 낙관적인 태도, 그리고 순수한 사랑을 가진 중국인을 상징한다.

〈쿵푸 팬더〉에 등장하는 여린 복숭아나무처럼 중국인은 역경속에서 서서히 자라날 것이다. 무림에 절대 비급 따위는 없다. 비급은 바로 나 자신이다.

3부

중국의 미래,
역사에서 배워라

7장

중국판 '월 스트리트'를 세운
'진상'의 100년 전성기

중국 4대 상방의 활동 지역

진상
(晉商)

절상(浙商)

휘상
(徽商)

호상
(湖商)

영파방
(寧波帮)

조주방 (潮州帮)

월상(粤商)

광주방
(廣州帮)

독특한 상업 문화를 만들어 중국에서 가장 성공한 상방으로 불리는 이들.

그 주인공은 바로 '진상'이다.

그들은 어떻게 해서 성공이라는 기회를 잡을 수 있었을까? 막강한 자본력 때문일까?

그들은 어떻게 기적을 일구었을까? 성공비결은 무엇인가?

'진상'이 만든 전설

지식+ 뉴욕 맨해튼 지구 남부에는 세계적인 거리가 있다. 전체 길이가 500미터에 불과한 이 거리는 비좁고 항상 수많은 인파로 붐비지만 뉴욕 증권거래소, 연방준비은행을 위시한 다수의 금융기관이 둥지를 틀고 있다. 국제 금융시장의 '중추신경'이라고 불리는 이곳은 바로 월 스트리트다.

하지만 100년 전 그곳에서 지구 반대편에 있는 중국에도 당시 금융권을 지배한 '청나라판 월 스트리트'가 존재했다. 현지 상인들은 '표호'라는 독특한 방식으로 중국 금융사상 눈부신 성공을 거두며 '천하에 어음이 통용된다(匯通天下)'라는 위대한 이상을 실현했다. 1904년까지 산서(山西) 표호는 100여 개의 도시에서 이미 450개의 분호(分號)를 개설했는데, 당시 북경, 상해, 광주, 무한(武漢) 등 도시에서 성업 중이던 대규모 금융기구의 본사는 모두 산서 성 평요(平遙)와 태곡(太谷)의 평범한 거리에 자리 잡고 있었다. 별 볼 일 없어 보이는 기와집에서 산서 지역 상인은 100년 전통의 사업기반을 닦았다.

량치차오(梁啓超, 중국 청나라 말엽, 중화민국 초엽의 계몽사상가이자 문학가. 번역, 신문 및 잡지 발행, 정치학교의 개설 등 혁신운동을 이끌었다 _옮긴이)의 말을 들어보자.

"나는 해외에서 십여 년 있었기에 양인이 본국의 상업 능력을 비난하더라도 마땅히 할 이야기가 없었다. 허나 이 역사(산서의 진상)가 있어, 세계인의 앞에서 계속해서 성장할 수 있는 기반을 가진 산서 상인을 자랑스러워 할 수 있겠구나!"

중국 경제를 제대로 이해했던 위대한 경제학자 량치차오 외에도 비슷한 평가를 내놓은 사람이 있었는데 바로 영국인 그랜트 장군이다. 유럽 대륙을 누볐던 그는 중국에서 산서 상인을 보고 난 뒤 뛰어난 상술로 당시 유럽 금융계를 주름잡던 유대인보다 한 수 위라며 칭찬을 아끼지 않았다.

위와 같은 증언을 통해 과거 진상은 중국뿐만 아니라 해외에서도 호평을 받았다는 사실을 알 수 있는데, 이렇게 자랑스러운 진상을 세계에 제대로 알려야 한다고 생각한다. 진상의 역사를 함께 정리하면서 그 속에서 중국인의 정체성에 대한 소중한 깨달음을 얻기를 기대한다.

먼저 진상의 발달사를 간단히 정리해보겠다. 진상은 주로 지리(地利)를 기반으로 성공을 거뒀는데 천시(天時)와 인화(人和)까지 가세하면서 위대한 성공을 일군 위대한 상인으로 추앙받을 수 있었다.

진상의 위업은 독특한 지리환경을 통해 이뤄질 수 있었다. 예로부터 산서 지역은 전국의 유일한 염지

(鹽池, 바닷물을 끌어들이기 위해 염전에 만든 못 _옮긴이)로서 물자가 풍부하기로 유명하다. 하남(河南), 산동(山東) 등 곡물 생산량이 많은 지역과 근접해 있는 산서는 동부와 서부, 남부와 북부 교통로가 교차하는 중심에 자리한 까닭에 예로부터 소수민족과 함께 생활하는 경우는 많지 않았다. 이러한 지리적 우위 덕분에 명청시대 이전부터 산서 지역에서는 상당히 발전된 형태의 무역이 이루어졌다. 이러한 지정학적 경쟁력을 이용해 진상은 명나라 시대에 본격적으로 세력을 구축할 수 있는 물질적 기반을 마련하는 데 성공했다.

최초의 산서 상인은 어떻게 세력을 잡았을까? 명나라 개국 당시 북쪽 변방지역에는 약 90만 명의 주둔군이 있었는데, 이들은 아홉 곳의 군사 기지, 즉 아홉 곳의 군사 요충지에 흩어졌다. 북방의 흉노족, 즉 원나라 멸망 후 몽고족의 침입을 막기 위해서 명나라 조정에서는 구변(九邊, 중국 명나라 때 북방에 설치한 아홉 곳의 군사 요충지 _옮긴이)이라고 불리는 군사 요충지를 세웠는데 아홉 곳 중 네 곳이 바로 산서에 자리 잡았다. 이러한 지정학적 위치 덕분에 산서 사람은 아무런 걱정 없이 세력을 키울 수 있었다.

한편 구변에 주둔하고 있는 병사의 수가 90만 명이나 되다보니 이들 병사를 먹일 군량과 군마를 위한 건초를 마련하는 일이 명나라 조정에게는 병력 및 전략 유지를 위해 가장 중요한 일이었다. 이제 막 개국한 명나라는 고민 끝에 막대한 경제적 부담을 산동, 하남, 호남(湖南) 지역에 분담시켜 변방지역의 군량과 건초를 조달토록 했는데, 이러한 조치는 현지 주민들로부터 강한 불만을 샀다.

성난 민심을 달래고자 명나라 조정은 결국 '개중제(開中制)'라는 해결책을 제시했다. 개중제란 상인들이 구변에 군량과 건초를 조달하도록 독려하려고 명나라 조정에서 당시 염인(鹽引)이라고 불리던 염표(鹽票)를 상인에게 발급하던 제도를 가리킨다.

지식+ 중국 고대 왕조는 식염(食鹽)에 대한 전매제를 실시했기 때문에 식염 판매를 통한 수익은 오늘날 석유나 석탄 판매를 통한 수익에 비견될 정도로 엄청난 수익을 자랑했다. 명나라 조정은 변방 지역의 전략 유지를 위해 군량과 건초를 조달하도록 상인에게 염표를 제공하는 염인제를 실시했다. 다시 말해서 합법적으로 소금을 팔려면 상인은 반드시 먼저 정부로부터 '염인'을 받아야 했다. 염인은 사실상 식염 판매를 위한 일종의 '허가증'으로, 이 허가증만 있으면 거액의 이익을 확보할 수 있었다. 산서는 곡물 생산량이 많은 지역은 아니었지만 일찌감치 염인을 확보하는 데 성공한 산서 상인 덕분에 진상을 향한 성공적인 첫발을 내디딜 수 있었다.

염인을 확보한 후 상인들은 중국 연해 지역의 소금 생산지로 달려가 해염(海鹽), 산서의 암염(岩鹽) 같은 상품과 교환했는데, 당시 소금 제조기술이 대중적으로 알려지지 않았기 때문에 소금 판매를 통해 폭리를 취할 수 있었다. 즉 염인을 소금으로 교환한 뒤 이를 비싸게 되팔아 높은 폭리를 취한 것이다.

명나라 조정에서는 상인에게 소금을 취급할 수 있는 염인을 발급해주는 대신 변방으로 군량이나 건초를 조달하도록 유도하는 정책을 시행함으로써 오랑캐로부터 중원을 보호한다는 소기의 목적을 달성하는 데 성공했다.

당시 산서 상인은 이러한 사회적 환경속에서 자신에게 주어진 조건을 최대한 활용했다. 대량으로 쌓아둔 군량과 건초를 변방으로 조달하는 대신 정부로부터 발급받은 염인을 가지고 하동염(河東鹽), 장로염(長蘆鹽), 산동염(山東鹽)을 사들였다. 하동염은 산서에서 생산되는 소금이며, 장로염, 산동염은 근처의 빈해(濱海) 지역에서 생산되는 소금을 가리킨다. 이로써 진상은 당시의 휘상과 각각 동등한 세력권을 확보할 수 있었지만 100여 년에 가까운 오랜 시간을 거치며 부패라는 심각한 문제를 낳기도 했다.

현지 관리가 염인을 산서 상인에게 주지 않고 자신의 애첩이나 사촌동생 등 친인척에게 마구잡이로 염인을 발급하자, 군량이나 건초를 조달하지 않고도 손쉽게 염인을 확보할 수 있는 무리가 생겨나기 시작했다. 온갖 악조건을 뚫고 힘들게 모은 군량과 건초를 북방에 조달해도 염인을 얻지 못하는 상황이 점점 증가하자 산서 상인은 커다란 타격을 입을 수밖에 없었다.

결국 개중제는 제 기능을 상실했다. 설상가상으로 당시 재정 수입이 증가함에 따라 명나라 조정에서 아홉 개 군사 요충지에 보내는 향은(餉銀, 군량을 구입하기 위해 비축해 둔 은자 _옮긴이)의 양이 점점 늘어났고, 명나라 중엽에 이르러 정부에서는 은냥(銀兩)을 통한 염표 확보를 허가했다. 이것이 바로 '개중절색제(開中折色制)'다.

1492년 명나라 조정에서 북방 변경지역에 대한 군량조달 없이도 염표를 얻을 수 있다는 내용을 규정함에 따라 내륙지역에서도 염운사(鹽運司)를 통해 은냥을 주고 염표를 매입할 수 있었다. 다시 말해서 군량미 조달-염인 발급이라는 기존 조건을 폐지하고 돈(은냥)을 주고 염인이나 염표를 살 수 있도록 정부에서 허가한 것이다.

정부의 새로운 정책으로 산서 상인은 심각한 타격을 입었다. 염인을 확보하기 위해 사전에 미리 대량의 양식을 저장해두고 있었기 때문이다. 해당 제도가 시행되자마자 곡물이 팔리지 않으면서 산서 상인은 단체로 파산할 지경에 내몰리게 되었다. 당시 산서 상인은 소금을 팔아 기반을 잡았다고 해서 진상이 아니라 염상(鹽商)으로 불리고 있었다. 개중절색제의 실시로 기존에 산서 상인이 자랑하던 지리적 우위가 상실되면서 염표에 대한 산서 상인의 지배력도 사라졌다. 게다가 관리의 부패까지 더해지면서 산서 염상은 전에 없던 위기에 직면하고 말았다.

하지만 산서 상인, 이른바 염상에게 '위기(危機)'는 새로운 의미로 다가왔다. 위기란 무엇인가? 대개 위기를 '위태롭게 만드는 기회'라고 생각하지만 염상은 '위태로움(危)'이 있어야 비로소 '기회(機)'도 있다는 뜻으로 풀이했다. 위험이 있어야 그 위험을 이겨낸 후에 더 큰 성장을 할 기회가 존재하는 법이다.

산서 염상은 염표에 대한 지배력을 상실했다고 해서 무너지지 않았다. 명나라가 망하고 그 자리에 청나라가 들어섰기 때문이다. 청나라를 세운 만족(滿族, 만주족 _옮긴이)은 당시 북방의 이민족으로, 통혼 관계에 있는 몽고족과는 평소 친밀한 관계를 유지하고 있었다. 이러한 시대적 배경 덕분에 항상 불안하던 북방지역은 상대적으로 안정을 유지할 수 있었다. 당시 북방지역을 대표하는 특산물로는 무엇이 있었을까? 북방 지역에서는 주로 인삼, 담비 가죽, 영지버섯 등이 주로 생산되었고, 남방에서는 무쇠 솥, 소금, 찻잎 등이 주로 생산되었다. 남방과 북방의 무역 중심지에 자리한 지리적 우위에다 상대적으로 안정된 북방지역 덕분에 산서 상인은 '국제 무역'이라 불릴 수 있는 규모의 무역사업에 본격적으로 뛰어들었다.

화폐가 없는 당시 상황에서 산서 상인은 어떻게 거래를 했을까? 북방 몽고족에게 무쇠 솥은 거친 초원 생활 속에서 살아남기 위해 없어서는 안 될 필수도구였지만 그들에게는 무쇠 솥을 만들 만한 기술이 없었다. 이를 알아챈 산서 상인은 남쪽에서 공수한 무쇠 솥을 들고 몽고족을 찾아갔다.

추운 겨울을 무사히 보내려면 반드시 있어야 하는 무쇠 솥을 받은 몽고족은 그 대가로 담비 가죽을 넘겨주었다. 자, 먼저 커다란 무쇠 솥을 두고 담비 가죽을 솥 안에 담는다. 몸집이 작은 담비가죽이 솥을 가득 채울 때까지 계속 담는다. 이렇게 해서 담비 가죽으로 무쇠 솥을 가득 채우고 나면, 산서 상인은 솥을 내주고 담비 가죽을 챙긴다. 이것이 바로 물물교환이다. 양측은 유쾌한 분위기 속에서 기분 좋게 거래했다.

세계 최초로 '산업사슬 경영방식'을 선보이다

지식+ 진상이 중국에서 가장 성공한 상방이라고 불리게 된 데는 그들의 노력과 전략적 사고가 뒷받침되었기 때문이다. 청나라 시대, 산서 상인은 중국 북방지역의 무역과 자금줄을 독점했지만 이들은 국내 시장에만 만족하지 않고 광활한 국제 시장으로 눈을 돌렸다. 아시아 전 지역뿐만 아니라, 유럽 시장을 과감하게 개척하기 시작한 것이다.

모스크바, 상트페테르부르크(Saint Petersburg), 조선과 일본 등 십여 개국과 지역에 산서 상인이 연 상호(商號)나 분호가 있었다. 유자(楡次, 중국 산서성 진중 지역 _옮긴이)의 상가(常家)는 모시를 수출하고, 조선에서 인삼을 수입했는데 이들이 이른바 '인삼재주(人蔘財主)'다. 개휴(介休. 중국 산서성 개휴현)의 범가(范家, 범씨 일가)는 일본산 생동(生銅, 캐낸 채로 아직 불리지 않은 구리 _옮긴이) 수입과 잡화 수출을 독점하다시피 했다. 이를 두고 누군가는 '무릇 참새가 있는 곳이면 산서 상인이 있다'고 표현하기도 했다.

당시 산서 상인의 행보는 결코 여기서 멈추지 않았다. 이처럼 다양한 분야, 더 큰 시장을 용감하게 개척하는 산서 상인을 이때부터 진상으로 부르기 시작한 것으로 추측된다.

여기서 가장 높이 평가해야 할 점은 당시 진상이 세계 최초로 '산업 사슬 경영방식(Industry Chain, 産業鏈經營, 가치 사슬, 기업 사슬, 공급 사슬과 공간 사슬이라는 네 가지 개념의 통합을 아우르는 경제용어로, 기술 경제적 관련성을 기반으로 각 산업이 특정 논리 구조와 시공간적 관계에 따라 사슬처럼 연결된 형태를 가리킨다. 산업 사슬의 본질은 내재적 관계에 기반을 둔 특정 기업군의 구조를 설명한다_옮긴이)'을 선보였다는 것이다. 이 점에 흥미가 있는 독자라면 또 다른 내 책『산업 사슬 음모 : 총성 없는 전쟁 1, 2』를 한번 읽어보는 것도 좋을 것이다.

결론적으로 이야기해서 대청(大淸) 초기 세계 최초로 산업 사슬형 전반을 장악하는 경영방식을 선보인 주인공이 산서 상인이라는 점이다. 이런 이유로 당시 산서 상인을 진상으로 불러야 한다고 생각한다. 그전까지 이들은 그저 단순히 소금을 파는 소상인이었지만 산업 사슬형 경영방식을 본격적으로 선보이면서 진상이라고 불릴 만한 성과를 올리기 시작했다. 오늘날 중국이 세계의 공장이라고 자처하고 있지만 이 시절 진상에 비하면 명함도 내밀 수 없다.

예를 들어 현재 중국 공장에서 생산된 바비 인형의 공장 출고가는 얼마일까? 1달러다. 미국 월마트에서 판매되는 소비자가격은 10달러에 가까운 9.99달러다. 그렇다면 10달러에서 제조가 1달러를 제외한 나머지 9달러는 어떻게 발생하는가? 제조 이외의 나머지 대형 물류, 예를 들어 수송, 포장, 물류, 창고, 도매, 소매 등을 포함한 대규모 유통 과정에서 9달러나 되는 비용이 발생한다.

현재 중국 기업가보다 한발 앞섰던 진상은 성공한 상인이 되기 위해서는 제조업 한 곳에만 집중하지 않고 전체 산업 사슬을 장악해야 한다는 사실을 일찌감치 깨달았다. 이러한 사고방식은 당시로서는 상당히 보기 드물게 앞선 것이다.

그렇다면 당시 나머지 상인의 사업방식은 어떠했을까? 호남에서 수레에 한가득 실어온 물건을 북쪽에 내다 파는 것이 당시 사업의 전부였다. 하지만 진상은 남쪽에서 사들인 찻잎을 제조, 포장, 가공, 수송, 도매, 마지막 소매를 거쳐 시장에 유통시키는 산업망 전체를 장악했다. 세계 최초의 산업망 통합을 이뤄낸 산서 상인의 위업은 실로 대단하다 할 것이다.

바비 인형을 예로 들자면 산서 상인이 벌어들인 수익은 단순히 찻잎을 내다 팔아 번 1달러가 아니라, 산업 전반에 걸쳐 벌어들이는 1+9달러다. 산업 전반을 장악한 진상은 여기서 발생하는 10달러라는 수익을 고스란히 챙겨 부를 쌓을 수 있었는데, 이것이야말로 진정한 의미의 부(富)라 할 것이다.

세계의 공장이라고 자처하는 중국에서의 삶이 이리도 고달픈 반면에, 중국에서 만든 물건을 흥청망청 써대는 미국은 어떻게 해서 풍요로운 삶을 향유할 수 있는 것일까?

중국이 어렵사리 1달러짜리 바비 인형을 만드는 반면에, 미국은 물류라는 시스템을 통해 제조가의 9배에 달하는 가치를 창출해내기 때문이다. 그래서 중국이 제조업에 집중할수록 미국은 부유해진다. 이것이 바로 미국이 말하는 국제 분업이다.

그런데 산서 상인은 지금의 중국인과 달리 찻잎 생산을 통해 얻은 1달러 외에도 추가적인 유통사업 부문에서 9달러를 벌어들였다. 복건(福

建), 호남, 혹은 광동에서 찻잎을 생산하면 할수록, 이를 상품으로 제조하면 할수록, 산서 상인의 지갑은 두둑해졌다. 오늘날 미국인이 누리는 부유함은 당시 산서 상인이 영위한 부의 본질과 원천적으로 동일하다. 바로 산업 전반에서 가장 큰 가치를 지닌 물류 영역을 장악했기 때문이다. 이른바 6대 물류 영역이란 상품 디자인, 원자재 조달, 창고 수송, 주문서 처리, 도매 및 최종 소매를 가리킨다. 이러한 구조는 수백 년 전이나 지금이나 모두 동일하다.

전체 산업망을 누가 장악했는지 보라. 오늘날 중국의 제조업은 쇠퇴하고 있다. 이러한 현상을 유발한 근본적인 원인은 미국이 전체 산업망을 지배하고 있기 때문이다. 중국이 1을 손에 쥐고 있다면, 미국은 6을 차지하고 있다. 이른바 '6+1'이란 전체 산업망을 가리키는 것으로, 1이 제조업이라면 6은 앞서 설명한 물류의 6대 영역이다. 이러한 요소가 뒷받침되었기에 오늘날 미국인은 풍요로운 삶을 누리고 있다. 이 같은 사실을 일찌감치 깨달은 진상을 높이 평가할 수밖에 없는 이유가 바로 여기에 있다.

하지만 양이 있으면 음도 있는 법이었다. 잘나갈 것만 같던 진상에게도 시련은 찾아왔다. 진상에게 성공의 기반을 안겨주었던 대청 왕조때문이었다. 1858년 '천진(天津)조약'과 1860년의 '북경조약', 그리고 1862년의 '중국-러시아 육로 통상 장정'을 시작으로 모든 것이 바뀌기 시작했다.

위의 세 조약은 무엇을 의미할까? 중국 남부에서 찻잎을 사들여 천진으로 직접 운송할 수 있도록 청나라 조정에서 러시아 상인들에게 통상 허가증을 발급한 것이다. 게다가 면세 조항까지 부여했다.

이러한 내용이 체결되자 러시아인은 천진에서 배를 타고 직접 러시아로 오갈 수 있었을 뿐만 아니라 면세 혜택까지 누렸다. 상황이 이렇게 돌아가자 낭시 산서 상인은 가만히 있지 않았다. 자희태후에게 사신들에게도 동일한 특권을 부여해줄 것을 요구했다. 정말 똑똑하지 않은가? 바닷길을 이용한다면 산업망을 전반적으로 더욱 효과적으로 운용할 수 있음이 분명했다. 처리 속도도 더 빨라지고, 실어 나를 수 있는 물량도 대폭 증가할 것이 확실했다.

당시 산서 상인 중에서도 가장 큰 규모를 자랑하던 것은 대성괴(大盛魁)였다. 대성괴는 청나라 산서 지역의 세 개 소상인이 세운 대몽골 무역 위주의 최대 상호로, 전성기 시절 6천~7천 명에 이르는 직원을 거느렸을 뿐만 아니라 오늘날의 몽골, 중국의 네이멍구(內蒙古), 신장과 러시아 시베리아, 모스크바 등에서 활동했다. 그 외에도 이들은 50냥(兩)짜리 은원보(銀元寶)로 울란바토르-베이징 간 도로를 깔 만큼 천문학적인 자산을 보유한 것으로 알려져 있다.

대성괴는 1천 600마리나 되는 낙타를 보유하고 있었는데 낙타 한 마리가 250킬로그램을 들 수 있다고 가정했을 때 최대 400톤의 화물을 실어 나를 수 있는 수송 능력을 보유했을 것이라고 추측할 수 있다. 상당한 수송능력을 보유했다고는 하지만 그래도 거대한 상선 한 척보다 나을 리 만무했다.

우선 1천 600마리나 되는 낙타를 기르기 위해서 오랜 시간 동안 공을 들여 먹이를 주고 돌봐주어야 한다. 이러한 점까지 계산한 치밀한 산서 상인은 자신들도 수익을 챙길 수 있도록 자희태후에게 바닷길을 열어 달라고 요구한 것이다.

자희태후의 입에서 어떤 말이 떨어졌을까? 안타깝게도 자희태후는 경제학을 배운 적도 없었던 터라 '6+1'이라는 경제적 효과를 미처 깨닫지 못했다. 자신을 귀찮게 구는 것이 싫었던 자희태후는 이들의 요청을 물리쳤다. 자희태후로부터 허가를 받지 못한 산서 상인은 순식간에 쇠락하기 시작했다.

지식+ 1873년 호북(湖北)의 찻잎을 수로를 통해 천진으로 가져온 뒤 다시 육로를 통해 러시아로 판매하던 러시아 상인처럼 운임비를 아끼기 위해서 진상은 청나라 조정에 해운 개방을 요구했지만, 청나라 조정의 쓸데없는 간섭으로 진상은 육로를 이용할 수밖에 없었다. 시대의 흐름을 거스르는 청나라 통치자의 실수로 진상의 행동반경이 크게 위축되면서 러시아 상인과의 찻잎 전쟁에서 진상은 불리한 입지에 처하게 되었다.

1875년에 이르러 러시아 상인이 장악한 찻잎 물량이 산서 상인의 5배를 넘어서면서 산서 상인은 또다시 몰락의 길을 걷게 되었다. 당시 120여 개에 이르던 산서의 상호는 순식간에 네 곳으로 줄어들었고 설상가상 또 다른 문제가 그들의 발목을 잡았다. 해운 개방권을 얻는 데 실패한 것도 모자라 그들의 발이 되어주던 낙타가 진상에게 심각한 위기를 가져다준 것이다.

대성쾨에게 1천 600마리나 되는 낙타는 육로 판매를 위해 없어서는 안 될 중요한 운송 수단이다. 멀고 먼 육상 수송 과정에서 제대로 수분을 공급받지 못할 경우 낙타가 죽을 수도 있다는 가능성이 있었는데, 이러한 우려가 끝내 현실화되고 만 것이다.

하남과 산서 지역에 심각한 가뭄이 찾아오면서 낙타 대부분이 제대로 물이나 먹이를 먹지 못해 죽고 말았다. 게다가 러시아 상인이 만든 찻잎은 기계를 통한 제조된 상품이 대부분이었지만 산서 상인은 자동화된 제조방식을 도입하지 않았다.

예를 들어 전차(磚茶, 홍차나 녹차 잎사귀에 소의 피, 양의 피 따위를 섞어서 반죽한 널찍한 형태의 차 _옮긴이)를 살펴보자. 러시아 상인들은 한구(漢口), 구강(九江), 복건 등지에 전차 제조공장을 세웠는데, 여기서 만들어진 전차는 홍차 가루를 원료로 사용하고 있었다.

최신식 기계로 만들어진 전차는 저렴한 비용, 양질, 그리고 대규모 생산이라는 장점을 앞세워 중국 산서 상인이 몽고 지역에서 판매하던 제품(녹차나 가는 차줄기로 만든 제품)보다 월등히 앞서 있었다. 게다가 진상은 사람 손을 통한 작업 방식을 선호하다보니 자동화된 기계를 통해 생산되는 러시아 상품과 물량이나 가격, 작업 속도 면에서 경쟁 자체가 불가능했다.

정말 안타까운 점이 아닐 수 없다. 진상은 현대문물을 거절하고 기계화라는 새로운 경영이념을 받아들이지 못했다. 현대적이고, 자동화되었으며 규격을 강조하는 현대적인 경영 방식을 받아들이지 않았기 때문에 실패한 것이다. 낙타가 굶어 죽는 바람에 운임비가 상당히 부담스러운 상황에서, 자동화 생산시스템을 갖춘 러시아 상인에게 산서 상인의 수공 생산방식은 경쟁상대조차 될 수 없었다. 게다가 당시에도 러시아의 상술은 악독하기 그지없었다. 베(布)를 예로 들어보면, 아홉 냥짜리 베 한 필에 러시아에서는 33냥에 달하는 세금을 부과했다. 원가보다 비싼 세금이라고 반박해봤자 아무런 소용도 없었다. 국가로부터 보호를 받지 못한 산서 상인의 처지만 불쌍할 뿐이다.

지금까지의 이야기에서 얻을 수 있는 결론은 산업 사슬의 통합이 가진 위력이다. 빠져나갈 길이라곤 전혀 보이지 않는 위기의 순간에, 산서 상인은 새로운 탈출구를 찾아내는 데 성공했다. 1823년에 산서 지역에서 전 세계에서 독보적인 표호가 출현했다. 이 표호의 이름은 바로 일승창(日升昌)으로, 뇌이태(雷履泰)라는 장거(掌柜, 계산대를 차지하고 있는 주인_옮긴이)에 의해 탄생했다.

현대 은행의 시조, 그들의 등장과 번영

1875년 찻잎 산업이 붕괴하기 약 50년 전인 1823년에 일승창은 처음 문을 열었다. 다시 말해서 그때 산서 상인은 이미 다원화 경영에 착수한 셈이었다.

여기서 특히 주목해야 할 점은 위의 다원화는 일반적인 의미의 다원화가 아니라, '6+1'이라는 산업 사슬의 통합에, 산업과 융자가 추가로 결합된 종합적인 금융시스템이 성립되었다는 사실이다. 일승창이 중국 전체, 나아가 전 세계에서 가장 큰 영향력을 자랑하는 금융 그룹이라고 확신하지만 불행히도 당시 청나라 정부의 무능함으로 모든 것은 물거품으로 변하고 말았다.

지식⁺ 일승창의 전신은 이씨(李氏)가 경영하던 서유성(西裕成)이라는 염료가게로, 뇌이태 등의 꼼꼼한 계획 하에 주식제를 채택한 표호로 전환하기로 했다. 1823년 일승창은 세간의 주목을 받으며 본격적인 사업을 시작했다. 쉽게 말해서 일승창은 초기 형태의 은행이다.

표호가 등장하기 전에 상인들의 외부 조달과 무역에서 사용되는 주요 지불수단은 모두 현은(現銀)이었다. 외지에서 번 돈을 고향에 부치는 일 역시 전문적인 표국(局, 표행이라고 불렸던 일종의 운송사업으로 '다른 사람의 돈과 재물을 받아서 그들이 재난을 당하지 않도록 보호하는 직업'으로 알려져 있다. 개인의 재물을 맡아서 보관, 운송하는 일 외에도 상점, 은행 등을 보호하기도 했다 _옮긴이)을 통해 현은을 송금하는 형태로 이루어졌는데, 송금 비용이 비쌀 뿐만 아니라 시간도 오래 걸리고 잘못 처리되는 경우도 많아 종종 착오가 발생하기도 했다.

이로 인해 외부에서 사업하는 산서 상인에게는 새로운 해결책이 필요했는데, 이때 중국 역사상 최초의 표호인 일승창이 등장한 것이다. 일승창은 중국 역사에서 중요한 의미를 지닌 표호업(票號

業)을 열며, '현대 은행의 시조'라고 불리게 되었다. 표호의 번영은 진상의 업적을 더욱 빛내는 데 한몫했다.

1823년에 등장한 표호가 전성기를 구가하던 시절 세계적으로 약 124곳이나 되는 곳에 670여 개의 분호를 경영하고 있었다. 당시 산서의 평요, 기현(祁縣)과 태곡 이 세 곳은 중국판 월 스트리트로와 같았다. 중국의 역사에도 월 스트리트가, 그것도 호황을 누린 월 스트리트가 존재했다는 사실을 증명하고 있다.

그렇다면 중국의 월 스트리트에 세워진 금융기구, 다시 말해서 표호는 얼마나 되었을까? 그리고 그 자본력은 어느 정도였을까?

30개 표호가 보유한 자본 백은(白銀) 1억 5천만 냥은 당시 청나라 정부가 해외에 지급해야 할 배상금(백은 16억 냥)의 10퍼센트에 해당하는 금액이었다. 1906년에 이르러 오늘날의 재정부와 같은 당시 호부(戶部)가 보유한 은냥 중 삼분의 일을 산서 상인이 관리했다.

전성기 시절, 산서의 몇몇 현성(縣城) 내에 거주하는 일부 부호의 가산만 더하더라도 백은 1억 냥은 족히 되고도 남았는데 이는 당시 청나라 국고에 있던 돈보다 많은 금액이다. 높은 시청률을 기록한 TV 드라마 〈교가대원(喬家大院)〉은 극 중 실제 배경이 되는 교가대원에서 촬영된 대하드라마로, 당시 진상의 위대한 업적을 자세히 담아내고 있다.

몇 대에 걸쳐 수리된 교가대원 안에는 여섯 개의 큰 뜰(大院),

열아홉 개의 작은 뜰(小院)이 있는데, 전체 면적만 8천 700제곱미터로 무려 313칸의 방이 있다. 웅장한 고택(古宅)은 진상의 부유함을 가장 잘 대변하는 상징물이라 하겠다. 산서의 여타 진상에 비해 교가대원의 재산이 가장 많은 것은 아니었지만 인지도 면에서는 여러 진상 중에서 단연코 최고라 하겠다.

교가대원이 오래도록 명성을 누릴 수 있었던 이유는 무엇일까? 그리고 당주 교치용(喬致庸)이 백성으로부터 존경과 사랑을 받을 수 있었던 까닭은 또 무엇일까? 그밖에 진상은 어떻게 해서 100년이나 되는 전성기를 구가할 수 있었던 것일까? 표호라는 관리경영 시스템에서 우리가 배울 만한 교훈으로는 무엇이 있을까? 그들의 성공은 현대인에게 어떤 메시지를 던져주는가?

무한책임제와 관리경영

100년이라는 긴 세월을 지배한 상방이라고 불리는 진상은 명나라 시절 천혜의 지리적 우위를 이용해 정부의 군수품, 군량미 조달 사업을 통해 '염인'을 손에 쥐며 본격적인 사업에 필요한 자금을 마련하는 데 성공했다. 이러한 인지도와 재력을 바탕으로 그들은 거대한 사업기반을 독점하기 시작했다. 명나라-청나라 정권 교체 기간에 공들여 세운 정계와의 관계 구축을 통해 진상은 청나라 정부로부터 특별대우를 받으며 성공의 발판을 다지기 시작했다. 1823년 일승창의 탄생으로, 산서 표호는 청나라의 금융업 장악이라는 획기적인 성과를 이끌어내더니 끝내 청나라 조정의 '돈줄'을 움켜쥐고 천하를 돈으로 다스린다는 '천하제일 상방'으로 우뚝 설 수 있었다.

표호라는 단계에서 산서 지역 사람은 전 세계 유일무이한 새로운 형태의 주식 시스템을 선보였다. 지금 보더라도 시대를 미리 내다볼 줄 알았던 진상의 예지력이 돋보이는 그 시스템에 대해 알아보자.

결론적으로 진상이 세운 주식 시스템은 '무한책임'이 동반되는 주식 시스템이라고 볼 수 있다. 오늘날 증시에 상장되는 상장사는 대부분 '유한책임회사(Limited Liability Company, 회사의 주주들이 채권자에 대하여 자기의 투자액의 한도 내에서 법적인 책임을 부담하는 회사 _옮긴이)다.

그렇다면 무한책임회사란 무엇인가? 표호를 연 산서 상인들은 문제가 닥쳤을 때 책임을 회피하지 않고 제 돈을 털어서라도 문제를 해결했는데, 이것이 바로 무한책임회사의 특징이다.

반면에 유한책임회사는 단순한 구조로, 상장사의 실적이 좋지 않으면 회사 문을 닫아걸어 자산을 보호할 수 있다. 유한책임회사는 대다수 국가에서 채택하는 시스템으로, 중국의 상장사가 개인 주식투자자를 위기에 빠뜨리는 가장 효과적인 방법이기도 하다.

실제로 많은 업체가 회사 자금을 전부 털어 제 주머니를 채운 다음 아무 일도 없는 듯 태연하게 굴다가 갑자기 회사 문을 닫고 소리 소문

없이 사라진다. 쉽게 말해서 유한책임회사는 업체만 채무를 청산할 수 있기 때문에 업체의 자금줄이 끊길 경우 채무이행을 나 몰라라 할 수 있는 맹점을 가지고 있다. 이런 이유에서 유한책임회사는 태생적으로 문제를 가지고 있고, 손쉽게 투자사를 곤경에 빠뜨릴 수 있는 시스템으로 악용될 수도 있다.

그러한 점에서 투자자에게 무한한 책임을 지고 있는 무한책임회사 시스템을 채택하기로 한 산서 상인의 용기는 지금도 많은 사람으로부터 호평을 받을 만큼 대단한 것이라 하겠다. 자신의 고객에게 끝까지 책임을 지겠다는 막중한 책임감을 보여주고 있기 때문이다.

지식⁺ 1900년 8개국 연합군이 북경성(北京城)을 점령하자, 북경성 내 고관대작과 귀족들이 자희태후를 따라 꽁지 빠지게 도망쳤다. 이번 전란에서 산서 상인들도 표호에 대한 습격, 장부 소각이라는 심각한 피해를 입었다. 장부가 소실, 소각되는 바람에 거액을 입금했다는 것을 증명할 자료를 잃어버린 투자자의 혼란과 피해가 예상되었지만 일승창을 위시한 산서 표호는 예금주가 예금증서를 제시하기만 하면 금액을 일일이 따지지 않고 즉각 은냥으로 교환해주었다. 산서 표호의 이 같은 용기 있는 행동은 예금주로부터 전폭적인 지지와 신뢰를 받으며 훗날 더 많은 사업기회를 제공했다.

오랫동안 기업의 책임을 누누이 강조한 내 평소 주장을 독자 여러

분도 익히 알고 있으리라 생각한다. 중국 상인들 중에서 기업의 책임이 무엇인지를 선보인 최초의 주인공이 바로 산서 상인이라고 생각한다. 게다가 산서 상인은 상당히 흥미로운 경영노선을 선택했다. 그들이 세운 표호가 중국 최초로 경영권과 소유권을 분리한 기업 형태를 띠고 있기 때문이다.

동가(東家, 일종의 주주_역자)가 장거를 찾아와 도움을 청하면, 장거는 책임을 지고 동가의 사업을 돕는다. 사업에 성공해서 수익을 올리든 혹은 사업에 실패해 배상을 해주어야 하든 모든 책임은 동가가 지고, 장거에게는 별도의 배상의무가 없다. 하지만 산서 표호는 의뢰받은 일에 대해서는 끝까지 책임을 져야 한다고 강조했다. 누구에 대한 책임인가? 바로 도움을 청한 동가에 대한 책임이다.

그렇다면 동가는 무엇을 강조해야 하는가? 자신이 보유한 고객에 대한 책임이다. 결론적으로 이 단계에서의 산서 상인은 앞서 이야기한 산업 사슬의 통합이라는 성과에 이어 무한책임이라는 새로운 개념을 또다시 선보였다. 다시 말해서 동가는 무한책임제를 통해 자신의 돈으로 고객에게 보호 혹은 배상의 책임을 지고, 배상의 책임이 전혀 없는 장거가 자신에게 주어진 책임을 인정하고 적극적으로 동가의 사업을 돕는다. 이 얼마나 아름다운 장면이란 말인가!

물론 당시 동가가 표호를 고를 때는 무작위로 선발한 것이 아니라 나름의 분명한 기준과 원칙에 따라 꼼꼼하게 따졌다. 솔직히 말해서 모든 사람에게서 양심을 기대할 수는 없는 법이다. 눈앞의 이익에 정신이 팔려 양심을 저버리는 경우가 허다하기 때문이다. 그래서 당시 산서 상인은 책임감이 투철한 장거를 찾기 위한 방법을 고민하기 시작했는데, 그 방법은 크게 두 가지로 내가 오랫동안 강조한 관리경영이라는 개념까지 아우르고 있다는 점에서 상당히 흥미롭다.

첫 번째 방법은 '법제화'다. 먼저 장거는 반드시 산서 사람이어야 한다. 팔도 안으로 굽는다고 하지 않던가? 또한 추천된 후보자는 담보로 삼을 만한 경제적 가치가 있는 상가(商家)를 보유하고 있어야 한다.

상가 중에서도 표호와 관련되어 있으며 사업 거래 실적이 있는 상가를 가장 선호한다. 담보로 삼을 수 있을 뿐만 아니라, 연대책임까지 지고 있는 상가를 보유하고 있는 장거라면 법제화를 실현할 수 있는 기반을 갖춘 셈이다. 상가의 소유주는 자신뿐만 아니라 표호에게도 피해를 주지 않도록 엄격한 관리 감독과 꼼꼼한 옥석 가르기를 통해 직원들이 책임감을 가지고 일할 수 있는 환경을 제공해주어야 한다. 이것이 바로 장거의 기원이다.

상가 담보라는 방법은 법제화된 경영이념의 탄생을 의미하는 것으로, 아쉽게도 계속해서 이어지지 못했다. 이 점을 봤을 때 지금의 중국인보다 고대 중국인이 훨씬 슬기로웠다고 하겠다.

두 번째 방법은 '3년 도제 시스템'이다. 주판알을 튕기거나 회계, 출납업무 외에 표호에게 가장 중요한 교육은 바로 인성교육이다. 표호의 대장거는 두말할 것도 없고 표호의 일반 구성원이 되기란 결코 녹록한 일이 아니었다. 저녁에 손님이 없으면 가게 문을 닫고 술을 마시거나 노래방이나 나이트클럽에서 열심히 노는 오늘날의 상인과는 전혀 차원이 다르기 때문이다.

진상 중에서도 상당한 인지도를 자랑하는 일승창의 대장거 뇌이태는 어린 시절부터 상방 내에서 일을 배우기 시작했다. 어린 시절, 점포에 들어와 장사를 배우는 어린 사내아이를 '상공(相公)'이라고 불렀는데, 상공에서 사부(師傅)가 되려면 적어도 3년이라는 고된 시간을 견뎌야 했다.

뼈를 에일 듯한 추운 겨울이든 가만히 앉아만 있어도 땀이 줄줄 흐르는 무더운 여름날이든 매일 날이 밝기 전에 자리에서 일어나 점포 안을 정리한 뒤 물을 끓이고 식사를 준비한다. 장거가 식사하는 동안 옆에서 공손히 시중을 드는 일은 물론 요강을 비우는 일까지 그야말로 장거의 손발이 되어 밤낮 가릴 것 없이 일해야 했다. 하루 장사가 끝나면 부지런히 주변을 정리하고 가게 문을 단속해야 했다. 여러 사부의 물건을 깨끗하게 정리하고 잠자리를 보살핀 뒤에 주산을 공부하거나 붓글씨, 장부기입 등을 새벽까지 연습한 뒤에야 간신히 잠자리에 들 수 있었다. 많은 상공이 오랜 시련 속에서 장거가 되겠다는 꿈을 간직한 채 한 발 한 발 나아갔다.

산서 표호에 들어가 수련생이 되고, 다시 장거가 되려면 상당히 절제된 삶을 살아야 했다. 혈기 넘치는 남자들에게 이는 상당히 고통스러운 일이었다.

첫째, 금주.

둘째, 금연.

셋째, 기생질 금지.

넷째, 다른 표호의 장거 겸임 금지.

힘든 생활을 통해 도대체 무엇을 기르려고 했던 것일까? 책임, 책임, 책임이다. 이들에게 안락하고 풍요로운 삶은 허락되지 않는다. 장거는 막중한 책임을 져야 하는 주인이자, 전문 경영인이기 때문이다. 표호를 이끄는 장거는 주변 사람들의 모범이 되어야 할 뿐만 아니라 반드시 양심에 따라 자신의 모든 능력을 동원해 의뢰인에게 수익을 안겨 주어야 할 책임을 지고 있다.

이러한 진상의 행동은 현재 미국에서 활동 중인 전문 경영인과 어떤 차이가 있을까? 미국에 세워진 수많은 상장사에서 전문 경영인이 열심히 일하는 까닭은 무엇인가?

그들에게는 회사 실적을 향상시켜야 한다는 책임이 있다. 주주를 위해, 그리고 기업 소유자를 위해 돈을 버는 일은 그들에게는 지극히 당연한 의무다. 전심전력으로 '장거'의 역할을 하는 일 외에 그들이 할 수 있는 것은 아무것도 없다. 그러니 그들이 회사를 위해 최선을 다해 일하는 것은 전혀 이상할 것이 못 된다. 바로 이러한 구조 속에서 진정한 의미의 조화로운 사회가 생길 수 있다. 여기에서 말하는 조화로운 사회란 맡은 바 책임을 성실하게 수행하는 행동을 당연한 것으로 여기는 사회를 가리킨다.

평소 일승창을 자주 이용하던 동가가 뇌이태에게 무릎을 꿇은 이야기를 알고 있는가? 당시 병을 앓고 있던 뇌이태는 자신이 맡은 바 책임을 다하기 위해 집으로 돌아가 휴양하지 않고 여전히 표호에 머물며 일을 보고 있었다. 그 틈을 노려 권력을 잡으려던 두 번째 장거(二掌柜)는 동가 앞에서 일부러 뇌이태에 관해 좋지 않은 이야기를 늘어놓았다.

"정말 신경 쓰이네요. 병세가 심각한데도 매일 표호에 들어앉아 이거 하라 저거 하라 사사건건 간섭하니…… 이거야 원! 차라리 집으로 돌아가서 몸이나 추수리라고 하는 편이 낫겠네요!"

이런 음모를 알지 못했던 동가는 그를 걱정하는 마음에 건강이 좋지 않으면 좀 쉬는 편이 어떻겠냐고 권하자 뇌이태는 고개를 끄덕였다. "알겠소. 내 돌아가지."

그 다음 날 일승창을 다시 찾은 그는 붓을 들고 무언가를 적고 있는 뇌이태를 발견했다.

"장거, 지금 글을 쓰는 게요?"

"음, 그렇소이다."

"무슨 글을 쓰고 있소이까? 붓글씨를 쓰시오, 아니면 내자에게 줄 서신을 쓰고 있소이까?"

"붓글씨도, 서신도 아니오. 일승창은 댁의 것이지만 전국에 세운 분호는 모두 내가 세운 것이오. 나더러 집으로 돌아가 쉬라고 하지 않았소이까? 그래서 이참에 모든 분호의 문을 닫고 자금을 모아 동가에게 돌려주려고 한다오."

뇌이태의 말이 무엇을 의미하는지 이해했는가? 그가 세운 수십여 개의 분호를 모두 철수시키고 거기서 나온 돈을 제 주머니에 채워 넣는 것이 아니라, 동가에게 돌려준다고 했다. 그 말에 동가는 무릎을 꿇고 사정하기 시작했다.

"뇌 장거, 뇌 장거, 그러지 마시오. 분호를 그대로 두시구려. 계속 그

대로 놔두시구려. 분호를 철수시키지 마시오. 그리해서는 안 되오!" 그러
자 뇌이태는 짐짓 빼는 척을 했다. "나도 이제는 한물갔소이다. 나이가
드니 몸도 예전 같지 않고……."

결국 동가는 뇌이태의 마음을 돌리기 위해 매일 연회를 열었고 백
은 50냥도 챙겨주었다. 하루도 빠지지 않고 성의를 보이자 결국 뇌이태
도 동가의 사과를 받아들였다.

"좋소이다. 내 그대를 용서하겠소!"

이 말에서 표호를 책임지고 있는 장거를 동거가 얼마나 깍듯하게
대했는지 쉽게 알 수 있다. 책임은 어느 한 쪽만의 것이 아니라, 양쪽이
함께 감당해야 할 몫이다. 교가(喬家)와 거가(渠家)는 같은 곳에 둥지를 틀
고 있었는데, 그곳이 바로 산서 기현지방이다.

드라마 〈교가대원〉을 통해 교가가 거액의 자산을 보유하고 있음을
알 수 있는데, 실제로는 거가가 교가보다 다섯 배나 많은 자산을 거느
리고 있었다고 한다. 얼마나 큰 부자였는지 기현에는 거가대가(渠家大街)
라고 불리는 거리마저 생겨났다. 거가만한 자산도 거느리지 못한 교가
대원이 어떻게 해서 오늘날 드라마로 재현될 만큼 유명세를 탈 수 있
었을까?

교가대원은 당시 전형적인 진상의 대표 주자였다. 그들은 현대적인
공업 혹은 상업 지식도 배우지 못했고, 현대적인 공장이나 현대적인 은
행도 세우지 못했다. 하지만 이들은 현지 백성에게 막중한 책임감을 가
지고 있었다. 그저 단순히 고객에게 잘 보이기 위해 무한책임제를 도입
한 것이 아니었다.

교가대원이 지금까지 명맥을 유지하고, 중국 정부가 해당 드라마의 방영을 지속적으로 격려하고 있는 까닭은 무엇일까? 교가대원에 등장하는 인물들이라면 진정한 의미의 조화로운 사회를 세울 수 있기 때문이다. 당시 기현에 살던 백성은 교가대원 덕분에 배곯을 일 없이 마음 편히 살 수 있었다고 한다. 풍년이 들면 교가는 기현 백성에게 쌀이나 고기를 나눠주었고, 가뭄이 들면 주민 구제에 나선 교가로부터 도움을 받을 수 있었다. 이 같은 행동은 여타의 상방이나 표호에서는 상상도 할 수 없는 위대한 용기다.

진상 표호 몰락의 원인

지식＋ 드라마 〈교가대원〉은 산서 기현에 있었던 실제 이야기를 재구성한 작품이다. 산서 성 중부에 있는 기현은 때때로 가뭄이나 심한 홍수에 시달렸는데, 동치(同治) 7년(1868년)에 큰 가뭄이 들자 많은 주민이 생명의 위협을 받게 되었다. 교가대원의 당주인 교치용은 마을 입구에 커다란 솥을 내걸고 죽을 끓여서 백성에게 나눠주었다. 비록 희멀건 죽이었지만 배고픔에 지쳐 쓰러져가던 현지 백성에게 이는 쩍쩍 갈라진 논바닥을 적시는 한 줄기 '단비'나 다름없었다.

이런 이유에서 사회가 심각한 혼란에 빠졌을 때조차 백성은 교가에게 돈을 내놓으라고 윽박지르거나 그들의 재물을 훔쳐서는 안 된다며 자제할 것을 호소했다. 그 까닭은 무엇인가?

교가로부터 은혜를 입었기 때문이다. 어려운 상황에서도 끝까지 흔들리지 않고 교가를 믿고 따르는 그들의 행동은 자신에게 은혜를 베풀고 무한책임제를 지고 있던 교가에 대한 소소한 답례였다. 이 얼마나 아름다운 사회란 말인가!

청나라 말엽에 있었던 현상이 해방전쟁(중국에서는 국공내전을 해방전쟁이라고 부르기도 하는데, 1946~1949년에 해당하는 시기다 _옮긴이) 후에도 계속 이어졌다. 이러한 성과를 일군 것은 다름 아닌 산서 사람이다. 기현 당교(黨校, 중국 공산당의 교육 기관으로 주로 엘리트나 고위 정치인을 육성한다 _옮긴이)가 들어서면서 교가대원은 지금껏 온전히 보전될 수 있었고, 그 결과 오늘날 많은 중국인에게 책임과 믿음을 강조하는 교가의 소중한 가르침을 들려주고 있다.

여기까지 글을 읽다보면 한 가지 결론에 도달할 수 있다. 호설암의 몰락, 일승창 등 표호의 도산을 포함한 모든 문제가 청나라 왕조, 자희태후와 깊은 관련을 맺고 있다는 것이다. 중국 역사에는 위대한 지혜를 지닌 거상이 조직한 통합된 형태의 산업 사슬이 존재하며, 남다른 책임의식 등 시대를 앞선 경영이념이 등장했지만 불행히도 때를 잘못 만나 개인의 예지와 힘만으로는 사회적 환경의 악화에 따른 불행을 피하지 못했다.

이렇게 심각한 문제가 발생하게 된 원인을 크게 몇 가지로 정리해보았는데, 모든 이가 관심 있게 지켜봐야 할 문제다.

첫째, 당시 표호를 경영하는 주인은 걸핏하면 정부로부터 기부금 요청을 받아 상당히 곤란한 처지였다. 일이 있든 없든 조정에서는 툭하면 표호에 사람을 보내 애국심에 호소하며 기부하라고 독촉하기 일쑤였다. 정부의 등쌀에 못 이겨 이들 표호가 내놓은 돈은 과연 얼마나 될까?

현재 알려진 바로는 티베트의 대소금천(大小金川, 현재의 쓰촨 성 서부 지역으로 건륭제 때 정복한 지역 _옮긴이) 전쟁 때 11만 냥, 백련교도(白蓮敎徒)의 난 때 218만 냥, 제1차 아편전쟁 때 200만 냥, 태평천국(太平天國)의 난 때 287만 냥, 좌종당(左宗棠, 청나라 말엽의 정치가로, 농민 반란과 폭동 진압 등의 경험을 통해 해군의 중요성을 인식하고 프랑스로부터 기술 원조를 받아 조선소를 설립했다. 양무운동을 이끈 선구자로 평가된다 _옮긴이)의 신장정복 때 863만 냥이다. 게다가 산서로 도망쳐온 자희태후는 교가대원으로부터 40만 냥을 빌렸다. 나라에 위기가 찾아올 때마다 항상 표호에게서 손을 벌리다 보니 경영주는 상당한 경제적 부담감에 시달려야 했다.

지식+ 19세기 후반에 이르러 중국 사회가 얼마나 심각한 혼란에 빠졌는지, 막강한 자본력을 자랑하는 교가표호 대덕통(大德通)조차 속수무책이었다. 1926년에 평위샹(馮玉祥, 중국의 군벌이자 정치가로, 민주화를 지향했으며 1, 2차 봉직전쟁에 참가했다. 중국 국민당에 입당하고 서북국민연합군 총사령관으로 북벌에 협력했으며, 장제스 반대 운동을 펴다 실패했다 _옮긴이)이 이끄는 부대가 북쪽에서 철수하던 도중 군량미 500만 석과 은원(銀元) 150만 냥을 교가 상호에 부담하자, 교가 상호는 커다란 타격을 입었다. 설상가상으로 1930년 중원대전(中原大戰, 국민당 내의 내전으로 독재를 목표로 하는 장제스가 지금까지 아군으로 여겼던 광서군벌, 서북군벌, 산서군벌 등을 차례로 물리친 전투 _옮긴이)으로 교가 표호의 대덕통은 생사의 갈림길에 서야 했다.

둘째, 외자 은행의 유입이다. 현재의 중국 내 상황과 거의 비슷한데 먼저 한 가지 데이터를 소개하겠다. 대략 청나라 말엽부터 1913년, 즉 신해혁명이 일어난 지 3년이 지난 후 중국에 들어온 외자은행은 모두 21곳으로, 이들은 앞다투어 125개에 달하는 분점을 중국에 세웠다.

그밖에 중국 현지의 표호는 조정에 거액의 기부금을 내야 했고 탐욕과 부패에 찌든 관리들과 거래를 해야 했다. 정부 관리에게 선을 대기 위해서는 거액의 자금을 건네야 했을 뿐만 아니라 아직 출세 길에 오르지 않은 관리들에게도 열심히 투자해야 했다. 나중에 감투를 썼을 때를 대비해 미리 잘 봐달라는 뜻에서였다. 도대체 얼마나 많은 관리가 산서 표호와 거래를 했는지 자료를 살펴보면 상당히 재미난 사실을 발견할 수 있다.

먼저 삼진원(三晉元) 표호는 위안스카이(袁世凱, 1895~1916, 청나라 말엽의 군인이자 정치가. 중국 최초의 서양식 군대인 북양군벌의 기초를 마련했으며 변법운동을 좌절시키고 의화단의 난을 진압하며 열강으로부터 신임을 얻었다. 훗날 스스로 황제로 칭했으나 계속되는 반원운동 속에서 결국 황제의 자리에서 내려왔다 _옮긴이), 이홍장(李鴻章, 1823~1901, 청나라 말엽의 정치가로 주요 외교 문제를 장악했는데, 이이제이로 열강을 서로 견제시키며 양보·타협 정책을 취했다. 특히 중국의 근대 공업을 진흥시키기 위해 노력했다 _옮긴이)과 거래를 했다.

교가는 증국전(曾國?, 1824~1890, 청나라 말엽의 장수. 증국번의 셋째 동생으로 태평천국의 난을 진압하는 데 일조했다 _옮긴이)과 긴밀한 관계를 유지하고 있었을 뿐만 아니라 구문제독(九門提督) 마옥곤(馬玉昆, 1838~1908, 청나라 말엽 회군 장수 _옮긴이)과도 결탁했다. 구문제독은 당시 북경의 위무사령(衛戊司令)으로, 북경 경비구(警備區) 총사령을 구문제목이라고 불렀다.

그 외에도 교가는 호광(湖廣, 호남과 광주 _옮긴이) 총감 서방(瑞方)과 관계를 맺고 있었다. 이러한 현상은 정계와 재계의 전형적인 결탁을 보여주고 있다. 다시 말해서 1906년에 이르러 호부, 즉 당시의 재정부가 보유하고 있는 은냥 중 삼분의 일을 산서 표호가 관리하고 있던 까닭이 바로 여기에 있다. 바로 돈을 통한 관계 유착이었다. 이들 표호는 돈을 빌린 관리가 돈을 갚지 않아도 그냥 넘어가거나 장원(壯元)이나 진사(進士)가 된 사람 중에 가난한 이에게 계획적으로 접근해 나중에 출세 길에 오르면 갚으라며 공짜로 5천 냥의 은자를 빌려주기도 했다.

지식+ 산서 지역에는 다음과 같은 이야기가 전해진다. "궁(宮)이 입을 활짝 벌린 용이라면, 상(商)은 입을 굳게 다문 용이다. 용이 입을 굳게 다물고 있는 까닭은 그 안에 실혜, 즉 사업수익을 물고 있기 때문이다." 당시 진상이 관리 한두 명에게만 의존했다면 결코 순탄하게 표호를 운영하지 못했을 것이다.

평요 협동경(協同慶) 표호의 북경분점을 운영하고 있던 장치달(張治達)은 한담을 나누던 중에 목씨(穆氏)라는 성을 가진 기인(旗人)

이 복건의 장군자리를 탐내고 있는데 일을 도모하는 데 은 6만 냥이 부족하다는 소식을 들었다. 장치달은 그를 찾아가 당장 돈을 빌려주었고, 얼마 지나지 않아 목 씨는 복건장군으로 임명되었다. 복건장군에 오르자마자 그는 현지 관리들에게 엄포를 놓았다. "평요 협동경 표호는 든든한 자본력과 함께 여러 사람으로부터 신뢰를 받고 있으니 앞으로 공사 모두 가릴 것 없이 평요 협동경 표호를 통해 처리하라." 여기에서 관상의 결탁이 단순한 보호막 차원을 넘어 일종의 거래관계로 발전했음을 알 수 있다.

이러한 결탁 현상으로 인해 표호 내에 수많은 '검은 돈'이 오갔다. 그 덕분에 표호는 나랏돈을 손 안에 쥘 수 있었다. 겉으로 보기에는 사업이 활발하게 이루어지는 듯했지만 내부적으로는 심각한 부패에 시달리고 있었던 것이다.

그러던 중 태평천국의 난에 이어 청나라 왕조의 타도와 민주 혁명을 주장하는 신해혁명이 터졌다. 태평천국의 난이 터졌을 때야 청나라 황실은 잠시나마 한숨을 돌릴 수 있었지만, 신해혁명을 겪으며 청나라 왕조는 붕괴하기 시작했다. 극심한 혼란이 계속되는 상황에서 과거 돈을 빌렸던 일부 관리가 돈을 갚지 않고, 표호에 맡겼던 돈도 빼갔다. 다시 말해서 채무자는 채무상환 의무를 저버렸고 예금된 돈이 한꺼번에 인출되는 '뱅크런'이 터졌다. 게다가 당시 수많은 외자 은행이 중국 대륙으로 유입되기 시작하면서 표호들은 사면초가에 빠졌다. 중국의 비극적인 역사가 표호의 몰락을 초래한 것이다.

위에서 설명한 원인이 한데 뭉치면서 산서 표호를 벼랑 끝으로 밀어넣었다. 일승창을 예로 들어보면, 신해혁명이 일어난 며칠 동안 백은 300만 냥에 달하는 피해를 입으며 쇠락의 길을 걷기 시작했다. 당시 정치와 군사 문제가 표호의 쇠락을 가져왔다는 것 외에도 한 가지 독자에게 들려주고 싶은 이야기가 있다. 그래야 공평할 것 같다.

진취적으로 앞으로 나아갈 줄 몰랐던 진상에게도 어느 정도 책임소지는 있다는 것이다. 이렇게 이야기하는 까닭은, 당시 청나라 정부에서 계속해서 현대화된 은행을 세우며 산서 표호에게 지분에 참여할 것을 요청했지만 산서 표호는 정부의 이러한 요청을 모른 척 했다. 새로운 개념을 거부했던 과거 진상의 잘못이 되풀이된 셈이다.

지식+ 1900년 이후 국제 금융자본의 맹렬한 공세 속에서 외국 은행이 점차 토종 표호의 자리를 메우기 시작했다. 1914년 겨울 중국 표호의 시조인 '일승창'이 파산하면서 100년 가까이 중국 금융계를 좌우했던 산서 상인의 전설도 역사의 뒤안길로 사라졌다. 한때 이들 표호가 세운 위대한 업적 역시 오래된 정원 속에 봉인되었다.

찻잎 경영시대에 산서 상인은 기계, 공장을 통한 가공 산업이나, 현대적 경영이념을 거부했기 때문에 러시아 상인에게 패하고 말았다. 이러한 뼈아픈 경험을 했음에도 산서 상인은 청나라 말엽에 현대적인 은행을 세우자는 청나라 정부의 요청을 거부했다. 거듭된 정부의 요청에도 끄떡

하지 않은 산서 상인의 속내를 도무지 알 길이 없다. 한때 수백 개에 달하던 산서 표호는 시대의 변화에 적응하기를 거부한 나머지 결국 세 곳을 제외하고는 전부 문을 닫아야 했다.

그렇다면 고된 시련 속에 살아남은 표호는 어디인가? 1929년 살아남은 산서 표호는 단 세 곳이었다. 첫째, 교가대원의 대덕통. 둘째 역시 같은 가문의 대덕항(大德恒). 셋째는 삼진원이라고 불리는 거가였다. 하지만 이미 때는 늦었다.

찻잎 산업에서도 이들은 현대적인 생산방식을 받아들이지 않았고, 표호 산업에서도 현대적인 은행으로의 변화를 위한 시류에도 합류하지 못했다. 시대적 변화에 적응하지 못한 산서 표호에게 빠르게 변하는 환경은 엄청난 충격으로 다가올 수밖에 없었다. 시대의 흐름을 읽고 그 변화에 몸을 맡기기 위해 '구조조정'에 최선을 다했다면 상업 활동이나 현대적인 경영 시스템을 도입한 은행 시스템 분야에서 위기를 피할 수 있었을 것이다.

산서 표호가 당시 HSBC(홍콩상하이은행, 1865년에 홍콩에 진출해 있던 스코틀랜드 상인에 의해 창립되었다 _옮긴이)와 공동 출자하지 않은 까닭은 무엇일까? 당시 HSBC는 산서 표호와의 공동출자를 간절히 원하고 있었다. 중국의 신용대출시장을 제대로 이해하고 있던 것은 자신이 아니라 산서 표호라는 것을 잘 알고 있었기 때문이다. 윈윈할 수 있다는 판단 하에 산서 상인이 1911년 신해혁명 전에 HSBC나 청나라 정부의 요청을 받아들여 현대화된 은행으로의 변신을 꾀하는 일은 결코 불가능한 것이 아니었다. 그렇게 했다면 1929년 아무것도 없이 해체되는 비극적인 결과를 초래하지는 않았을 것이다.

　진상에 관한 다양한 연구조사를 통해 나는 책을 멀리 한 산서 상인에게도 문제가 있음을 발견할 수 있었다. 산서 지역에는 과거 수많은 인재와 명사가 배출되었다. 당나라의 대문호 백거이(白居易)를 모르는 사람은 별로 없을 것이다. 그 외에도 왕유(王維), 유종원(柳宗元), 사마광(司馬光) 같은 대문호 모두 산서 사람이다. 하지만 이들은 모두 송나라 혹은 그 이전 시대의 인물로, 명나라 이후 산서 지역에서는 별다른 인물이 등장하지 못했다.

　예를 들어 청나라 시절 산서 지역 출신 중에 장원급제를 한 이가 단 한 명도 없었다. 그렇다면 진사는? 있긴 했지만 해가 지날수록 그 수는 줄어들었다. 순치(順治) 연간(年間)(1644~1661년 _옮긴이)에 진사 33명이 배출되었고, 강희(康熙) 연간(1662~1722년 _옮긴이)에는 16명, 그리고 건륭(乾隆) 연간(1736~1795년 _옮긴이)에는 그 수가 12명으로 줄어들었다. 가경제(嘉慶帝) 이후 오랜 시간 동안 진사에 오른 산서 출신은 겨우 열 명에 불과했다.

100여 년 전 산서에서는 이런 말이 유행했다. "아들이 있으면 상점을 열도록 해라. 그리하면 지현(知縣, 중국 송나라, 청나라 때 현의 으뜸 벼슬아치 _옮긴이)을 하는 것보다 낫다." 옹정(雍正) 연간(1723~1735년)의 순무(巡撫) 유우의(劉于義)는 이러한 현상을 두고 이렇게 정리했다. "이익을 귀히 여기는 생각이 명예를 높게 치는 것을 앞질렀다. 아들 중에 뛰어난 실력이 있는 자는 주로 사업이라는 길을 선택했다. 그다음으로는 서리(胥吏)가 되었고, 실력이 그 아래인 자는 차라리 공부를 시켜 시험에 응시하도록 했다."

이 섬으로부터 당시 산서 사람의 의식 속에서 사업은 인생 최고의 선택이고 그다음이 관리, 그리고 맨 마지막으로는 공부해서 시험에 응시하는 것임을 알 수 있다.

공부를 하지 않으면 어떻게 될까? 공부하지 않으면 지식의 축적을 통해 세계의 변화를 이해할 수 없다. 산서 상인은 도제 시스템을 통해 얻은 지식을 가지고 손쉽게 당시 사회 변화를 따라잡을 수 있었지만 책을 멀리한 진상은 정권교체라는 중대한 고비를 넘기면서 결국 구조조정에 실패하고 붕괴라는 비극에 처하고 말았다.

진상의 역사를 쭉 살펴보면 몇 가지 흥미로운 사실을 발견할 수 있다. 첫째, 명나라 때의 염상이 개중절색제가 도입된 후 차상(茶商)으로 변신했다. 둘째, 1823년부터 표호를 세운 이들이야말로 진정한 의미의 진상이다.

중국인은 스스로 중국을 이해하지 못하고 있다. 유럽이나 미국인들도 중국을 모르고, 중국인 역시 그들을 이해하지 못한다.

나는 종종 내 '추종자'에게 자본주의의 영혼이 무엇이냐고 묻는다. 민주, 민영화, 자유경제? 모두 틀렸다. 자본주의의 영혼은 바로 책임감, 다시 말해서 진상이 강조한 고객에 대한 책임이다. 그렇다면 중국인에게 이러한 영혼이 있는가? 있다. 현대 자본주의의 정수, 그 영혼을 진상에게서 찾아볼 수 있다. 하지만 진상의 불초한 후손들은 자본주의의 영혼이 무엇인지 알지도 못할 뿐만 아니라, 조상님이 물려주신 '책임 경영'이라는 시대를 앞서간 경영이념마저 외면했다.

8장

거대한 산업제국을 세웠던
'휘상'은 왜 사라졌을까

중국 4대 상방의 활동 지역

진상
(晉商)

절상 (浙商)

호상
(湖商)

휘상
(徽商)

영파방
(寧波帮)

조주방 (潮州帮)

광주방
(廣州帮)

월상 (粵商)

휘상의 사치스러운 삶은 황족과 비견될 정도다.

휘상의 풍요로운 삶은 그들의 허영심을 만족시켜주는 관련 업종의 성장을 가져왔다.

휘상은 독특한 건축 스타일을 만들었다.

청나라 시절에 휘주(徽州) 출신 장원은 전체의 17퍼센트에 해당하는 열아홉 명이었다.

휘상의 흥망성쇠에는 또 어떤 전설이 숨어 있을까?

중국 최고 상인이라 불리는 호설암은 왜 패가망신한 것일까?

가문의 명예와 영광을 위한 '휘낙타' 정신

지식+ 명나라 시대부터 양주(揚州, 고대 중국의 옛 행정 구역으로 아홉 개의 주 중 한 곳. 현재의 안후이 성 일대를 가리킨다 _옮긴이) 일대에서는 부잣집 첩으로 들어가기 위해 미리 몸을 가꾸는 젊은 처자들과 이들을 돕는 전문양성기관이 대거 등장하기 시작했다. 가녀린 몸매에 아름다운 외모를 지닌 그녀들은 '수마(瘦馬, 마른 말이라는 뜻으로 가녀린 몸매의 여성을 가리킨다 _옮긴이)'라고 불렸다. 수마의 등장은 사실 현지 상방의 성장과 긴밀한 관계가 있다. 그 주인공은 바로 '일대유상(一代儒商)'이라고 불리는 중국 상방, 바로 휘상이다. 수마와 유상, 진보와 수구, 그리고 발전과 몰락, 연관성은커녕 오히려 정반대되는 이야기를 휘상에게서 발견할 수 있다. 휘상의 성공과 몰락에는 도대체 어떤 원인이 숨어 있을까? 그들의 역사는 현대인에게 어떤 교훈을 주는가?

안휘(安徽, 안후이) 사람이 과거 얼마나 위대한 업적을 세웠는지 알고 있는가? 상당히 낙후된 지금의 안후이 지역에서 과거 화려한 모습을 뽐냈다는 그들의 모습을 떠올릴 수 있는가?

한 가지 예를 들어보겠다. 대하드라마를 보면 여섯 번이나 강남을 찾았던(六下江南) 건륭제를 누가 보필했을까? 강춘(江春)이라는 안휘 출신의 대염상이 황제를 보필했다. 훗날 일품광록대부(一品光祿大夫)로 봉해진 강춘은 18세기 건륭제가 연 천수연(千叟宴)에 참가하기도 했다.

지금과 달리 당시 안휘의 지위는 경제적으로 상상할 수도 없을 만큼 대단한 것이었다. 하지만 어찌된 영문인지 현재 안후이 성의 경제상황은 휘상에게 명함도 내밀지 못할 만큼 크게 뒤떨어져 있다. 휘상은 어떻게 해서 최고의 부를 누릴 수 있었을까? 그리고 지금은 명맥조차 남지 않게 된 까닭은 무엇일까?

지식⁺ 휘상의 성공은 진상과 유사한 점이 상당히 많다. 휘상과 진상 모두 빈곤한 산악지역에 자리 잡고 있었고, 논밭에 의지해 생계를 잇고 있었다. 열악한 환경 탓에 이들은 살아남기 위해 일찌감치 세상 밖으로 눈을 돌렸다. 그 결과가 바로 경상(經商), 즉 사업가의 출현이다. 동진(東晉) 시대부터 휘주(徽州) 사람이 사업을 했다는 기록이 있으며 청나라에 이르러서는 전성기를 구가했다는 사실도 확인할 수 있다.

오늘날 안후이 성 황산(黃山) 시 쉬안청(宣城)의 지시(績溪) 현과 장시(江西) 성 우위안(婺源) 현에는 청나라 시절 유명한 거상이 등장했는데 그 주인공이 바로 호설암이다. 이들 지역에서 기적을 만들어낸 이들을 훗날 휘상이라고 불렀다. 그렇다면 휘상의 성공 노하우는 무엇이었을까? 그들의 정신세계와 경영전략은 어떠했을까? 그들을 성공과 몰락으로 이끈 원인은 각각 무엇일까?

휘상은 휘주, 지금의 안후이 성 황산 시에 뿌리를 두고 있다. 송나라 휘종(徽宗) 때, '휘종'이라는 이름에서 '휘'자를 따 이 지역을 휘주라고 불렀는데 이 같은 전통이 오래도록 이어졌다.

송나라 휘종을 떠올릴 때마다 아쉬움을 달랠 길 없다. 송 휘종은 거문고나 바둑, 서예나 회화 등 여러 분야에 정통했으나 자질이 부족한 집권자이자 경영인이었다. 송 왕조(북송)가 그의 손을 거치며 쇠락의 길을 걸었다고 해도 과언이 아니기 때문이다. 하지만 독창적인 서체 수금체(瘦金體)를 만들어낼 정도로 그의 예술적 기질과 뛰어난 재능은 상당했다고 알려져 있다.

그의 집정 시절 유명한 화가 장택단(張擇端)이 그린 〈청명상하도(淸明上河圖)〉에서 묘사된 상업자본의 번영과 사치, 낭비는 훗날 휘상과 비견될 정도다. 휘상에 대한 이미지는 주로 여기에 기반을 두고 있다.

휘주는 오랜 역사적 전통을 자랑한다. 남송의 유명한 철학자이자 문인 주희(朱熹)가 태어난 휘주 출신 상방에게 어떤 경영이념이 있는지 살펴보자. 휘주 사람은 정주리학(程朱理學, 성리학)을 가문의 규범(族規)으로 삼고 있다. 다시 말해서 가문과 국가 사이의 윤리 질서를 무척 중히 여기는 유교적 전통을 가지고 있다.

이를테면 "부모가 살아 계시면 멀리 나가 놀지 않는다"라는 말은 온전한 가정의 소중함을 강조하고 있다. 이처럼 유가, 특히 주희는 수신(修

身)에 기반을 둔 '수신제가치국평천하(修身齊家治國平天下)'라는 가치를 강조했다. 하지만 나라를 올바르게 다스리고 천하를 평온케 할 수 있는 사람은 소수에 불과하기 때문에 사회 민중에게는 제가(齊家)를 통한 가족 관념이 상당히 중요하게 작용되었다. 이러한 의식은 당시 휘주 사람의 주요 사고방식으로 자리 잡았을 뿐만 아니라 나중에는 고착화되었다. 다시 말해서 휘상에게 열심히 살고 노력해야 하는 궁극적인 목표는 가문의 명예 때문이었다.

정주리학의 시초 주희의 고향인 만큼 휘주에는 문풍(文風)으로 대표되는 특징이 있다. 명나라와 청나라 시대, 진사에 든 이가 전체 합격자 수의 2퍼센트에 근접했으며, 청나라 시대에 휘주 태생의 장원 수는 전체 장원의 17퍼센트에 해당하는 열아홉 명이나 되었다. 상당한 숫자임이 틀림없다.

관직을 최고로 여기는 가치관을 어떻게 휘주 사람의 가치관에 접목시켜 이해해야 할까? 가문의 영광을 좇는 일이 중요한 휘주 사람이 관직을 통해 명예를 좇는 일에 열성적이었던 것은 나라를 올바르게 다스리고 세상을 평안케 하기 위해서가 아니라, 그저 가문의 영광을 빛내기 위해서였다.

하지만 일단 정계에 발을 들여놓으면 경제력은 무시할 수 없는 존재라는 사실을 깨닫게 된다. 청관(清官, 경제력이 신통치 않은 청렴한 관리 _옮긴이)이 무리를 이룰 수 있다는 이야기를 들어본 적 있는가? 막강한 경제력이 뒷받침되면 이들도 조정 내에서 중요한 영향력을 발휘할 수 있을 것이 분명했다. 그 결과 유교와 상인이 서로 손을 잡았다. 이들에게서 어

294

떤 개성을 찾아볼 수 있을까?

후스(胡適, 1891~1962, 중국의 사상가이자 교육가로 베이징대학교 학장, 주미 대사 등을 역임하며 국민정부의 정치, 외교, 문화 교육정책 추진에 앞장섰다 _옮긴이) 의 표현이 실로 절묘하다. 휘상의 개성을 대변하는 말로 그는 '휘낙타(徽 駱駝, 휘주 낙타)'를 제시하며 모든 중국인이 휘낙타가 되어야 한다고 지적 했다.

지식+ 후스는 휘주 차상의 후예로, 고향사람들의 경제활동 을 손바닥 들여다보듯 훤히 꿰뚫고 있었다. "보통 휘 주상인은 처음에는 작은 가게나 장사로 사업을 시작한다. 그 과정에 서 고생을 밥 먹듯 하지만 이들은 꾸준하게 돈을 모아 조금씩 두각 을 드러내는데, 개중에는 큰 부자가 된 이도 있다." 낙타는 열악한 사막 환경에서 살아가는 동물이다. 휘상을 휘낙타라고 부르는 것은 안휘사람의 굽힐 줄 모르는 개척정신과 진취성이 있음을 찬양하는 것이다. 역사적으로 휘낙타는 이 두 가지 개성을 계승, 발전시키려 는 가치관을 지니고 있다고 생각한다.

사람들은 고증을 통해 많은 휘주 사람이 전당포에 종사했다는 사실 을 발견했다. 여기에서 말하는 전당포를 가리켜 '조봉(朝奉)'이라고 불렀 는데, 계산대에서 물건을 받고 매매하는 사람 역시 조봉이라 불렀다. 하 지만 강남에서는 그들을 주로 '휘노대(徽老大, 중국어 '老大'는 형님이라고 뜻 을 지니고 있다 _옮긴이)'라고 불렀다. 강남지역에서 말하는 노대의 발음이

'낙타(駱駝, 중국어로는 '뤄튀'로 발음된다 _옮긴이)'와 비슷해 휘노대는 어느새 '휘낙타'로 불리기 시작했다고 한다.

또 다른 이야기로는 휘상이 외부에서 장사를 할 때 주로 삼베봇짐을 등에 지고 다녔는데 그 모습이 마치 낙타 같다고 하여 휘낙타로 불렸다고 한다. 그렇다면 삼베봇짐에는 무엇이 들었을까? 휘병(徽餅, 휘주 지역에서 먹는 빵이나 떡-역자), 그리고 밧줄 세 가닥이다.

"밖에 나갈 때 밧줄 세 가닥을 지니면, 무슨 일이든 남에게 도움을 구할 필요가 없다"는 이야기가 있을 정도로 휘주 사람에게 밧줄은 소중한 존재다. 그렇다면 밧줄로 무얼 한단 말인가? 험한 산을 오르거나 거센 물결이 굽이치는 강을 건널 때 사용할 수 있다. 그리고 여의치 않은 상황에서 목을 매 자살할 수 있다. 이 점은 상당히 중요하다. 바로 고생을 마다하지 않는 휘상의 강인함과 배수진을 치는 절실함이다.

자, 휘상에 대해 다시 한번 정리해보자. 휘상의 본질은 유상(儒商, 학자의 기질을 가진 상인 _옮긴이)이다. 이들 유상은 본질적으로 경직된 사고방식을 가진 무리로, 휘낙타 정신까지 가세하면서 기꺼이 고생을 자처하고 딱딱하게 굳은 사고를 하게 되었다. 배수진을 치고 가문을 빛내기 위해서 사업을 하겠다고 단단히 결심한 그들은 경직된 사고로 인해 어떤 길을 걸어야 했을까?

이 점은 무척 흥미로운데, 해당 이론에 대한 내 해석이 상당히 정확하다는 사실을 확인할 수 있을 것이다. 다시 말해서 개성 넘치는 아이디어와 창의력이 부족한 상방은 제아무리 위대한 업적을 세웠다 한들 결국에는 쇠락이라는 길을 걷게 된다는 점이다.

기본적인 학식, 주희 이학(理學), 그리고 톡톡 튀는 개성까지 갖춘 휘주 사람은 무엇을 기다리고 있었을까? 그들은 기회를 기다렸다. 기회라는 것은 때로 상당히 중요한 영향력을 발휘한다. 흔히 하는 말로 기회를 얻으려면 '첫째는 타고난 운명이요, 둘째는 운이 좋아야 하며, 셋째로 풍수가 중요하다. 넷째로는 향을 태워 음덕에 기대야 하고, 다섯째로 공부해야 한다'고 한다. 운이 따르지 않으면 무엇을 하든 맘대로 되지 않는다. 그렇다면 휘주인의 운명은 어땠을까?

소금 속에서 찾은 기반

지식+ 휘낙타 정신 하나만으로 휘상은 걸출한 상방으로 거듭날 수 없었다. 그들의 성공은 당시 명나라 조정의 새로운 정책과 밀접한 관련이 있는데, 정책의 시행으로 휘상은 드라마틱한 운명을 경험하게 되었다. 열악한 환경 속에서 살아가던 그들은 마침내 꿈에도 기다리던 기회를 잡았다. 그렇다면 그들이 목 빠지게 기다리던, 꿈에도 그리던 기회는 과연 무엇이었을까?

결과적으로 봤을 때 하늘은 계속 휘상 편이었다. 1371년 명나라 왕조가 정권을 차지한 지 얼마 지나지 않아 휘주 사람은 절호의 기회를 발견했다. 당시 명나라 왕실은 변관(邊關, 국경의 주요관문 _옮긴이)에 아홉 개의 전략요충지를 세웠는데, 그중 네 곳이 산서 지역에 자리 잡고 있었다. 지리적 우위를 바탕으로 산서는 가장 먼저 세력을 키우기 시작했는데, 조정에서 군량미를 북쪽으로 조달하도록 상인을 독려하며 염인이라는 혜택을 부여한 것이다. 염인 한 개면 보통 300근의 염파(鹽巴, 즉 소금 _옮긴이)를 얻을 수 있었다.

군량미를 북쪽으로 조달하면서 상인들은 조정으로부터 염인을 받아 이를 소금으로 바꾼 뒤 시장에 내다 팔았다. 염인 한 개는 소금 300근으로 바꿀 수 있었는데, 당시 소금 한 근의 가격은 얼마였을까? 소금 한 근이 30문(文)이었다. 300근에 30문을 곱하면 9천 문, 다시 말해서 백은 아홉 냥이 된다. 염인 한 개로 백은 아홉 냥을 벌 수 있으니 염인 만 개면 백은 9만 냥이 되는 셈이다.

당시 이러한 상황은 주로 산서 지역을 배경으로 이루어졌다. 변관 네 곳이 모두 산서 지역에 있었기 때문에 산서 사람은 소금으로 바꿀 수 있는 염인 확보 경쟁에서 월등한 우위에 설 수 있었다. 상황이 그러하다 보니 휘주사람으로서는 산서사람과의 경쟁에서 절대적으로 불리할 수밖에 없었다. 게다가 휘주에는 양회(兩淮, 중국 회수의 남쪽인 회남과 북쪽인 회북을 이르는 말로, 지금의 장쑤 성 북부와 안후이 성 북부를 가리킨다 _옮긴이) 염장 밖에 없었지만 산서 지역에는 수많은 염장이 분포해 있었다. 이처럼 불리한 상황에서 휘주사람은 어떤 기회를 잡았을까?

해당 제도가 점차 느슨해지면서 마침내 휘주사람에게도 기회가 찾아왔다. 군량미를 변관에 보내고 염인을 받은 사람 중에서 직접 염장에 가서 소금으로 바꾸지 않고 이를 다른 이들에게 되팔기 시작한 것이다.

휘주사람은 양회 염장(鹽藏)을 버리고 고가로 염인을 매입한 뒤 이를 가지고 외부에서 소금을 전매하는 중간업자로 변신했다.

계속되는 문제와 부패로 인해 이 제도는 홍치(弘治) 2년(1489년)에 폐지되었다. 변방으로 군량미를 보내지 않고도 돈으로 염인을 구입할 수 있는 시대가 열린 것이다. 당시 상당한 재력을 쌓아둔 휘상으로서는 염인을 구입할 수 있는 은냥만 지급하면 손쉽게 염인을 얻을 수 있었다. 이렇게 해서 이들은 염상이 되었고, 훗날 휘상으로 불리게 되었다.

1617년 명나라 조정은 갑작스레 '강법(綱法)'이라는 새로운 법령을 내렸다. 그 까닭은 무엇이었을까? 심각한 세수(稅收)문제 때문이었다. 당시 많은 이들이 염인을 얻은 후에도 이것으로 뭘 어떻게 해야 할지 몰라 가만히 손에만 쥐고 있었다.

많은 사람이 염인을 얻고도 충분한 돈을 세금으로 내지 않자 정부는 세금 확보에 어려움을 겪어야 했고 결국 만력(萬曆) 45년(1617년)에 이르러 강법을 채택하기에 이르렀다. 강법을 통해 명나라 조정에서는 염인을 보유한 상인들을 불러들여 정식 염상으로 등록시키고, 옛 염인 한 개당 새로운 염인 아홉 개를 지급했다. 이렇게 해서 만들어진 '십강(十綱)'은 세습될 수 있었고, 장부상에 등록되지 않은 사람은 소금을 취급할 수 없었다.

세수를 확보하기 위해서 정부는 상인들에게 장부에 정확한 내용을 기재토록 했다. 소금을 취급해야 하는 상인으로서는 아쉽더라도 정식 염상으로 등록해 장부에 정확한 내역을 적어야 했고 이를 가지고 정부는 세금을 확보할 수 있었다. 이러한 정책은 휘상의 주머니를 더욱 두둑하게 만들었다. 당시 상방 중에서 휘상이 가장 많은 옛 염인을 보유하고 있었기 때문이었다. 위에서 설명한 비율에 따라, 옛 염인 한 개당 새로운 염인 아홉 개를 지급하자, 가장 많은 옛 염인을 보유하고 있던 휘상은 순식간에 거대한 부를 거머쥘 수 있었다.

매년 양회 염장에서 140만 개의 염인을 발급했다고 가정해보자. 염인 한 개당 아홉 냥이라는 비율을 적용해보면, 9냥×140만 염인이 되니 한 해 양회 염장에서 백은 1200만 냥이 발생하는 셈이다.

백은 1200만 냥이 요새 시세로 어느 정도인지 쉽게 감이 오지 않는 독자가 있다면 간단한 예를 들려주겠다. 백은 1냥이면 쌀 100근을 살 수 있고, 5성급 호텔에서 풍성한 한 끼 식사를 즐길 수 있다. 당시 일품대원(一品大員)의 한 해 봉록은 백은 180냥이었다. 백은 1천 200만 냥이 얼마나 엄청난 금액인지 이제 조금 짐작이 되는가? 청나라 말엽 북양함대(北洋艦隊)가 보유하고 있던 철갑선 한 척의 가격이 120만 냥이었다는 점을 고려했을 때, 양회 염장은 한 해 10척이나 되는 철갑선을 생산하는 셈이었다.

하지만 아쉽게도 이렇게 어마어마한 자본이 현대적인 산업자본으로 변신하지 못하고, 휘주사람의 손에서 흔적도 없이 사라지고 말았다. 건륭제가 강남을 여섯 차례 순회할 때, 그를 보필한 강춘의 신분은 총상(總商)이었다. 총상은 누구인가? 소규모 염상을 전문적으로 관리하는 사람을 가리킨다. 당시 양회 염장은 크게 여덟 개의 총상으로 나뉘어 있었다. 여덟 개의 총상에 의해 완전히 장악된 이들 소규모 염상은 일종의 국가사업체와 다름없었다. 그런 염상을 관리하던 총상 강춘이 천문학적인 재산을 소유하고 있음은 쉽게 짐작할 수 있다.

강춘과 청나라 조정의 관계는 상상을 초월할 정도로 가까웠다. 여섯 번이나 강남지역을 시찰한 건륭제를 직접 보필한 강춘은 날마다 산해진미와 여흥거리를 올렸는데 여기에 동원된 비용을 전부 혼자 부담했다고 한다. 강춘이 나이가 들자, 조정에서는 일품광록대부라는 직함을 내렸는데, 이는 오늘날 장관급에 준하는 대우였다. 이 사실만 보더라도 당시 휘상의 위엄이 얼마나 대단했는지 쉽게 짐작할 수 있다.

하지만 소금밭에서 벌어들인 돈으로 휘상은 무엇을 했을까?

부를 거머쥐고 향락과 사치에 취하다

지식+ 명나라 중엽 이후부터 청나라 도광(道光) 연간(1821~1850년)에 이르는 약 300년에 달하는 시기는 휘상의 최고 전성기였다. 소금, 전당포, 찻잎, 목재 사업은 휘상의 주력사업이었다. 휘상이 얼마나 많은 돈을 벌어들였는지, 건륭제조차 "휘상의 부유함에는 짐도 미치지 못한다"고 감탄할 정도였다고 한다. 이처럼 거액의 자금을 벌어들인 휘상은 영원히 무너지지 않을 것 같은 거대한 산업제국을 세운 듯했지만 거액의 자금은 산업자본으로 전환되지 못하고 '양주수마(揚州瘦馬)'라는 강남 최고 미녀 브랜드와 호사스러운 건축 스타일을 만들어내는 데 그치고 말았다. 휘상은 그

많은 돈을 도대체 어떻게 사용한 것일까? 그들은 왜 미녀와 건축에 열광했을까?

소금밭에서 돈을 벌어들인 휘상은 그 돈으로 무엇을 했을까? 실망스럽기 그지없는 일에 몰두하기 시작했다.

첫 번째, 전당포 사업에 착수했다. 많은 휘상이 전당포 가게를 차리며 안정적인 수익이 확보되자 심리적인 안정감을 얻을 수 있었다. 전당포만 500개나 되는 남경(南京)지역에서 복건상인과 격돌할 정도로 휘상의 전당포 사업은 호황을 맞이했다. 당시 복건상인은 전당포를 운영하며 약 3~4퍼센트의 이자를 받았지만 휘상은 1퍼센트의 이자만 받았다. 저렴한 이자를 바탕으로 막강한 세력을 형성한 휘상을 역사는 어떻게 평가했을까?

전당포를 하지 않으면 휘상이 아니라고 할 정도로 전당포를 운영하는 사람은 대부분이 휘주사람이었다. 이밖에도 휘상은 어떤 사업에 손을 댔을까? 바로 찻잎 매매였다. 당시 청나라 건륭제 시절 중국의 무역흑자는 백은 85만 냥이었는데, 그중에서도 최대 수출 효자 상품은 휘주의 기문(祁門) 홍차였다. 2010년 상하이에 엑스포가 열렸지만 휘상은 그보다 약 100년 전인 1915년에 열린 파나마 만국박람회에 참가해 기문홍차로 금메달을 따기도 했다. 그 외에도 휘상은 황궁에 목재를 조달하는 사업에 종사했다. 숭정(崇禎) 7년(1634년) 황궁을 수리할 당시 조정에서는 휘주사람에게 황궁의 목재조달을 독점할 수 있는 특권을 하사했다. 그 까닭은 무엇이었을까?

앞서 이야기한 것처럼 '휘주그룹'은 '진사'라는 관직을 통해 휘주라는 '대가족'을 중심으로 하는 막강한 세력을 구축했기 때문이다. 조정에서 관리로 일하며 그들은 이른바 염인, 목재, 심지어 여러 업계에 이르기까지 휘주출신을 적극적으로 지원했다. 조정 내 조력자 덕분에 휘주방은 엄청난 경제적 우위를 점할 수 있었다. 이처럼 조상을 빛내고 가문을 명예롭게 하는 일은 바로 휘주 사람이 열심히 일하고 공부하는 궁극적인 목적이었다. 그들은 나라를 올바르게 다스리거나 천하를 평화롭게 하는 일에 별다른 관심을 갖지 못했다.

하지만 이보다 흥미로운 사실은 유학이라는 영향 속에서도 휘상이 각종 패방(牌坊, 위에 망대가 있고 문짝이 없는 중국 특유의 건축물 _옮긴이)을 세우는 데 많은 관심을 가졌다는 점이다. 예를 들어 건륭 연간(1736~1795년)에 포(鮑)씨 가문은 당월(唐越) 현에 거대한 위용을 자랑하는 패방 일곱 개를 세웠는데, '충효절의(忠孝節義)'라는 정주리학의 사상을 구체화시킨 건축물이다. 충효절의에서도 '의(義)'는 넉넉하게 베푸는 것을 의미하는데, 홍택호(洪澤湖, 장쑤 성 최대 호수), 장하(長河), 회하(淮河)에서 물난리가 나자 포씨 가문에서는 쌀 6만 석, 보리 4만 석, 그리고 백은 300만 냥을 선뜻 내놨다. 화를 당한 이웃에게 너그럽게 베풀 줄 알았던 포씨 가문의 행적을 조정에서 치하하자, 포씨 가문에서는 더 호사스러운 패방을 세웠다.

이보다 더 재미있는 사실은 휘상이 무려 6천 여 개나 되는 거대한 사당을 지었다는 점이다. 휘주 사람은 자신들에게 가장 중요한 일은 사당을 세우는 일이라고 자주 이야기했다. 그들에게 사당이 없다는 것은 조상은 물론, 가문도 없다는 뜻이기 때문에 휘주 사람은 거액의 돈을 들여 많은 사당을 세웠던 것이다. 도대체 얼마나 많은 돈을 쏟아 부었을까? 호충현(胡忠懸) 가문의 호씨 사당은 명나라 가정(嘉靖) 연간(1522~1566년)에 수리를 받았는데, 그 비용이 철갑선 열 척을 건조하는 깃과 맞먹는 백은 1300만 냥이었다고 한다. 사당을 짓는 것이 아니라 그저 수리하는 데만 말이다.

그 외에도 엽가(葉家) 사당도 있다. 영화 〈와호장룡〉을 본 적 있는가? 영화의 일부 장면이 바로 엽가 사당에서 촬영되었다. 〈와호장룡〉에 등장하는 대저택이 바로 휘주 사람이 세운 사당이다. 당시 명나라 조정에서는 백성에게 3천 제곱미터 이상 되는 건물을 짓지 못하도록 규정했는데, 거액의 부를 자랑하는 이들 휘상에게 3천 제곱미터는 뒷마당 하나 짓기에도 부족한 공간이었다. 하지만 나라의 백성으로서 어찌 지엄한 국법을 대놓고 어길 수 있으랴? 결국 고민 끝에 휘상은 각종 조각을 만들기 시작했다.

지식⁺ 광활한 택지에 호화찬란한 건물을 올리는 일은 거부가 된 휘상이 가장 즐긴 취미였다. 이때 지어진 패방, 사당과 민가를 통해 당시 휘상의 재력을 실감할 수 있다. 명나라와 청나라 시대는 휘상이 전성기를 누리던 시절로, 거액의 재산을 바탕으로 휘상은 대규모 원림(園林)을 세우고 전국 곳곳에 집터를 구입했다. 전국 각지에 있는 명승고적을 완벽하게 모방하는 데 능했던 휘상은 천하비경을 자신의 건축, 예술작품에 담아냈다. 그렇다면

'푸른 산과 푸른 연못, 화려하게 장식된 담벽과 검은 기와(青山綠水, 粉牆黛瓦)'라는 휘주식 건축양식 외에 휘상은 자신의 심미관을 만족시켜줄 수 있는 어떤 기생산업(Parasitic Industry)을 육성했을까? 천하제일 상인 호설암의 몰락을 어떻게 설명해야 할까?

목조를 예로 들어보자면 3천 제곱미터가 안 되는 집에 들어가는 목조를 넣기 위해 무려 20명의 장인이 4년 동안 공을 쏟아부었다. 창은 대체로 목조양식이었고, 기와도 일반 기와가 아니라 화려한 무늬가 새겨진 기와를 사용했다. 작은 다리와 냇물이 흐르는 정원은 온갖 석상으로 가득 찼다. 사당을 짓는 데 쏟아부은 황금만 해도 무려 100냥으로, 건물 하나 짓는 데만 백은 60만 냥이 들었다. 원림을 세우는 일도 매한가지였다. 온갖 양식의 원림이 생겨났는데 단순히 원림에 모여서 풍류를 즐기기 위해 단순 사교용으로 지어진 것이 대부분이었다. 이러한 전통은 지금도 계속 이어져 내려오고 있다.

휘상 사이에서는 부동산 투기도 상당히 유행했다. 예로 들자면, 당시 포씨 가문은 저 먼 양주 땅에 자리를 잡고 있었다. 왜 하필 양주였을까? 양주는 전국의 모든 것이 모여드는 집산지였다. 이런 이유로 휘상은 강소(江蘇) 양주로 건너가 사업을 시작했는데, 양주는 휘상에게 장악되었다고 해도 과언이 아니었다.

개인적으로 조사한 자료에 따르면, 포씨 가족은 휘주에서 약 2천 묘(畝, 중국식 토지 면적의 단위로 1묘는 667제곱미터, 약 200평에 해당한다 _옮긴이)의 밭을 구입했는데, 이는 백성을 돕기 위해서가 아니라 제 가문을 위한 것이었다. 그래서 당시 양주는 중국에서 가장 사치스럽고, 가장 호사스러운 사람들이 모여 사는 '천국'이나 다름없었다. 당시의 호화로운 삶을 동경하는 많은 사람들을 보며 나 역시 도대체 당시 상황이 어떠했는지 궁금하긴 하다.

그밖에도 휘상은 여인이나 거문고, 바둑, 서예, 회화 등에 거액의 돈을 아끼지 않고 쏟아부었다. 예를 들어 '양주이마(揚州二馬)'라고 불리던 마(馬) 씨 형제가 있다. 이들은 엄청난 면적을 자랑하는 소영롱산관(小玲瓏山館)을 운영하고 있었다. 말이 좋아 소영롱(작고 정교하다는 뜻 _옮긴이)이지, 실제 규모는 어마어마했다.

양주에는 '양주팔괴(揚州八怪)'라는 무리가 있었는데, 생긴 게 괴상하다는 것이 아니라 문풍이 괴이하다고 해서 붙어진 이름이다. 양주팔괴는 소영롱산관에 자주 들러 그곳에서 그림을 그리곤 했는데, 정판교(鄭板橋)는 양주팔괴의 우두머리로 대나무를 잘 그렸다고 한다.

지식+ 문인에 대한 휘상의 콤플렉스는 거액의 후원금을 통해 터져 나왔다. 휘상은 양주팔괴뿐만 아니라 휘반(徽班)을 키워내기도 했다. 건륭 55년(1790년) '4대 휘반'이 북경에 입성하면서 경극의 등장을 위한 기반을 마련했다. 희곡(戲曲), 서화나 '수마'처럼 궁극의 사치만 지나치게 추구하는 현상이 증가하면서 보이지 않는 위기의 그림자가 서서히 다가오기 시작했다.

휘상이 얼마나 사치스러웠는지 다시 한번 살펴보자. 휘상은 집으로 희극단을 불러 공연을 즐기곤 했는데 요새도 이런 일은 심심치 않게 볼 수 있다. 당시 많은 휘상은 생일축하연을 위해 명각(名角, 유명 배우를 가리키는 말로 중국의 전통극 배우를 의미한다 _옮긴이)을 초청했는데 〈목단정(牧丹亭)〉('중국의 셰익스피어'라 불리는 탕현조가 지은 희곡 _옮긴이) 한 곡 부르는 데만 백은 16만 냥이나 되는 수고비로 선뜻 건네기도 했다.

그 외에도 〈장생전(長生殿)〉(중국 청나라 초기의 장편 희곡으로 당 현종과 양귀비의 사랑 이야기를 소재로 홍승이 지은 희곡 _옮긴이)처럼 긴 곡에는 백은 40만 냥을 건네기도 했다. 희곡 외에도 휘상의 허영심을 보여주는 대상으로는 수마가 있다. 예를 들어 〈도화선(桃花扇)〉(중국 청나라 때에 공상임이 지은 희곡. 명나라 멸망을 배경으로, 문인 후방역과 명기 이향군의 슬픈 사랑을 그렸다 _옮긴이)에 등장하는 이향군은 전형적인 수마다. 진원원(陳圓圓)과 고횡파(顧橫波) 역시 마찬가지다.

그렇다면 수마는 무엇인가? 수마는 바로 양주 '나이트클럽'의 잘 나가는 명기(名妓)였다. 당시 양주 지역의 휘상들은 전례 없는 호황을 누리고 있었다. 돈이 너무 많아 어쩔 줄 몰라 하던 이들은 여색을 탐했는데, 현재 중국인이 하는 일을 과거의 휘상도 다 했다.

그중에서도 상당히 재미있는 인물이 있는데 바로 조쾌(阻儈, 쾌는 중개상이라는 뜻 _옮긴이)라는 직업을 가진 무리다. 본래 가축을 매매하던 이들은 나중에 세도가 기울었는지 '가축' 대신 '사람'을 매매하기 시작했다. 이들은 가난한 농촌에서 가녀린 몸매, 비단결 같은 피부와 아름다운 얼굴을 가진 어린 소녀를 골랐는데, 원래 가축을 팔던 습관 때문인지 이렇게 선발한 어린 소녀들을 '수마'라고 불렀다. 중국에서 '마' 혹은 '마자(馬

子)'는 여성을 가리키는데, 대만을 포함한 남동부 등지에서 자주 사용된다. '자, 소개할게. 내 마자야'라고 하면 여자친구란 뜻이다. 마자의 유래는 이때부터 시작되었다.

조쾌는 어린 소녀를 사들인 뒤 어릴 때부터 거문고, 바둑, 서화나 회화 등을 골고루 가르쳤다. 훈련이 끝나면 조쾌는 양주의 휘상을 불러 지금의 나이트클럽에서 하는 것처럼 수마를 일렬로 세워놓고 품평회를 시작하는데, 여기에서 마음에 드는 여인을 돈을 주고 사서 제 집으로 데려가 첩으로 삼을 수 있었다. 많은 수마가 결국에는 기녀로 전락했는데, 진원원은 수마 출신으로 그 미모가 특출났다고 한다.

이 같은 부패와 향락은 어디에서부터 비롯되었나? 바로 휘상 때부터다. 휘상이 성실하게 생산가치가 가장 높은 분야에서 힘들게 번 돈을 슬기롭게 투자했다는 이야기를 들어본 적이 있는가? 휘상은 대부분 먹고 마시거나 여자, 노름, 그리고 술에 빠져 살았다. 이보다도 적절하게 휘상의 특징을 표현한 것도 없으리라. 향락과 사치에 찌든 휘상은 아쉽게도 결국 몰락하고 말았다.

변화의 물결속에서 무너져내린 휘상

먹고사는 일이 어려워 세상 밖으로 눈을 돌렸던 휘상은 경제계에 발을 들여놓으며 '휘낙타 정신'을 앞세웠고 용감하게 앞으로 나아갔다. 하지만 어마어마한 부를 거머쥔 뒤 일신의 안락과 쾌락에 빠져 현실을 등한시했다. 향락에 취해 살던 휘상은 갑작스레 닥친 변화의 물결 속에서 치명적인 약점을 만천하에 드러내고 말았다. 휘상의 몰락을 가져온 주범은 무엇일까? 천하제일의 상인이라고 불리던 호설암의 실패는 현대인에게 어떤 교훈을 들려주고 있는가?

명나라 시대 휘상은 소금을 발판으로 세력을 키웠다. 그렇다면 어떻게 역사의 무대에서 사라졌을까? 역시나 소금으로 망했다. 그 과정에서 휘상으로부터 그 어떠한 유연성도, 임기응변 능력도 찾아볼 수 없는데, 이러한 점에서 휘상이 진상보다 한참 뒤떨어졌다고 생각한다. 소금으로 세력을 키운 진상은 몰락한 뒤에도 표호를 통해 다시 한번 천하를 제패했지만 휘상은 한 번의 좌절로 흔적도 없이 사라졌기 때문이다.

1832년, 도광 12년 강법이 성표(成票)로 개정되었다. 이는 무엇을 의미하는가? 세무서에 찾아와 직접 세금을 납부하면 소금을 취급할 수 있는 염표를 발급받을 수 있게 된 것이다. 이렇게 되자 기존의 독점경영권은 도광 12년에 완전히 폐지되었고 돈만 있으면 누구든지 소금을 취급할 수 있게 되었다.

이 과정에서 휘상은 미처 손 쓸 새도 없이 무너져내리며 세상에서 그 자취를 감췄다. 게다가 도광 말엽에 태평천국의 난이 터지자 강절(江浙, 지금의 장쑤 성과 저장 성 _옮긴이) 일대에서 전당포나 찻잎 장사를 하고 있던 휘상은 직접적인 타격을 입었다.

실론(錫蘭, 스리랑카의 옛 이름 _옮긴이)이나 인도 모두 유명한 차 생산지로, 기문 홍차와 시장에서 치열한 경쟁을 벌이고 있었다. 하지만 태평천국의 난으로 차 산업이 피해를 입자 기문 홍차는 인도와 실론에서 생산된 홍차와의 경쟁에서 힘이 부칠 수밖에 없었다.

결국 기존 주력사업에서 심각한 타격을 입은 휘상은 순식간에 역사의 뒤안길로 사라졌다. 그 결과 현재 그들이 남긴 역사 유적지만 볼 수 있을 뿐, 더 이상의 자료나 소중한 교훈을 얻지 못했다. 휘상의 수준이라는 것이 바로 이렇다.

청나라 도광 연간 이후 휘상이 거의 자취를 감춘 상태에서 호설암이 등장했다. 안휘사람은 그를 휘상으로 부르지만, 절강(浙江) 사람은 그를 절상(浙商)으로 취급한다. 역사적으로 그를 '상성(商聖)'으로 평가하지만 실제 그는 전형적인 투기꾼이었다. 그가 평생 한 일이라고는 권력자의 비위를 맞추며 투기를 일삼는 것뿐이었다. 비단에도 손을 댔지만 결국 실패하고 말았다.

그런데 그는 어떻게 부자가 된 것일까? 호설암에게 많은 시간을 할애해 이야기하고 싶진 않다. 간단하게 이야기해서 호설암 등장 이전, 즉 도광 12년(1832년) 이후 휘상은 이미 무너져내렸으며 호설암은 휘상의 '마지막 몸부림'을 상징하는 존재였다. 개인적으로 그가 상성이라고 불리는 데에는 결코 동의할 수 없다. 그는 그저 보잘것없는 장사치였고 주변을 살피며 아부를 늘어놓거나 투기만 할 줄 아는 일개 소상인이었을 뿐이다.

소금으로 세력을 잡은 휘상은 이른바 자본전환에 실패해 결국 몰락의 길을 걷게 되었다. 휘상은 소금사업으로 벌어들인 자본, 상업자본을 당시 유행하던 산업자본으로 전환하지 못했을 뿐만 아니라, 공장을 짓는 데도 아무 관심이 없어 결국 흔적도 없이 무너져내리고 말았다. 안타깝게도 이것이 휘상의 역사다.

9장

신경제의 낙오자 '호상',
중국 상업의 최고봉 '영파방'

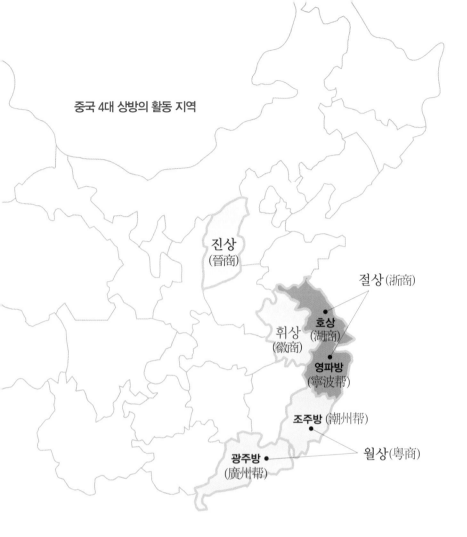

중국 4대 상방의 활동 지역

진상
(晉商)

절상(浙商)

휘상
(徽商)

호상
(湖商)

영파방
(寧波帮)

조주방 (潮州帮)

월상 (粤商)

광주방
(廣州帮)

첫 번째 절상(浙商), 호상

누군가는 호상이 신경제의 낙오자라고 한다.

누군가는 호상이 불합리한 성공을 거두었다고 한다.

호상은 어떻게 성장한 것일까? 그들이 정치에 열을 올린 까닭은 또 무엇인가?

두 번째 절상(浙商), 영파방

누군가는 근대에 가장 뛰어난 상방으로 영파방을 지목했다.

누군가는 창의력이 영파방의 성공요인이라고 설명했다.

'영파방'은 어떻게 오래도록 세력을 과시할 수 있었을까? 그 원동력은 무엇인가?

호상의 비단 흥망사

매년 〈포브스〉지에서는 중국 대륙의 갑부 리스트를 발표하는데, 절강(浙江) 출신 상인의 수가 항상 상위 권을 차지한다. '절상'이라는 단어는 중국 대륙에서 지금도 유명세를 자랑하고 있는데, 현재 절상은 인원, 분포도, 재력 면에서 월등히 앞선 투자자이자 경영인 그룹으로 평가된다. 절강이 마윈, 리수푸 (李書福, 중국의 대표적 자동차 업체인 지리자동차 회장 _옮긴이), 천텐챠오(陳天橋, 중국 최대 온라인 게임업체 샨다의 창업자 _옮긴이) 등 현재 중국 재계의 풍운아를 배출할 수 있었던 원인은 무엇일까? 절강이라는 땅덩어리에는 또 어떤 전설이 잠들어 있을까? 이 모든 해답은 절강의 상방에서 찾을 수 있다.

'절상'은 크게 호주방(湖州幫, 호상)과 영파방(寧波幫)으로 나뉜다. 절강의 북쪽에 자리 잡은 호주는 송나라 때부터 이미 호주라고 불렸는데 그 시기가 휘주의 유래와 같다. 호상과 앞에서 소개한 휘상을 비교하려고 하는데 그 내용이 꽤나 흥미롭다. 먼저 두 지역 모두 찬란한 문화를 자랑하고 있다는 공통점을 발견할 수 있다. 휘주는 많은 진사와 장원을 배출했는데 호주 역시 그러하다. 자료에 따르면 명나라 시대 호주 출신의 진사가 전체 진사의 7퍼센트에 해당하는 172명이었고, 청나라 때는 전체 진사의 9퍼센드에 해딩하는 266명이 모두 호주 출신이었디. 장원의 수는 얼마나 될까? 모두 합쳐 여덟 명의 장원이 탄생했는데 이는 결코 별 볼 일 없는 숫자가 아니다. 결론적으로 호주 역시 유가 문화로부터 많은 영향을 받은 곳 중 하나라 하겠다.

　이번에는 휘주와 호주의 차이점을 알아보자. 산이 많고 경작할 땅이 적었던 휘주는 상당히 척박한 지역으로, 열악한 환경 속에서 살아남기 위해 휘주사람은 특유의 '휘낙타 정신'을 발휘하며 고생을 마다하지 않았다. 이와 달리 호주는 게으른 편이었는데, 당시 사람들은 호주사람의 게으름과 연약함을 비난했다. 게다가 달성한 성과 역시 평범하기 그지없었다. 여기에 풍족한 생활, 찬란한 문화, 폐쇄적인 환경까지 더해지면서, 호주사람은 고생도 기꺼이 받아들이겠다는 휘주사람과 정반대되는 기질을 가지게 되었다. 한 마디로 많은 사람이 호주사람을 '플레이보이'에, 그냥저냥 하루를 때우는 나태한 족속이라고 평가했다. 이참에 과거의 낡은 사고방식에서 벗어나자고 호소하는 바다.

　많은 사람이 상방은 시련과 고생을 통해 생겨난다고 생각하지만 이러한 관점은 틀렸다. 상방의 탄생에 있어서 가장 중요한 것은 바로 기회다. 호상의 흥망사는 휘상과 거의 비슷하다. 휘상이 무너져내린 뒤 호상은 세력을 키웠는데, 청나라 말엽부터 중화민국 초기에 이르는 시기가 바로 그들이 활약하던 시기다.

절강 서부에 위치한 호주는 물자가 풍부하기로 유명
한 곳으로, 옛말에 이르기를 "소주와 호주에 풍년이
들면, 천하가 풍족해진다"고 했다. 당나라와 송나라 이후 호주는 전
국의 주요 곡물 생산지였다. 19세기부터 호주 경내 주변 십 리가 안
되는 작은 마을 남심(南潯, 절강 성 호주 시 동북부에 자리하고 있으며
항가호평원에 있다 _옮긴이)에 난데없이 상업 집단이 생겨났는데, 한
때 돈으로 천하를 호령했던 이들은 '호상'이라고 불린다. 다른 상방
에 비해 호상의 삶은 평탄했다. 표호를 통해 세력을 잡은 진상, 소금
으로 주도권을 쥔 휘상, 그렇다면 호상을 성공으로 이끈 원동력은
무엇이었을까?

1801년 영국이 청나라에서 수입한 비단은 862석이었는데 1833년
에 이르러 그 수입량이 무려 9천 920석으로 폭발적으로 증가했다. 이는
청나라 정부에 막대한 무역흑자를 안겨주었고 여기에 불만을 품은 영국
은 끝내 아편전쟁을 일으켰다. 아편전쟁을 거치며 청나라의 무역흑자는
무역적자로 급변했다. 한편 당시 프랑스 상인이 앞다투어 생사(生絲)를
사들이면서, 이는 절상에게 성공이라는 기회를 제공했다. 특히 여기에 투
입된 생사는 호주 남심 칠리(七里)에서 생산된 것으로, 칠리라고 계속 불
리다가 지금의 집리(輯里) 호사(湖絲)로 자리 잡았다. 집리 생사는 칠리에
서 생산된 실이라는 뜻이다.

중국산 비단은 유럽시장에서 줄곧 각광받았는데 그
중에서도 유럽인은 집리 비단을 최고로 쳤다. 양질의
비단을 앞세운 호상은 오랫동안 거둬들인 비단을 광주(廣州)상인에
게 내다 팔며 많지도, 그렇다고 적지도 않은 돈을 벌어들였다. 하지
만 눈앞에 거대한 무역 시장이 점차 다가오자 평소 안일한 태도를
취하던 호주의 비단 상인도 내심 다른 생각을 갖게 되었다. 1843년
11월 상해가 외국 열강에 문을 열자 유기사행(劉記絲行)의 사장 유
용(劉鏞)은 먼저 상해에 뛰어들어 외국 상인과 매판(買辦, 1770년 무
렵부터 중국에 있었던 외국 상관과 영사관 등에서 중국 상인과의 거래 중
개를 맡기기 위하여 고용하였던 중국인 _옮긴이)을 통해 거래를 하기
시작했다. 짧은 시간 동안 거액의 부를 일구자, 호주의 비단상인들
도 속속 마음의 문을 열고 상해로 달려가 사업을 시작했다. 당시 남
심에서 벗어나 상해로 달려간 이들의 행동은 도전 정신과 아이디어
로 무장한 호상의 경영 이념을 상징하는 것으로, 용기 있는 일탈은
그들에게 막대한 성공을 안겨다주었다.

아편전쟁이 일어나기 전 생사 수출은 모두 광주의 열세 개 양행(洋
行, 이른바 13행 _옮긴이)을 통해 이루어졌는데, 상해가 외국 상인과 거래를
시작하며 상황은 달라지기 시작했다. 호주에서 상해에 이르는 거리가 상
당히 짧아 운임비가 저렴했기 때문이다. 우리 연구팀의 통계에 따르면,
당시 호주 상인의 운임비가 전체 상품가격에서 차지하는 비중은 0.2퍼센
트였는데 이 덕분에 생사 가격을 35퍼센트나 낮출 수 있었다. 양질의 상

품에다 지리적인 우위까지 가세하면서 호주 생사는 날개 돋친 듯 팔려나 갔다. 당시 영국의 대중국 무역 보고서에 따르면 생사의 최대 생산지는 가흥부(嘉興府)와 호주부(湖州府)였는데, 호주의 생사 생산량이 단연코 앞서 있었다. 상황이 이렇다보니 상해로 운송되는 호주 생사의 비율이 전체 물량의 55퍼센트를 기록했다. 태평군이 호주를 장악하자, 이참에 호주상인은 상해로 근거지를 옮겨 본격적으로 비단 매판사업에 뛰어들었다. 위기를 기회로 바꾼 호주 상인은 이전보다 더 큰 성공을 거뒀는데, 1876년 상해에서 활동하던 75개 비단 취급 업체 중 무려 62곳이 호주 상인의 소유였다.

지식⁺ 1860년대 창간된 〈상해신보(上海新報)〉는 당시 다양한 사회 이슈를 다뤘는데, 그중에서도 집리 호사의 가격에 관한 기사가 매일 신문을 장식했다. 당시 호사 가격은 지금의 주가와 같은 존재였는데, 시장 환경의 끊임없는 변화에 맞춰 멀리 떨어진 런던에 호사 거래소가 생겨났을 정도다. 국제시장 진입에 성공했을 뿐만 아니라, 집리 비단의 주요 공급처로 자리 잡은 호상은 순식간에 거액의 부를 쌓아올리며 당시 '상해탄(上海灘)'의 풍운아로 떠올랐다. 그렇다면 호상은 수중의 상업자본을 어떻게 사용했을까? 여기에는 또 어떤 보이지 않는 걱정거리가 숨어 있었을까?

호상은 1876년경에 최고의 전성기를 구가하고 있었는데, 도대체 그들은 어느 정도의 자산을 보유하고 있었을까? 당시 호상을 두고 '코끼리

네 마리, 소 여덟 마리, 개 일흔두 마리'라고 불렀다. 그들의 재산 규모를 동물에 비유한 것으로 100만 냥이 넘는 자산을 가지고 있으면 코끼리 (象), 50~100만 냥이면 소(牛), 30~50만 냥이면 개(狗)라고 불렀다. 여러 호상 중에서도 최고 부자는 유용이었는데, 장씨(張氏) 가문, 총씨(寵氏) 가문, 고씨(顧氏) 가문과 함께 '4대 코끼리'라고 불렸다.

　　당시 호상이 얼마나 많은 재산을 거느리고 있었는지 간단한 예를 들어 살펴보자. 호상 중에서도 최고 부자로 평가되던 유용은 약 2천 만 냥이나 되는 자산을 보유하고 있었다. 유용 외에도 '코끼리 세 마리, 소 여덟 마리, 개 일흔두 마리'의 자산을 모두 합치면 8천 만 냥도 넘었다. 당시 청나라 왕실의 한 해 재정예산이 7천만 냥이었다는 점을 감안할 때 호상의 자산이 국가의 재정에 맞먹는다는 사실을 쉽게 발견할 수 있다. 그러나 호상이 제아무리 많은 자산을 거느리고 있다고 한들 어찌 휘상에 비할 수나 있으랴? 건륭제 시절 휘상 강춘은 산서 태곡 조가(曹家)의 전 재산에 상당하는 1천 120만 냥을 선뜻 구제의연금으로 내놓았다. 기부금으로 1천 120만 냥을 냈을 정도니 실제 총자산은 이것의 10배 혹은 100배나 될 것이 분명했다. 휘상이 당시 기부한 금액은 현재 중국에서 내로라하는 갑부에 필적할 정도다.

　　그렇다면 항간에 알려진 호상은 셀 수도 없는 거액의 재산으로 무엇을 했을까? 폐쇄된 환경 속에 줄곧 갇혀 지내던 사람이 갑자기 하루아침에 돈을 쥐게 되었다면 가장 먼저 무엇을 했을까? 믿지 어렵겠지만 바로 소금사업이었다. 청나라 도광 연간 이후에도 소금거래를 통해 적지 않은 돈을 벌 수 있었지만 과거 경직된 역사관에 물든 호상의 머릿속은 미래가 아닌 과거에 머물러 있었다. 휘상과 마찬가지로 호상 역시 경직된 가치관에서 벗어나지 못하고 과거에 발목 잡혀 있었다. 그렇다면 누가 소금을 취급했을까? 조금 전에 이야기한 최고 갑부 유용은 휘상의 양회염을 취급했으며 그다음 가는 장씨 가문은 절강 염장의 소금을 거래했다. 당시 상업자본을 산업자본으로 전환해야 한다고 생각했던 사람은 정말 없었을까? 국제시장과의 연계를 고민한 사람은 정말 없었을까? 아무도 없었다. 그밖에 호상은 소금 외에도 전당포, 부동산 사업에도 손을 댔는데 그중에서도 부동산 부문에서의 행보는 상당히 흥미롭다. 현재 중국인의 삶과 밀접한 관련이 있기 때문이다.

부동산에 발목 잡힌 휘상의 짧은 투자 안목

지식＋ 당시 호상의 최대 투자종목은 상해를 중심으로 하는 부동산이었다. 크고 작은 호상은 상해에서 주택을 구입했는데, 이들 주택은 호상에게 막대한 이익을 가져다주었다. 유씨 가문의 경우, 제4방만 해도 상해에서 약 700채의 건물을 임대하고 있었는데 매달 임대료만 은원 5만 냥 이상이었다. 현재 고층빌딩의 숲으로 변한 상하이에서 섬세하고 우아한 정원 딸린 이국적인 건물을 찾아볼 수 있는데, 이들 주택은 19세기 상해가 남긴 발자취로 대부분이 호상의 소유다. 마치 약속이라도 한 듯 호상은 상해를 중심으로 항주와 호주 지역의 부동산 산업으로 투자 영역을 확대하기 시작했다. 경제를 지탱하는 기초산업이 사회적 혼란에 직면하면 부동산은 대량의 자산을 먹어치우는 '블랙홀'로 전락한다. 하지만 이러한 사실을 선혀 깨닫지 못했던 당시 호상은 결국 부동산에 발목을 잡히고 말았다.

1862년 당시의 조계(租界, 중국에서 아편 전쟁 이후, 개항도시에서 외국인이 그들의 거류 지구 안의 경찰 및 행정을 관리하는 조직과 그 지역 _옮긴이)를 전부 합쳤을 때 절반 이상의 토지를 누가 쥐고 있었을까? 바로 호상이었다. 그중에서도 천시위안(陳熙元)은 전체 조계지의 절반 이상이나 되는 부동산을 보유하고 있었다. 그밖에 상해 복주로(福州路), 광서가(廣西街) 일대를 보유하고 있던 사람은 누구였을까? 바로 유씨 가문이다. 자료에 따르면, 유씨 가문의 명의로 된 의전(義田, 가난한 이들을 구휼할 목적으로 만든 땅. 일종의 공용 토지 _옮긴이) 중에서도 동종인(同宗人)을 돌보기 위해 사용된 의전만 1만 묘가 넘는다고 한다. 사실 호상이 세운 사당은 그리 많지 않지만 집을 짓는 데는 항상 앞장섰다. 거액의 자산을 소유한 유용도 건물을 올렸을까? 물론이다.

그가 지은 건물은 마치 유명한 서예가 조맹부(趙孟頫)의 집을 방불케 한다. 유용은 평소 조맹부의 집을 무척 마음에 들어 해서 '작은 연화장(蓮花庄, 조맹부의 별장으로 한림학사의 뜻을 받들어 이곳을 지었는데 '학사장'이라고 부르기도 했다. 빼어난 경색으로 강남에서 소문이 자자했으나 청나라 말엽에는 이미 폐허로 변했다 _옮긴이)을 세우기도 했다. 작은 연화장 하나 짓는 데 얼마나 걸렸을까? 북양수사(北洋水師)가 세워진 해(1888년)부터 할아버지-아버지-아들 삼대에 걸쳐 무려 40년 만에 완공되었는데 총 공사비만 100만 냥에 달했다.

지식+
100만 냥을 사업에 투자했다면 자동화된 누에고치 가공공장을 몇 채나 세웠거나 1천 대도 넘는 최신식 견사 가공기계를 장만했겠지만 아쉽게도 호상은 산업경영에 쏟아붓겠다는 생각조차 하지 못했다. 1937년 중일 전쟁이 터지면서 집값이 폭락하고 경제가 붕괴하자, 은행에 차곡차곡 모아둔 호상의 자산은 순식간에 휴지조각이 되어버렸다. 이로써 1940년대 중화 민족의 산업 무대에서 호상은 소리 소문 없이 사라지고 말았다. 도대체 무엇이 호상의 몰락을 재촉했을까?

호주는 장징장(張靜江, 중국 근대정치가로 '민국기인', '현대판 여불위'라는 별명으로 불렸다 _옮긴이), 천치메이(陳其美, 근대 중국의 혁명가이자 정치가로, 1909년 쑹자오런과 중부동맹회를 조직하여 혁명운동을 전개했다 _옮긴이) 등 유명한 정치가를 배출했다. 천치메이는 누구인가? 천리푸(陳立夫, 중국 정치가로 중국 4대(四大) 가문 중 하나다. 미국유학 후 국민당 중앙부의 실권자로 활동했으며 반공 운동을 펼쳤다 _옮긴이), 천궈푸(陳果夫, 천리푸의 형으로 국민당의 실권을 장악하고 장제스의 주요 막료로 활동했다 _옮긴이)의 숙부다. 호주 출신인 이들은 정치에 유독 많은 관심을 보였다.

장징장의 아버지는 무려 10만 냥을 내고 아들에게 강소 후보도대(侯

補道臺. 아무런 권력을 갖지 못한 일종의 명예직으로, 대부분 돈 있는 자들이 돈으로 벼슬을 샀다 _옮긴이) 자리를 마련해주었다. 몇 년 뒤 외교부 일등참찬(一等參贊)이 된 장징장은 흠차대신(欽差大臣) 쑨바오치(孫寶琦, 1867~1931, 청나라 말엽 관리로 산동순무, 북경 정부의 국무총리로 일했으며 나중에는 인새를 육성하는 학당을 여러 개 세웠다 _옮긴이)를 따라 프랑스 파리로 출장길에 올랐는데 파리로 향하는 배 안에서 우연히 쑨중산(孫中山, 쑨원)을 만났다. 그로부터 혁명이론을 들은 장징장은 크게 감동한 나머지 돕고 싶다는 뜻을 전했다. 도대체 어떻게 도와준다는 말인가?

"주변 시선도 있으니 제게 전보를 치는 일도 그리 쉽지 않을 겁니다. 그러니 선생님이 평소 알고 지내는 지인더러 ABCD라는 전보를 치게 하세요. A면 1만, B는 2만 프랑이라는 뜻입니다."

1905년 혁명을 일으킨 쑨중산은 마침 혁명자금이 부족해 애를 먹고 있었다. 고민 끝에 쑨중산은 장징장에게 전보를 치기로 결심했는데, 역사 기록에 따르면 후한민(胡漢民, 1876~1936, 중국 국민당의 초기 멤버이자 국민당 우파의 대표적 인물 _옮긴이)이 장징장에게 전보를 쳤다고 하지만 쑨중산의 성격으로 보건대 아마도 자신이 직접 전보를 보냈을 것이다. 그렇다면 전보의 내용은 무엇이었을까?

'ABCDE, A를 쓰자니 너무 적고 E는 또 너무 많아 C를 써서 보냅니다.' 그로부터 몇 주 지나지 않아 장징장은 쑨중산에게 3만 프랑을 보냈다. 당시 프랑스 근로자의 월급이 200프랑이었다는 점을 감안할 때, 장징장은 쑨중산에게 십여 년 이상 일해야 벌 수 있는 돈을 한 번에 송금한 셈이다. 여기에 재미를 들린 쑨중산이 또다시 장징장에게 전보를 쳤다. 빌리기 미안하다면서 A나 B를 사용하자는 내용의 전보를 받은 장 징장은 쑨중산에게 필요한 자금을 보냈다. 하지만 아이러니하게도 훗날 상해에 통운회사를 세운 장씨 가문은 쑨중산이 일으킨 혁명으로 파산을 선포하고 말았다.

지식⁺ 당시 돈방석에 오른 호상은 민족기업을 진흥시킬 기회를 잡지 못하고 매관매직, 건물축조나 수리 등 비생산적인 영역에 대규모 자금을 쏟아부었다. 호상의 투자안목이 얼마나 짧은지 보여주는 대목이라 하겠다. 1930년대에 이르러 수많은 호상이 하룻밤에 파산하거나 도산하고 말았다. 무엇 때문일까?

상해에 거주하고 있던 호상의 비율은 1911년에 문을 연 공장이나 업체를 운영하고 있던 전체 절상 중의 절반을 차지했지만 1927년에 이르러 사분의 일로 줄어들었다. 이는 절상의 대대적인 쇠퇴를 의미했다. 도대체 그들에게 무슨 일이 있었던 것일까?

첫째, 일본산 비단제품. 시모노세키 조약을 통해 일본은 자국의 산업화를 촉진하기 위해 중국으로부터 백은 2억 냥을 강탈했다. 이를 기반으로 일본의 비단제조업은 기계화, 자동화를 갖춘 현대식 산업으로 성장하는 데 성공했고, 여기서 생산된 비단제품을 대량으로 중국에 수출하기 시작했다. 이러한 상황은 호주의 비단시장에 커다란 충격을 안겨주었다.

설상가상으로 1차 세계대전 당시 중국의 은원 혹은 백은의 환율이 요동치기 시작하면서 호상은 생사존망의 갈림길로 내몰렸다. 유럽지역의 비단 수요가 대폭 줄어든데다 일본 제품과의 경쟁으로 벼랑 끝에 몰린 호상은 자동화된 기계설비를 수입했지만 청나라 정부의 무능함 때문에 만족스러운 결과를 얻지 못했다. 이러한 요소들이 한데 뭉치면서 호상의 몰락이라는 시대적 비극을 초래했다.

둘째, 인조사 문제. 1924년 24석의 인조사를 수입하던 중국이 7년 뒤에는 무려 14,500석의 인조사를 수입하기 시작했다. 자연사보다 아름답고 질긴데다 가격마저 저렴한 인조사에 대한 중국 내 수요가 급증했기 때문이다. 수입 인조사의 파상공세 속에서 호주 칠리사는 시장에서 제대로 된 승부를 내볼 기회조차 얻지 못했다. 그 결과 1913~1914년 절강에 있던 열세 개 공장 중에서 무려 열 곳이 문을 닫았고, 상해지역에서 활동 중이던 56개 업체 중 30곳이 간판을 내렸다. 이러한 상황을 종합했을 때 호상에게 불행의 그림자가 다가오고 있음이 분명했다.

지식＋ 현재 호주 비단업계는 여전히 주변 환경에 따라 심한 기복을 보인다. 호주 부두에서 과거와 같은 분주하고 활기 넘치는 모습을 더 이상 찾아볼 수 없다. 과거 국가재정에 필적할 만큼 막강한 재력을 자랑하던 호상이 상해에서 보여준 부침(浮沈)은 지금의 중국인에게 많은 고민과 물음을 던지고 있다. 호상의 활동지역은 현재의 창장 싼지야오(長江三角)라는 경제권으로, 중국에서 가장 빨리 성장하고 있는 지역 중 하나다. 바로 이곳에서 현재 새로운 절상 세대가 여전히 부침을 겪고 있다. 새로운 절상의 정신이라 할 이들이 중국의 신세대 상방을 이끌어가기를 기대한다.

절상의 대표주자, '영파방'의 경제 신화

지식+　현재 중국 저장 성 싼장(三江) 입구 근처에 있는 광장 한 가운데는 커다란 조각상이 우뚝 서 있다. 그 모습을 자세히 들여다보면 조각에 등장하는 모든 인물이 집을 떠나 노정에 오르려는 듯 저마다 행낭을 짊어지고 있다는 것을 발견할 수 있다. '삼강송별(三江送別)'이라고 불리는 이름의 조각상은 과거 생존을 위해 세상 밖으로 나가는 영파방의 용기와 지혜를 기념하기 위해 제작되었다.

현재 절상의 흔적은 중국 전역에서 찾아볼 수 있는데 베이징에는 '저장촌(浙江村)'이라는 곳도 있다. 2007년 연말까지 상하이 지역에서만 5만여 개의 절상기업이 활동하고 있으며, 대 상하이 투자액은 중국 내에서도 단연코 으뜸이라 하겠다. 유럽, 아프리카, 심지어 전쟁의 포화가 끊이지 않는 중동지역에서도 절상의 그림자를 찾아볼 수 있다. 절상 중에서도 특히 영파방은 가장 전형적인 상방이라고 할 수 있다. 비록 그들의 역사는 진상, 휘상처럼 화려하지는 않았지만 현재의 중국에 미친 영향력은 실로 상당하다. 그렇다면 절상의 대표주자인 영파방은 어떤 기적을 만들어냈을까? 또 그들의 성공비결은 무엇일까?

척박한 자연환경, 거대한 인구라는 점에서 영파방은 휘상과 비슷한 상황에 놓여 있었다. "호주와 광주에 풍년이 들면 천하가 풍족해진다"는 이야기가 영파 지역으로 가면 전혀 다른 말로 변한다. "영파 지역에 풍년이 든다고 해도 죽 한 그릇밖에 안 나온다." 이처럼 힘겨운 자연환경 속에서 영파 사람의 경영이념이 탄생했다. 중국 역사에서 성공한 상방은 영파방과 광동방(廣東幫) 오직 두 상방뿐이다.

그들은 어떻게 성공할 수 있었을까? 영파와 광동 모두 바다를 끼고 있을 뿐만 아니라 매판 중심지로 주목받았다. 이 같은 자연 조건을 내세워 영파방과 광동방은 서양의 현대적인 경영 지식을 가장 먼저 접할 수 있었다. 찢어지게 가난한 영파방은 당시 위험하기 짝이 없는 해상무역을 통해 초기자본을 마련했다. 송나라 시절 복건 연해지역에서 장사를 하던 사람이 훗날 신으로 추앙받았는데 그가 바로 바다의 신 '마조(媽祖)'로, 어민을 보호한다고 알려져 있다. 관세음보살 외에 절강의 백성을 따스하게 감싸 안아줄 특별한 신은 없었다.

휘주와 호주 상방에 관한 앞의 이야기에서 그들은 소금이나 비단처럼 특정한 기회를 통해 성공을 거뒀다가 점차 몰락했다는 결론을 얻었다. 하지만 그들과 달리 영파방은 시퍼런 물결이 출렁이는 해상무역을 통해 꾸준한 성공을 일구었다. 청나라 중엽 당시 대일 구리무역이 영파방의 주요 수입원이었다.

지식⁺ 중국 동부 해안가에 자리 잡은 영파는 중국에서 가장 먼저 개방된 무역항구 중 하나로, 당나라와 송나라 이후 현지 상인들은 국제무역에 손을 대기 시작했다. 개방을 통한 상업문명의 영향으로 영파인은 용감하게 세상과 부딪혀보겠다는 마음을 굳혔다. 100여 년 전에 아편전쟁의 초연(硝煙)이 상해탄에서 완전히 흩어지기 전에 상해 바로 옆에 자리 잡은 영파에서 많은 사람이 고향을 등지고 새로운 세상에 속속 진출했다. 상해 황포강(黃浦江) 근처에 허름한 천막과 판잣집을 세운 영파 사람은 상해 최초의 '천막촌'을 형성했다. 간신히 몸을 뉘일 곳을 찾아낸 이들은 손에 쥐고 있던 면도기, 부엌칼, 가위를 들고 길거리로 나가 장사를 시작했다. 영파부(寧波府)가 속해 있는 은현(鄞縣), 봉화(奉化), 자계(慈溪), 진해(鎭海), 정해(定海), 상산(象山)을 육현(六縣)이라고 부르는데, 이 지역에서 외국 상인과 거래를 하던 상인을 가리켜 영파방이라고 한다. 영파빙은 어떻게 경제 신화를 만들어냈을까?

중국에서 최초로 우체국을 세운 사람은 누구인가? 그전에 한 가지 다른 사실을 알려주자면 미국의 우체국은 미국 내 유일한 국유기업이다. 전 세계에서 운영 중인 우체국은 정부가 관리한다. 중국 역시 예외가 아니다. 그렇다면 누가 세계 최초로 우체국을 세웠을까? 바로 영파사람이다. 언제? 1403년의 일이다.

때는 명나라 성조(成祖) 집권기로 영락(永樂) 연간(1403~1424년)에 최초의 민신국(民信局), 즉 현재의 우체국이 세워졌다. 냉병기(冷兵器, 칼과 창처럼 화약을 사용하지 않는 무기 _옮긴이) 시대에 해당하는 1403년 당시에는 화물을 수송하려면 무조건 표국을 찾아야 했다. 당시의 민신국은 서신, 간행물, 은표(銀票)를 모두 취급했을 뿐만 아니라 화물도 다뤘다.

사람들이 안심하고 중요한 서신이나 계약을 민신국에 맡길 수 있었던 까닭은 무엇이었을까? 중국 전역에 회자될 만큼 확실한 신용을 자랑하는 영파상인이 민신국을 세웠기 때문이다. 제아무리 사소한 약속이라도 귀한 천금처럼 여긴다는 영파상인은 내가 강조하는 '투철한 책임의식'을 몸소 선보였다. 민신국에 물건을 맡긴 고객을 끝까지 책임지겠다는 무한책임의식은 영파상인을 통해 구체화되었고, 쑨중산은 1916년 그런 영파사람을 가리켜 중국에서 가장 뛰어난 상인이라고 칭찬했다. 영파사람의 특징은 무엇일까? 창의력이야말로 그들을 대변하는 상징이라고 생각한다.

　　600년 전 우체국이라는 개념을 생각해내려면 그저 그런 창의력만으로는 부족하다. 훗날 영파상인이 경영한 기업들은 모두 자신만의 독특한 창의력에 기반을 두고 경제활동을 벌였다. 여기서 창의력이란 청나라 말엽 매판을 만들어낸 창의력을 뜻하는 것이 아니다. 1403년 탄생된 민신국은 이미 영파방의 놀라운 창의력을 입증하고 있다.

성실함, 신용, 책임의식으로 얻은 명성

영파에는 '약항가(藥行街)'라는 거리가 있다. 1920~1930년 당시 이 거리에는 크고 작은 수많은 약방(藥鋪)이 몰려 있었는데, 신용을 숭상하고 성실함을 높이 산다는 영파상인의 경영이념에 따라 이 거리는 중국 약재업의 중심으로 떠올랐다. 제아무리 돈을 벌기 위해 장사한다고 하지만 영파사람은 바가지를 씌우지 않는 것으로 유명하다. 이러한 아름다운 전통은 100여 년이라는 긴 시간이 흐른 뒤에도 여전히 이어져 내려오고 있다. 영파에는 "천하의 주인이라 하더라도 물건을 사는 사람만 못하다"는 말이 있다. 쉽게 말해서 '고객이 왕이다'라는 뜻이다. 말로는 쉽게 할 수 있지만 이를 행동으로 옮기기란 결코 쉬운 일이 아니다. 남다른 지혜와 용기가 없었다면 결코 해낼 수 없는 일이기 때문이다. 치열한 상전(商戰)을 겪으며 성실함과 신용을 최고로 여기는 영파방의 명성은 한 치의 틈도 용납하지 않을 만큼 견고해지기 시작했다.

먼저 송한장(宋漢章, 1872~1968, 중국의 근대 금융가로 중국은행의 기반을 닦은 인물 중 한 명으로 평생 사회공익 사업에 종사하며 당시 중국 금융계의 모범이라는 평가를 받았다 _옮긴이)에 대해 알아보자. 그는 책임을 무척 강조한 대표적인 인물로, 1931년에 자본금만 은원 250만 냥에 달하는 중궈(中國)보험사를 세웠다. 참고로 당시 은원 한 냥의 가격은 백은 0.72냥이었다.

당시 룽이런(榮毅仁, 1916~2005, 중국 전 국가부주석이자 국제신탁투자공사 초대 이사장이다. 허풍, 쌘신 은행을 경영했으며, 중화인민공화국이 탄생하자 모든 자산을 국가에 기부하여 대표적인 민족자본가로 추앙받았다 _옮긴이) 일가는 1931년 한커우(漢口)의 방직공장에 중궈보험사가 출시한 사고보험에 가입한 상태였는데, 훗날 화재가 발생해 큰 피해를 당하고 말았다. 그렇다면 송한장은 이들에게 얼마의 배상금을 지급해야 했을까?

백은 144만 냥에 상당하는 은원 200만 냥으로, 철갑선 한 척을 살 수 있는 금액이었다. 은원 250만 냥의 자본을 보유하고 있던 송한장은 사업 최대의 고비에 직면했다. 모든 것이 불탄 룽이런 가문에게 은원 200만 냥을 배상해주어야 한다는 것은 송한장으로서는 모든 것을 내놓아야 한다는 뜻이나 다름없었기 때문이다.

당시 많은 보험사는 송한장이 은원 250만 냥 중 200만 냥을 실제로 지급할지를 두고 상당히 긴장된 표정으로 지켜보고 있었다. 하지만 전형적인 영파상인인 송한장은 1403년부터 자리 잡은 영파 특유의 책임의식을 발휘하여 이를 악물고 룽이런 가문에 은원 200만 냥을 지급하라고 지시했다. 전체 배상금 중 절반만 지급해도 고마운데 배상금을 전액으로, 그것도 빠른 시일 안에 지급받았다는 사실에 룽이런 일가는 크게 감동했다.

룽이런 일가는 〈신보(新報)〉를 통해 송한장에게 감사의 뜻을 전한다는 내용의 기사를 대대적으로 실었고, 이 소식이 전해지면서 송한장이 이끄는 중궈보험사는 소비자와 고객으로부터 큰 호평을 받았다. 당시로서는 그처럼 놀라운 용기와 투철한 책임의식을 가진 보험사를 찾아보기란 상당히 어려웠기 때문이다.

영파의 거리를 돌아다니다보면 오래된 약방들을 쉽게 찾아볼 수 있다. 현재 중국에 현존하고 있는 전통약방은 모두 81곳으로, 전체 약방의 16퍼센트에 해당하는 13곳을 영파 사람이 운영하고 있다. 이러한 수치는 실로 대단하다고 할 수 있다. TV 연속극 〈대택문(大宅門)〉을 본 적이 있는가? 그 내용은 무엇인가? 영파의 낙씨(樂氏) 가문이 북경에서 동인당

(同仁堂)을 세우고 발전하기까지의 내용을 담고 있다. 낙씨 가문은 약을 제조할 때 항상 예로부터 내려오던 약방을 참고했고 약방에 기재된 약재만 사용했다. 제아무리 비싼 인삼도 약방에 있다면 조금도 아끼지 않고 적혀 있는 함량대로 쏟아부었다. 이것이 바로 영파상인이다. 명나라부터 청나라에 이르기까지 투철한 책임의식이 영파방의 생존과 발전을 보장했다고 확신한다.

단결이 곧 힘, 위기속에서 기회를 잡다

지식＋ 한때 상해 조계의 대부분을 차지한 것은 서양인에게서 따온 이름의 거리였다. 반면에 중국인의 이름을 딴 거리가 딱 두 곳 있었는데, 그 주인공은 바로 위자칭(虞洽卿, 1867~1945, 독일계 양행, 네덜란드 은행 등에서 매판으로 활약하다가 닝샤오, 훙안 등의 페리 회사를 차렸다 _옮긴이), 주바오싼(朱保三)이다. 이들은 모두 과거 세상을 호령했던 영파 출신 거상이다.

1898년 프랑스 조계 당국은 영파동향회의 소재지인 '사명공소(四明公所)'의 땅을 차지하려고 했다. 당시 영파상인은 동향대표대회를 즉각 열고 파업과 함께 시장을 잠정폐쇄한다는 내용을 발표하며 프랑스 조계 당국에 저항했다. 외국 선박회사에서 일하던 영파 출신의 선원, 부두 짐꾼, 우전(郵電) 종사자, 심지어 외국인 가정에서 가사를 돌보고 있던 식모나 보모 등 상해 전 지역에 거주하던 모든 영파사람이 하던 일을 즉시 그만두자 프랑스 조계는 마비상태에 빠졌다. 결국 프랑스 조계 당국은 영원히 사명공소를 침범하지 않겠다고 양보하는 수밖에 없었다. 이는 영파사람의 무서운 단결력이 거둔 영광스러운 승리였다. 이뿐만 아니라 경제활동에서도 영파 사람은 특유의 단결력으로 위기 속에서 기회를 잡으며 승승장구했다.

1909년, 영국의 태고양행(太古洋行, Swire, 영국 런던에 기반을 둔 다국적 기업 _옮긴이)과 프랑스의 동방회사(東方公司)가 재계를 주름 잡고 있던 시절에 무슨 심경의 변화라도 있었던 것인지 위자칭은 난데없이 페리(Ferry) 사업에 착수하기로 결심했다.

당시 상해에서 영파에 이르는 페리의 표 값은 1위안이었는데 위자칭은 표 값으로 5마오(毛)를 정한 뒤 닝샤오 페리사를 직접 세우고 영국, 프랑스의 양행과 경쟁하겠다고 선언했다. 하지만 무엇을 가지고 경쟁을 한단 말인가? 막강한 자본력을 내세운 태고양행이 위자칭을 제압하기 위해 표 값을 3마오로 낮추자 위자칭은 궁지에 몰리고 말았다. 이를 지켜보던 영파상방은 해운사상 유일무이한 '위자칭 살리기 프로젝트'를 조직했다. 다시 말해 위자칭에게 힘을 보태기 위해서 영파상방은 은원 10만 냥을 모금해 표 한 장당 2마오를 보조해주었다. 이렇게 해서 위자칭은 최종가격 3마오로 태고양행에 맞섰고 기적적으로 회생했다.

이들 영파상방의 지원은 단순히 성금으로만 그치지 않았다. 이들은 자신이 운영하는 업체에서 취급하는 화물을 전부 위자칭을 통해 처리함으로써 지속적인 후원을 아끼지 않았고, 그 결과 치열한 접전 끝에 위자칭은 태고양행을 물리치는 데 성공했다.

이 일은 언제 일어났던 것일까? 청나라 말엽인 1909년, 바로 선통(宣統) 원년(元年)이다. 외국자본이 현재보다 훨씬 압도적인 기세를 자랑하고 있던 당시 시장에서 위자칭이 당당하게 외국자본에 맞서고 나아가 승리할 수 있었던 원동력은 무엇이었을까? 영파상방의 적극적인 지원이 없었다면 제아무리 출중한 사업 감각을 가졌다고 알려진 위자칭도 무사하지는 못했을 것이다.

1910년 영파인은 상해 주재 영파동향회를 세웠는데, 이 단체는 우리가 상상하는 그저 먹고 마시는 '친목회'가 아니라 서로를 챙기고 공동 번영을 추구하는 결집력이 강한 공동체였다. 이들이 달성한 몇 가지 성과를 살펴보자. 첫째, 은행과 전장(錢庄, 사설 금융기관 _옮긴이) 간의 상호 지분 참여 · 겸직 · 차관 지급 · 투자를 통해 함께 위기를 뛰어넘자는 대규모 재단과 대형은행을 세웠다. 지금의 중국 기업도 해내지 못한 일을 100여 년 전에 해냈다는 사실을 상상하기는 그리 쉽지 않다. 하나로 똘똘 뭉치는 협동심으로 영파상인은 당시로서는 전무후무하게 교차 지분 참여를 통한 은행 그룹을 세웠다.

영파상방의 단결력이 얼마나 대단했는지를 보여주는 에피소드를 하나 소개해보겠다. 중화민국 시대인 1916년 자오퉁은행(交通銀行), 중궈은행(中國銀行) 등에서 자금 문제가 터지면서(자세한 이야기는 다루지 않겠다) 대규모 뱅크러시가 발생하자, 당시 베이징 당국은 사회 혼란을 막겠다며 예금출금이나 환전을 전면 금지하겠다고 선포했다. 하지만 송한장을 위시한 영파상방은 절상의 모든 은행과 힘을 모아 북경 정부의 결정에 대항했다.

당시 이들은 누구에게 SOS를 쳤을까? HSBC 등 외자 은행을 찾아 융자를 받은 뒤 일반 예금주(일반 국민)가 원하는 내로 출금서비스를 제공했다. "영파 사람의 신용이 북경 정부의 정책변경 때문에 훼손되어서는 안 된다!" 송한장의 이 같은 발언만 보더라도 교차지분 참여를 통해 서로를 지켜주겠다는 신념, 뭉치면 산다는 협동심과 이타심으로 무장한 영파상인의 활약 덕분에 상하이 지역의 금융시장은 금세 안정을 되찾을 수 있었던 셈이다.

영파방의 뛰어난 투자 전략과 경영철학

지식+ 영파 출신 인물이 금융계에서 보여준 믿음직스러운 행동 덕분에 상하이에 자리 잡은 영파 출신 사업가는 호랑이 등에 날개 단 듯 무섭게 성장하기 시작했다. 당시 상하이에서 영파사람은 유행을 선도했다. 중국 최초의 일용품 제조공장, 최초의 자동염색업체, 최초의 전등 제조공장, 최초의 민영 계측기 제조업체, 심지어 최초의 보험사, 부동산 중개소, 증권 거래소 모두 영파상인의 손을 거쳐 탄생했다. 진상, 휘상, 그리고 호상과 달리 영파상인은 중국에서 최초로 상업자본을 산업자본으로 전환하는 데

성공했다. 그렇다면 영파인은 어떤 투자 전략을 통해 이 같은 성과

를 올릴 수 있었을까?

당시 영파상인의 경영수준은 어땠을까? 류훙성(劉鴻生, 1888~1956,

'중국 기업의 황제'라는 별명을 갖고 있는 대표적인 민족자본가 _옮긴이)은 '산업이

나 상업이 없다면 어느 은행도 오랫동안 살아남을 수 없으며, 은행이 없

으면 산업과 상업 역시 망할 수밖에 없다'고 이야기했다. 100년 전 이 말

을 남긴 류훙성은 어떤 회사를 운영하고 있었을까?

따중화(大中華) 성냥 회사, 상하이화상(上海華商) 시멘트 회사, 상화방

직(商華紡織) 등 무려 10여 개의 기업을 거느리고 있었다. 그렇다면 이들

업체는 어떤 금융기구와 거래를 하고 있었을까? 이들 모두 자체 은행을

이용했다. 위자칭이 세운 싼베이(二北) 항운그룹은 1927년에 중국 최대

항운그룹으로 발돋움했다. "빚을 내서라도 구식 배를 사고, 가난할수록

배를 사라!"는 위자칭의 말은 무엇을 의미할까? 쓰밍(四明)은행을 세운

그는 나머지 7~8개의 금융기관과 힘을 합쳐 대출 전문 금융사를 세웠는

데, 은원 5~10만 냥을 들여 구식 배를 사고 은원 15~20만 냥으로는 융

자사업을 벌였다. 쓰밍은행은 위자칭에게 얼마의 돈을 빌려주었을까? 은

원 300만이다. 산업과 금융이 하나로 통합된 시스템을 통해 위자칭은 재

계 거물이 될 수 있었고, 류훙성 역시 다원화된 대기업으로 발돋움할 수

있었다. 류훙성은 중공업 외에도 경공업, 서비스 산업에 손을 대고 있었

는데 100여 년 전에 이미 금융과 산업 간의 보완성을 알아챈 그의 안목

에 경의를 표하는 바다.

그밖에 팡예셴(方葉先)이라는 사람을 살펴보자. 그는 어떤 기업을 거

느리고 있었을까? 우황, 질산염, 마그네슘, 완구, 약품, 면직, 화장품 등 모두 16개 업체를 보유하고 있었는데, 하나같이 독자적인 제조공장을 보유하고 있었다. 중국 최대 화공 기업의 창시자로서 팡예셴은 분산 투자, 집중 관리로 대표되는 다원화 경영을 선보였다.

다시 류홍성으로 돌아가서 산업과 금융이 통합된 시스템을 통해 세력을 확대하는 데 성공한 그는 탄광, 알탄, 성냥, 시멘트, 모피 방직, 부두 및 은행 보험 등 다양한 분야에서 활동했다. 제조업, 경공업, 운송업, 금융업이 한데 통합되면서 각 업체들은 적자에서 흑자로 전환하는 데 성공했을 뿐만 아니라, 상호보완적인 효과를 발휘했을 것이다. 여기에서 말하는 상호보완성이란 무엇인가?

과거 나는 홍콩 재계의 '사대천왕' 중 한 명에게 어떻게 투자를 하냐고 물은 적 있었는데, 그가 들려준 대답이 상당히 인상적이었다.

"투자를 할 때 망했을 경우 어떻게 이를 보완할 것인지를 먼저 고민합니다."

우리는 투자를 할 때 얼마나 많은 돈을 벌 수 있는지 고민하지만 그는 얼마의 손해를 치러야 하는지를 먼저 살핀다고 했다. 쉽게 이야기해서 신생업체가 망했다면 해당 업체가 만든 손해를 만회하기 위해서 다른 업체가 손해 본 만큼의 수익을 올려야 한다는 뜻이다. 부족한 부분은 채워주고, 남는 것은 서로 사이좋게 나누는 것이 상호보완성이 구체화된 경우라 하겠다. 실제로 그가 선택한 업종은 거의 대부분 상호보완성을 가지고 있는데, 류홍성에게서도 이러한 경향을 찾아볼 수 있다. 당시 영파상인의 경영이념은 현재 홍콩재계를 통해 이어져내려오고 있다.

지식+ 현재 절상에게서 한 가지 공통점을 발견할 수 있다.
할 수 있는 일이나 사업이 있다면 큰 돈이든 작은 돈
이든 닥치는 대로 한다. 그뿐만 아니라 다른 사람들이 포기한 것일
지라도 기꺼이 덤벼든다. 절상에게 발 닿는 모든 곳은 시장이고, 손
에 쥘 수 있는 모든 것은 기회다. 그 외에도 남들이 주의를 기울이
지 않은 작은 것에서 기회를 포착한다. 나사못이나 단추 하나도 절
상에게는 무시할 수 없는 소중한 사업 아이템이다. 성실하고 과감하
게 행동하며, 약속과 신뢰를 제일로 치는 점 외에도 영파방은 사람
을 최고로 여긴다는 인간 중심 사고 덕분에 큰 성공을 거둘 수 있었
다. 중국 최초의 광고를 영파상인이 만들었다는 이야기를 믿을 수
있겠는가?

영파방의 남다른 경영철학 중 첫 번째는 '사람이 곧 힘'이라는 것이
다. 영파방의 인용술은 사적인 관계를 철저히 배제하고 오로지 능력으로
만 사람을 평가한다는 특징을 보인다. 예를 들어 삼요우 실업사(三友實業
社)의 경우, 시동생(少爺), 사위(姑爺), 삼촌(舅爺) 같은 이른바 '삼야(三爺)'
를 모조리 채용하지 않았다. 팡예셴은 도서관과 화학 실험실을 세웠는데,
1823년 미국에서 중국으로 돌아온 후 중국 최초의 글리세린 공장을 세
웠다. '오금대왕(伍金大王)'이라고 불리는 엽징충(葉澄衷, 1840~1899년)이 세
운 학당에서는 바오위강(包玉剛, 동양의 오나시스라고 불리는 홍콩의 대표적인
해운업자로, Worldwide Shipping을 운영하고 있다 _옮긴이), 샤오이푸(邵逸夫, 홍콩
영화계의 대부로 홍콩방송 대표 _옮긴이) 등의 위인을 배출했는데 이들은 어

떻게 해서 홍콩에서 앞선 지도자로서의 위치를 선점할 수 있었을까? 영파상인의 과학적 교육을 통해 유능한 인재로 거듭났기 때문이다. 바오위강, 샤오이푸를 그저 배나 만들고 영화를 찍는 장사꾼으로 생각하지 마라. 이들은 선배 상인의 지도 하에 어릴 때부터 철저한 교육을 빋고 남다른 예지력을 갖춘 진정한 기업가다.

영파방에 대해 두 번째로 주목할 점은 뛰어난 광고전략이다. 영파방은 흥미롭게도 광고를 이용했다. 광고를 발명한 것이 물론 영파방은 아니지만 광서(光緖) 30년, 즉 1904년 중국에 지금의 나오바이진(腦白金)과 비슷한 개념의 광고가 처음 등장했다.

먼저, 나오바이진은 무엇인가? 일종의 수면제다. 친구에게 수면제를 보내는 모습을 상상할 수 있는가? 상식적이라면 그렇지 않을 것이다. 그럼에도 나오바이진 광고는 성공을 거뒀다. 수면제의 약효가 얼마나 대단한지, 혹은 얼마나 많은 약재를 넣었는지 나오바이진은 광고하지 않았다. 그들은 광고를 통해 어디 어디에 좋다고 설명하지도 않고 끝내는 가격도 제대로 알려주지 않는다. 그 까닭은 무엇인가? 한 마디로 말해서 나오바이진 광고는 소비자에게 새로운 개념을 제시했다. 즉, 친구에게 선물을 주듯 나오바이진을 주라는 것이다. 나오바이진의 효과를 제아무리 광고한다고 한들 소비자는 그 효과를 직접 눈으로 확인할 수 없다. 그저 광고에 등장하는 할아버지, 할머니 캐릭터처럼 나오바이진을 복용한 할아버지, 할머니가 신나게 춤출 것이라는 결과만 기대하고 있을 뿐이다. 결국, 수면제의 일종인 나오바이진이 성공할 수 있었던 것은 나오바이진을 몸이 좋지 않을 때 먹는 약품에서 약물성이 전혀 없는 따스한 선물로 포장했기 때문이다. 이러한 광고 개념의 변화는 2003년과 2004년 이후 새롭게 등장했다.

　1904년 황추저우(黃楚九, 1872~1931, 20세기 초 상하이의 유명 사업가 _옮긴이)는 상당히 재치 넘치는 아이디어를 선보였다. 그의 성인 '황'은 무슨 뜻인가? 누렇다는 뜻의 황(黃)으로, 영어로 하면 Yellow다. 이 단어를 확실하게 외운 그는(당시 중국인의 영어 수준은 상당했다) 어떤 일을 벌였을까? 영어 Yellow(옐로우)를 소리나는 대로 중국어 '아이로우(艾羅)'로 번역한 그는 '아이로우 두뇌 향상 영양 드링크'를 만든 뒤 위에서 설명한 나오바이진의 개념을 도입했다. 다시 말해서 그는 상품의 약효를 대대적으로 강조하지 않았다. "상품이 10퍼센트라면 나머지 90퍼센트는 모두 광고에 달렸다"는 그의 말은 나오바이진 광고의 모토가 아니던가! 〈신보〉와 〈신문보(新聞報)〉에 그는 자신의 상품을 대대적으로 홍보했다. 그 내용은 과연 무엇이었을까? 먼저 한 가지 짚고 넘어가야 할 문제가 있다. 해당 제품의 용도와 관련된 지극히 단순한 문제다. 똑똑해지고 싶은가? 당연히 그러고 싶다. 그렇다면 누가 가장 똑똑한가? 유대인이 가장 똑똑하다. 나 역시 동감한다. 미국에서 교편을 잡았을 때 반에서 가장 높은 점수를 받은 학생은 줄곧 유대인이었기 때문이다.

　그렇다면 황추저우는 이를 어떻게 활용했을까? 그는 먼저 어린 유대인 소년의 사진을 실었다. 현대의 나오바이진이 신나게 춤추고 있는 할아버지와 할머니를 동원했다면 황추저우는 연신 'Yellow'를 외치는 어린 유대인 소년을 전면에 내세웠다. 이 얼마나 창의적이란 말인가!

　100여 년 전에 이미 지금의 나오바이진 광고 콘셉트를 도입한 황추저우는 약이라는 이미지 대신 귀중한 선물이라는 이미지를 대대적으로 알렸다. 왜 그랬을까? 제 아이가 유대인 소년처럼 똑똑해지기를 원하는 소비자의 마음을 읽을 줄 알았기 때문이다. 한마디로 상품에 가상의 이미지를 심은 것이다. 나오바이진 광고에 대해 이러쿵저러쿵 말이 오갈지 모르겠지만 중요한 것은 소비자에게 긍정적인 상품 이미지를 성공적으로 전달했다는 데 있다. 100여 년 전 등장한 아이로우 두뇌향상 영양드링크에는 이미 이러한 광고 전략이 숨어 있었다.

한편, 길거리를 돌아다니다보면 수많은 프랜차이즈를 볼 수 있는데 이것이 과연 현대경제의 산물이라고 생각하는가? 중화민국 때 이러한 프랜차이즈를 볼 수 없었을까? 진정한 의미의 프랜차이즈를 발명한 이가 바로 영파상인이다. 현재의 프랜차이즈처럼 영파상인은 일정한 보증금을 지불하면 개별적으로 사업을 운영할 수 있는 프랜차이즈 시스템을 발명했다. 앞서 설명한 전무후무한 교차지분 참여, 최초의 산업과 금융의 통합, 최초의 다원화 경영, 최초의 이미지 광고, 그리고 최초의 프랜차이즈 제도를 등장시키는 데 가장 큰 공헌을 한 이가 바로 영파방이다. 현재 중국에서도 이러한 사고방식은 상당히 앞선 개념으로 받아들여지고 있는데 하물며 100년 전에는 어떠했겠는가?

지식+ 다른 상방과 달리 영파방은 중국 상업의 최고봉에 올라선 뒤에도 시간의 흐름 속에 휩쓸려 사라지지 않고 여전히 존재감을 과시하고 있다. 어릴 때부터 바다 내음을 맡고 자라며 특유의 사업가 정신과 서생의 양심을 유지하고 있는 주인공이 바로 영파방이다. 전통적인 상업에 치중했던 중국에 현대적인 상업을 소개하고 근대 중국의 민족기업 발전을 유도한 것 역시 영파방이다. 통계에 따르면, 현재 7만 3천여 명에 달하는 영파 출신 기업가가 전 세계 64개국에 흩어져 살고 있는데 그들의 후예까지 합치면 영파방의 수는 30만 명을 넘을 것으로 추측된다. 그렇다면 영파방은 앞으로 또 어떤 기적을 만들어낼까?

10장

최고 부자의 명성 '광주방', 가는 곳마다 전설 만든 '조주방'

중국 4대 상방의 활동 지역

진상
(晉商)

절상 (浙商)

호상
(湖商)

휘상
(徽商)

영파방
(寧波帮)

조주방 (潮州帮)

월상 (粤商)

광주방
(廣州帮)

첫 번째 월상, 광주방(廣州帮)

미국에서도 널리 알려진 그들의 명성은 무려 50년 동안 계속 이어졌다.

일단 힘을 모으면 영국의 동인도회사에 필적할 만큼 가공할 만한 위력을 뽐냈다.

타고난 사업적 본능과 특유의 사업 안목을 지닌 주인공이 바로 광주방이다.

두 번째 월상, 조주방(潮州帮)

가는 곳마다 전설을 만든 상방이 조주방이다.

누군가는 어떻게 돈을 벌어야 하는지 가장 잘 알고 있는 상방으로 조주방을 지목했다.

조주방은 리자청(李嘉誠)과 같은 재계 영웅을 배출했다.

광주방의 성장 발판

2001년 〈월 스트리트 저널 아시아(*The Wall Street Journal Asia*)〉에 실린 '천년의 역사를 되돌아보며……'라는 제목의 칼럼을 간단히 소개해 보겠다. 칼럼에서는 과거 1천 년 동안 세계 경제를 호령한 최고 부자를 다루고 있다.

지식+ 　2001년 〈월 스트리트 저널 아시아〉는 과거 1천년 동안 등장한 세계 최고 부자 50인을 선정했는데 그중에는 MS의 전 CEO 빌 게이츠를 비롯해 세계에서 내로라하는 경제계 인사들이 줄줄이 이름을 올렸다.

　중국인으로는 모두 여섯 명이 올랐는데 1등부터 5등은 각각 몽골 대제국을 건설한 칭기즈칸(Genghis Khan), 송나라를 집어삼킨 쿠빌라이(Khubilai), 명나라 대태감(大太監) 류근(劉瑾), 청나라 건륭제의 총신(寵臣) 화신(和珅)과 국민정부 재정 겸 외교부장인 쑹쯔원(宋子文, 1894~1971, 중국 4대 재벌의 한 사람이며, 국민당·국민정부의 중심인물이었다. 쑨중산의 부인 쑹칭링의 동생이며, 장제스의 부인 송메이링의 오빠 _옮긴이)이다. 중국계 부호 중 6위를 차지한 인물은 13행 행상을 대표하는 오병감(伍秉鑑, 1769~1843, 아버지 오국영 때부터 대외 무역에 종사했다 _옮긴이)이다.

1834년 지금의 50억 위안에 상당하는 은원 2천 600만 냥을 보유한 그는 서양인의 눈에 비친 세계 최고 갑부였다. 중국인으로 세계 최고 갑부 50인 중에 이름을 올린 다섯 명이 중국인에게도 익히 알려진 인물들이라면 6위를 차지한 오병감은 대다수의 중국인에게조차 낯선 이름이다. 그렇다면 오병감은 도대체 어떤 사람이었을까? 13행은 또 어떤 기구일까?

오병감은 누구인가? 월상의 대표주자로, 월상은 크게 광주방(廣州幇)과 조주방(潮州幇)으로 나뉜다.

먼저 광주방에 대해 이야기해보자. 광주라는 도시는 춘추전국시대 때부터 이미 존재하고 있었는데, 사마천(司馬遷)이『사기(史記)』를 집필할 당시 번우(番禺, 광주의 옛 이름 _옮긴이)를 중국 9대 도시 중 하나라고 묘사했다는 점만 보더라도 이 지역이 중국 역사에서 상당한 영향력을 자랑했음을 짐작할 수 있다.

당나라 개원(開元) 2년, 즉 AD 714년 광주를 다스리기 위해 시박사(市舶司, 해상무역에 대한 모든 사무를 맡아보던 관아로, 당나라 때 창설되어 송나라 시절 전성기를 구가하다가 청나라 때 폐지되었다 _옮긴이)라는 기구가 설치되었다. 당나라를 시작으로 송나라, 원나라, 명나라를 거치며 서서히 월상은 그 정체를 드러내기 시작했다.

특히 명나라 만력 초년, 즉 1573년에 명나라 정부에서는 정부기구에 광주를 다스리도록 하는 기존 전통을 처음으로 수정하고, 당시 광주에서 성행하고 있던 36개 행상, 즉 36행에게 공동으로 광주를 관리하도록 했다.

그렇다면 36행은 어떻게 광주를 관리했을까? 이들의 업무를 현대적인 의미로 풀자면 '민영 국제경제 무역위원회'와 비슷하다. 이들은 단순한 무역 회사가 아니라 바이어 유치, 시장관리, 시장조정 등 여러 분야에 관여하고 있었다. 상당히 복잡한 업무를 당시 36행상이 중국 최초로 담당하기 시작했다.

36행상은 청나라에 이르러 오병감 시대의 전신인 유명한 13행상으로 변했다. 매년 여름과 겨울에 정기적으로 광교회(廣交會, 광주 수출무역 상품회 _옮긴이)를 개최했다. 현재 광교회의 역사는 1573년경으로 거슬러 올라가는데, 한마디로 말해서 유구한 역사적 전통을 자랑하고 있다. 그러던 중 강희 24년, 즉 1685년경 청나라 사회에 거대한 변화의 물결이 요동치기 시작했다. 해상무역을 금지하던 기존의 해금(海禁)정책이 전면적으로 폐지되었기 때문이다. 기존에는 변방의 오랑캐가 감히 '천조'와 무슨 거래를 할 자격이나 있느냐고 비웃었지만 강희제에 이르러 바닷길이 활짝 열렸다. 당시 몇몇 해관(海關, 세관)이 설립되었는데 민해관(閩海關), 월해관(粤海關), 절해관(折海關), 강해관(江海關)이 4대 해관으로 불린다.

'광주 13행'이 동인도회사에 패한 이유

청나라 초, 혼란했던 사회가 안정을 되찾자 강희제는 1685년에 '바닷길'을 열겠다며 기존의 해금을 폐지하고 월(粵), 민(閩), 절(浙), 강(江) 4대 해관을 세워 대외무역과 관세징수를 담당토록 했다.

그 후 중국에서 무역업에 종사하던 양인의 수가 점점 늘어나자, 광동 정부는 1686년에 상당한 실력을 갖춘 열세 개 행상을 모아놓고 이들에게 외국 상인과 거래토록 하거나 세관을 대신해 세금을 징수토록 했다. 이때부터 근대 중국의 역사에서 중요한 위치를 차지한 '광주 13행'이 등장하게 되었다.

지식＋ 해상무역을 선포한 강희제였지만 한편으로는 대외무역을 제재하는 많은 정책을 시행했다. 당시 영국은 대중국 무역규모를 확대하기 위해 발버둥치고 있었는데, 1756년 영국 상인이 데려온 통역원 홍임휘(洪任輝)는 무장선박으로 가장해 갑작스레 영파, 정해(定海), 천진 등의 항구에 닻을 내리고 말도 안 되는 요구사항을 쏟아냈다. 이러한 사건을 목격하며 강희제는 놀란 가슴을 쓸어내렸다. 뒤에서 홍임휘에게 지시를 내린 배후는 바로 당시 광주 무역의 최대 고객인 동인도회사였다.

1756년경 인도를 정복한 영국은 인도를 발판 삼아 중국을 겨냥한 동인도회사를 세웠다. 동인도회사는 우리의 상상과 전혀 다르다. 당시 중국 기업과 서양 기업은 완전히 다른 상황에 처해 있었는데, 서양의 대중국 침략은 동인도회사를 '창'으로, 포선(炮船)을 '방패'로 삼는 전략으로 구체화되었다. 다시 말해서 동인도회사는 영파나 천진에 진격하거나 무슨 일을 벌일 때마다 항상 포선을 동원했다 상업 활동을 위해 무력을 동원하고 군대를 끌어들이는 현상은 상당히 흥미롭다.

게다가 동인도회사는 막강한 실력을 보유하고 있었다. 과거 영국과 중국 간의 거래는 직접 중국과 진행하는 형태로 이루어졌지만 영국이 인도를 점령한 뒤로는 인도가 대중국 무역의 거점으로 떠올랐다. 동인도회사가 아편무역에도 상당히 적극적이었다는 사실보다 더 중요한 것은 동인도회사가 현대 금융업의 진신이었다는 점이다. 그렇다면 그들은 무엇을 했는가? 바로 환율조정이었다.

내가 기억하고 있는 데이터에 따르면 1808년경 동인도회사는 약 140만 냥의 어음을 발행했는데, 런던·방글라데시에서부터 중국에 이르는 지역에서 취급할 수 있는 어음이었다.

어음을 그저 어음일 뿐이라고 생각한다면 큰 오산이다. 환율을 조작한 결과 동인도회사는 손가락 하나 까딱하지 않고 140만 냥의 어음으로 6만 냥에 달하는 소득을 챙겼다. 다시 말해서 동인도회사의 수익률은 7~8퍼센트였다.

금융업 외에도 공업, 무역에 손을 댄 동인도회사가 가장 압도적인 실력을 자랑했던 분야는 대중국 아편사업으로, 동인도회사에 대한 부정적 이미지를 세우는 데 일조했다. 게다가 당시 영국은 네덜란드, 프랑스를 물리치고 대중국 사업이라는 특권을 얻는 데 성공했다.

1756년 동인도회사는 전함을 앞세워 영파, 상해를 공격했다. 실제 무력을 사용한 것이 아니라 무기를 앞세운 일종의 '위협 무역'을 전개하며 발노 안 뇌는 무리한 요구를 쏟아냈다. 그들의 요구에 짐짓 기분이 상한 청나라 통치자는 변방의 오랑캐가 뭐 그리 대단하냐며, 일개 오랑캐인 그들과 거래를 하지 않겠다고 결심했다. 결국 1756년부터 1757년 건륭제는 4대 해관을 모두 폐쇄하고 광주에서만 양인과의 거래를 하겠다는 내용의 황명을 내렸다. 건륭제의 결심은 월상이 본격적으로 성장하기 시작한 발판이 되었다.

지식⁺

해외 상선의 북상을 저지하기 위해서 건륭제는 영파 등 항구의 관세를 높이려고 했다. 하지만 제아무리 비싼 관세를 낼지언정 절강에서 사업을 하겠다는 뜻을 굽히지 않는 영국 상선의 태도에 건륭제는 기분이 상한 나머지 앞으로 외국 상인은 광주 일대에서만 무역을 할 수 있다는 황명을 1757년에 내렸다. 그때부터 이른바 광주는 '중국으로 통하는 유일한 창구'라는 지위를 누리게 되었다.

이러한 정책의 효과적인 추진을 위해 청나라 조정에서는 광주의 '13행'에게 월해관의 경영 지원 및 대외 무역을 관리하는 일을 위탁했다. 이렇게 해서 '13행'은 반(半)관영 성격의 독점적 세력으로 성장하며, 단기간 내 눈부신 성과를 올릴 수 있었다. 『청대광주십삼행기략(淸代廣州十三行紀略)』에 기재된 내용에 따르면 1822년

13행에서 일주일 내내 밤낮으로 큰 불이 났는데 그 불길이 얼마나 거셌는지 불길에 녹아내린 양은(洋銀)이 1~2리나 되는 땅을 뒤덮었다고 한다.

13행상은 대량의 재화를 벌어들였는데 과연 그 금액은 얼마나 될까? 〈월 스트리트 저널 아시아〉에서 선정한 세계 최고 중국인 갑부 중 한 명인 오병감의 자산이 얼마였는지 한번 살펴보자. 1834년경 오병감의 자산 규모는 약 5천 600만 달러에 육박했다고 알려져 있다. 모든 13행은 저마다 이름을 가지고 있었는데 오병감이 몸을 담고 있는 행은 이화행(怡和行)이다. 함풍 10년(1860년)에 명성을 날리던 상인 반정위(潘正煒, 1791~1850)는 약 1억 프랑을 보유하고 있었는데, 이 정도 금액은 오병감에게는 우스운 숫자였다. 당시 1억 프랑은 어느 정도의 가치를 가지고 있었을까? 유럽 내 많은 국가를 다스리던 지엄한 국왕보다 많은 재산을 보유하고 있는 셈이었다.

만일 나의 바람대로 13행이 힘을 모았다면 동인도회사에 필적할 수 있었을 것이다. 동인도회사는 인도에서 무역에 종사하는 각 업체를 영국 정부가 한데 묶은 것에 불과하기 때문이다. 하나의 단위체로 재조직된 후 동인도회사는 막강한 자본력을 바탕으로 영국 군수 통수자의 '선발대'로 활약했다.

그렇다면 청나라 조정에서도 이와 비슷한 생각을 하지 않았을까? 분명히 나보다 훨씬 현명했을 청나라 황제는 동인도회사의 세력을 직접 목격하고 난 뒤 중국의 13행을 중국판 동인도회사로 키울 생각을 하지 않았을까? 나도 알 수 있는 것을 청나라 황제가 어찌 모를 수 있으랴? 청나라 황제는 실제로 행동에 나섰다. 이른바 '공판이선(公辦夷船)'이라는 정책을 추진했다.

공판이선은 국가기관이 외국인의 배를 관리하는 것을 가리키는 것으로, 13행을 '중국판 동인도회사'로 키우기 위해 청나라 황실이 내놓은 묘책이었다. 하지만 중국인을 한데 묶기란 그리 쉬운 일이 아니었다. 뱀의 머리가 될지언정 용의 꼬리가 되지 않겠다는 중국인 특유의 사고방식 때문에 통합으로 향하는 길은 험난하기만 했다. 게다가 부패한 청나라 관료, 각자의 이익을 좇는 13행, 동인도회사의 끊임없는 방해 등 수많은 불리한 요소가 곳곳에 도사리고 있었다. 10년 동안 공판이선을 지켜보며 중국판 동인도회사를 세우겠다는 청나라 조정의 전략은 철저하게 실패했다. 국권을 빼앗기고 나라를 잃는 치욕스러운 일 외에도 중국의 상업제국이 흔적도 없이 붕괴하고 만 것이다.

'유일한 통상 항구' 시대에 서양 사치품에 대한 청나라 황실의 수요가 계속해서 확대되면서 13행은 황제의 비위를 맞추기 위해서 걸핏하면 제 주머니를 털어야 했는데 그 고충은 말할 수 없을 정도였다. 당시 13행의 상인들은 청나라 황실로부터 온갖 명목의 기부금 요청을 받았는데, 자발적인 기부 외에도 강요에 의해 억지로 귀한 돈을 기부해야 했다. 그래도 끝끝내 돈을 내지 않고 버티면, 부자가 되어 그것도 못 하느냐며 부덕하다느니 황제의 은혜를 저버렸다느니 하는 비난에 시달려야 했다.

그중에서도 13행을 가장 괴롭힌 것은 조정이 채무문제에서 이중 잣대를 들이댄 일이다. 외국 상인이 행상에게 빚을 졌다면 조정은 아는 체도 하지 않고 어영부영 넘어가려고 했다. 반면에 행상이 외국 상인에게 빚을 졌다면 조정에서는 외채를 갚으라며 행상의 자산을 차압하거나 관가로 끌고 갔다. 그럼에도 채무를 갚지 못한다면 천조의 체면을 유지하기 위해 공행(公行) 전체에게 채무를 처리하도록 했다.

이제부터는 13행이 어떻게 붕괴됐는지 살펴보려고 하는데 그 과정은 참담하기 그지없다. 13행이라고 해서 모두 부자는 아니었다. 오병감은 분명 거액의 자산을 거느리고 있었지만 나머지 행상의 자금사정은 그리 넉넉한 편은 아니었다. 너무 많은 돈을 빌려 빚더미에 올라앉았기 때문이다.

찻잎 매매나 관세를 징수하는 일 모두 항상 현금, 그것도 백은을 지불해야 했다. 게다가 청나라 건륭제 이후 연이어 터진 전란으로 경제상황이 악화되자 조정은 세수확보에 어려움을 겪고 있었다. 이러한 상황에서 조정으로서는 누구에게서 돈을 긁어 와야 했을까? 월상 13행이야말로 가장 먹음직스러운 사냥감이었다. 결국 건륭제부터 가경제에 이르기까지, 여기에 백련교, 대소금천 전투 등을 거치며 청나라 조정은 월상에게서 백은 약 400만 냥을 갈취했다.

여기에 그치지 않고 13행의 불운은 계속 이어졌다. 1780년은 행상 전체에게 상당히 괴로운 일로 가득한 한 해였으리라. 1780년 당시 여덟 곳에 달하던 행상 중에서 네 곳이 외국 상인으로부터 빚을 지고 있었는데, 그 금액은 은원 107만 냥이었다. 하지만 '금리 대출 이자' 때문에 그 빚은 은원 380만 냥으로 불어나 있었다. 사업을 하다보면 자금사정이 여의치 않을 경우 빚을 질 수도 있다. 사업가에게는 그리 대수롭지 않은 일이었겠지만 독선적이고 체면을 무척이나 신경 썼던 건륭제에게는 상당히 자존심 상하는 일이었다.

"위풍당당한 중국인이 어찌 양인에게서 돈을 빌린단 말인가!" 화가 난 건륭제는 협탁을 '쾅' 하고 내리치며 이야기했다. "380만 냥을 빚졌다고? 좋다. 그렇다면 380만 냥의 두 배인 760만 냥을 갚도록 해라. 돈을 빌리는 일은 어찌 되었건 옳지 못한 일이니!"

협탁을 내리친 황제의 손짓 한 번에 이들 행상은 무려 760만 냥이나 되는 피 같은 돈을 갚아야 했다. 지엄한 황제의 명이니 억울하더라도 따를 수밖에…… 하지만 누가 그 돈을 갚아야 한단 말인가? 반나절 동안 생각에 잠겼던 건륭제는 나머지 네 행상에게 10년에 걸쳐 760만 냥을 갚도록 명했다. 결국 행상 네 곳이 빌린 채무를 나머지 행상들도 갚아야 했고, 당초 채무를 빌린 행상 네 곳은 재산을 몰수당한 뒤 이리(伊梨, 중국의 신장지역으로 나라에 죄를 지은 대역죄인들이 유배되던 곳 _옮긴이)로 끌려가야 했다. 청나라 조정은 자국의 행상을 감싸주어도 모자랄 판에 오히려 벼랑 끝으로 몰고 간 것이다!

그렇다면 영국 정부는 동인도회사를 어떻게 키워냈는가? 동인도회사를 '창' 삼고, 포함을 '방패' 삼은 대중국 정책을 추진하기 위해서 영국 정부는 동인도회사의 요구를 전부 들어주었다.

반면 중국의 행상은 계속되는 전란이나, 원래 빌린 380만 냥도 아니고 청나라 조정의 체면을 지키려고 그 두 배나 되는 760만 냥이라는 빚더미를 짊어져야 했다. 이보다 더 우스운 사실은 건륭제 때부터 중국인이 외채를 빌리는 일이 상당히 까다롭게 변해 '보갑(保甲) 제도'를 성립하기에 이르렀다는 것이다.

보갑 제도는 한 행상이 외국 상인에게 돈을 빌리면 나머지 행상도 채무상환의 책임을 공동으로 짊어져야 한다는 제도다. 그 내용만 보면 상당히 공정한 제도라 하겠지만 보갑 제도는 공정성과 공평성을 잃어버렸다. 오직 중국인에게만 제한을 두고 있었기 때문이다. 외국 상인은 별 어려움 없이 중국인에게 돈을 빌릴 수 있었고, 설사 빚을 갚지 않고 도망쳤다고 해도 별반 신경 쓰지 않는다.

자료에 따르면 1814년에 중국 최초, 그리고 세계 최초의 소송이 벌어졌다. 13행 중 하나인 여천행(麗泉行)을 운영하고 있던 반장요(潘長耀)가 1814년 미국 최고법원에 뉴욕과 필라델피아의 일부 상인을 상대로 채무상환 불이행이라는 죄목으로 고소했다. 외국인의 채무불이행으로 중국 상인들이 곤경에 처했음에도 청나라 황제가 나 몰라라 하자, 반장요는 태평양을 건너 미국에서 소송을 벌였다. 소송을 벌이는 데 그치지 않고 반장요는 1815년에 당시 미국 대통령 매디슨(James Madison, 1751~1836, 미국의 4대 대통령 _옮긴이)에게 미국 상인들이 돈을 제대로 갚지 않았다며 상인들을 제대로 관리하라는 내용의 서신도 보냈다.

100만 냥을 빌렸는데도 체면 때문에 200만 냥을 갚으라는 건륭제처럼 미국 대통령이 자존심만 세고 어리석은 사람이라고 생각한다면 큰 오산이다. 매디슨은 아무런 행동도 취하지 않고 아무것도 모른다는 듯 행동했다. 반장요가 쓴 서신은 중국어, 영어, 포르투갈어로 쓰어 있었고 번역된 내용 역시 상당히 정확한 편이었기에 매디슨 대통령이 그 뜻을 못 알아들을 리 만무했다. 현재 이 세 통의 시신은 미국 박물관, 워싱턴의 국가문서관리국에 소장되어 있다.

1814년부터 소송을 벌인 반장요는 끝내 재판에서 승소했지만 법정 싸움이 시작된 지 10년이 지난 상태에서 반장요가 운영 중이던 여천행이 도산하는 바람에 제대로 채무를 청산받지 못했다.

이렇게 보면 미국의 사법제도는 자국민에게 빌린 돈을 갚으라고 할 만큼 어느 정도 공평성을 갖추고 있는 듯하지만 법망에 허점이 있고 행동력이 부족하다는 약점을 가지고 있다. 소송을 벌인 지 10년 만에 승소했지만 당시 여천행은 이미 도산해 채무를 청산받지 못했다. 중국 행상의 가련한 처지를 직접적으로 보여주는 대목이다.

지식＋ 13행 행상이 보유한 자산은 지속적인 사업추진을 위한 비용 외에 토지자본과 고금리 대출 자본으로 대부분 전환되었다. 하지만 산업자본으로의 변신에 실패한 나머지 새로운 경제 서비스를 제공하는 데도 실패하면서 기존의 낡은 생산방식을 한결 고착화시켰다.

앞선 산업 경영이념에 따라 13행은 대외무역에서 화려한 성적을 올렸다. 중국 국내 시장에서 대지, 건물, 점포 등을 보유했을 뿐만 아니라 태평양 연안의 미국에서 적극적으로 철도 투자, 증권 거래 및 보험 등에 착수하면서 이화행은 명실상부한 다국적 기업으로 떠올랐다.

13행 중에서도 많은 사람이 활약했는데 중국 최초로 투자사를 연 오병감은 미국 주식에 전문적으로 투자하고 미시간 중앙철도, 미주리강 철도사업 등을 포함한 미국의 철도 사업에도 적극적으로 투자했다. 아울러 올버니(Albany) 광산, 보스턴 광산 등에도 투자했다. 철도, 광산, 주식 등 다양한 부문에 손을 댄 것도 모자라 천리 먼 길 외국 땅에서 투자에 나설 정도로 당시 글로벌 마인드를 갖춘 사업가는 중국에서도 상당히 보기 드문 편이었다.

게다가 당시 미국 시장에서 주식에 투자했다는 점만 보더라도 오병감이 상당한 사업적 기질을 가지고 있음을 알 수 있다. 사실 이렇게 다양한 분야에 대해 오병감은 직접 투자가 아니라 기창양행(旗昌洋行, Russell & Co., 미국 국적의 투자업체 _옮긴이)이라는 상당히 유명한 업체를 통한 중개 투자 전략을 취했다. 오병감은 자신이 죽거나 혹은 청나라 왕조가 붕괴한 후에도 기창양행에게 계속해서 이자를 지급해야 한다고 단단히 일러두었다. 누구에게 이자를 지불해야 한다는 뜻인가? 바로 자신의 자손들에게 수익을 제공토록 했다.

오병감을 제외한 나머지 행상은 휘상처럼 너 나 할 것 없이 정원을 가꾸는 데만 몰두했는데, 최고의 재료와 디자인, 기술을 총동원했다. 이들이 세운 별장이나 화려한 건축물은 휘상처럼 목조, 석조, 기와조각 같은 순수 중국식 건축 스타일이 아니라, 원명원(圓明園, 청나라 왕실의 이궁으로 바로크 양식을 도입한 화려한 건축 스타일을 자랑한다. 하지만 1860년 영불연합군의 공격을 받아 지금은 일부 흔적과 터만 남은 상태다 _옮긴이)처럼 동서양의 건축양식과 예술을 접목한 스타일을 지니고 있다.

예를 들어, 반사성(潘仕成, 1804~1873, 청나라 말엽의 광동 지역에 활동하던 유명 상인 _옮긴이)이 세운 별장은 태국산 티크(Teak)로 지은 것으로, 티크로 대문을, 대리석으로 바닥을 화려하게 치장했다. 기존 중국 건축양식에서는 대리석 바닥을 사용하지 않는데 반사성은 중국 최초로 대리석 바닥을 꾸몄다. 중국에서는 나무기둥이나 나무에 금테를 두르고 용이나 봉황을 그리거나 조각하는 기둥을 선호했지만 반사성은 대리석으로 된 기둥을 사용했다. 그리고 진주, 금, 은과 보석으로 상감된 원형 박달나무 기둥도 사용했다. 일본의 유기를 칠한 일본제 가구, 프랑스에서 수입한 거위털과 비단으로 만든 카펫이 모든 방에 깔려 있었다. 반사성은 수억 프랑의 재산 외에도 첩 50명과 어린 시종 80명을 거느렸다고 한다.

호화로운 별장을 수리하는 데 매년 300만 프랑이 들었다고 하는데, 300만 프랑이면 도대체 얼마나 되는 돈일까? 철갑선 한 척을 건조할 수 있는 비용으로, 반사성은 매년 거액의 돈을 사치와 향락에 쏟아부었다. 힘들게 모은 돈을 제대로 쓰지 않고 허무하게 흘려보냈다는 사실이 안타깝기 그지없다. 현대적인 투자개념을 갖추지 못한 것이야말로 중국 상인의 최대 약점이라는 사실을 지금까지의 이야기를 통해 알 수 있을 것이다.

쇠퇴의 서막, 아편전쟁

1792년 동인도회사로부터 자금을 지원받은 영국 정부는 매카트니 특사를 중국에 파견했다. 그다음 해 청나라 정부는 건륭제의 만수절을 축하하기 위해 먼 곳에서 온 이방인을 열정적으로 맞이했다. 하지만 알현식에서 매카트니가 무릎을 꿇을 수 없다며 건륭제의 비위를 건드리고 말았다. 매카트니가 항구 개방을 통한 무역 등 여섯 개 조항을 제시하자 건륭제는 분통을 터뜨리며 그의 제안을 모조리 거절했다. 외교적 수단으로 원하는 것을 얻는 데 실패한 동인도회사는 수단과 방법을 가리지 않고 중국 시장을 공략하기로 결심했는데, 그 대표적인 수단이 아편무역이었다. 중국 내 아편 수요가 급증하면서 심각한 무역적자를 떠안은 청나라 정부는 아편의 유해성을 간파한 뒤 아편무역 저지에 나서며 동인도회사와 충돌하기 시작했다. 계속되는 충돌과 긴장 속에 결국 아편전쟁이 터지고 말았다.

1차 아편전쟁은 13행의 쇠퇴를 알리는 서막이었다. 1차 아편전쟁으로 당시 34곳에 달하던 행상 중 20곳이 파산했고 10곳은 재산을 모조리 몰수당한 뒤 변경으로 쫓겨났다. 특히 1842년 1차 아편전쟁 이후 체결된 '남경조약'은 행상을 곤경으로 밀어넣은 '계기'가 되었다.

오구통상(伍口通商)을 개방하는 바람에 광주가 그동안 누렸던 중국으로 통하는 '유일한 항구'라는 특권이 사라졌다. 그뿐만 아니라 아편전쟁에서 패전한 청나라 조정은 은원 2천 100만 냥을 배상해야 했는데 그중 은원 300만 냥을 행상에게 부담토록 했다. 1856년 2차 아편 전쟁이 발발했을 때 광주 13행 사무실은 포화 속에 흔적도 없이 사라졌고 그때부터 전쟁의 초연 속에 13행도 서서히 모습을 감추기 시작했다. 현재 광저우에서는 13행로라는 표지판만 간신히 찾아볼 수 있다.

몰락 이후 광주상인은 휘상, 호상과 달리 무너져내렸다고 해서 자포자기하거나 제 자신을 원망하지 않았다. 당시 13행은 서양인을 따라 천진, 하문(廈門), 홍콩, 상해 등으로 급속히 퍼져나갔다. 외국인이 있는 곳이면 광동사람이 있다는 말이 있을 정도였지만 '각개전투'에 그쳤을 뿐 끝끝내 중국판 동인도회사로 성장하지 못했다. 그 결과 월상은 해체되었고 각지로 뿔뿔이 흩어졌다. 그중에는 공장이나 무역회사를 차린 사람도 있었지만 대부분 온전한 통합세력으로 자리 잡지 못하고 모래성처럼 무너져내렸다.

지식＋ 100년이라는 긴 개방 과정 속에서 광주상인은 세계 각국에서 유입된 앞선 사상, 과학 기술, 문화를 받아들인 덕분에 근대 이후 사업이나 계몽운동 추진에서 시대보다 한 걸음 앞서 나가며 근대 혁명 활동을 주도했다. 특히 최근 30년 동안 광저우는 위대한 기업가, 개혁가를 연이어 배출했는데 이들은 선조들의 교훈을 가슴에 품고 업계 신화를 써내려가고 있다. 현재 광저우에 있는 13행로는 많은 사람과 자동차로 붐비고, 광저우 항 역시 온갖 국적의 선박이 가득 메우고 있다. 100년이라는 긴 시간을 견디며 자라난 미래의 신(新)월상이 반드시 새로운 역사의 페이지를 열 것이라고 확신한다.

강인한 조주방의 대표주자들

지식+ 1928년 7월 20일 광둥 성 조주(潮州, 차오저우) 시의 평범한 가정집에서 사내아이가 태어났다. 초등학교 교사였던 아이의 아버지는 자신의 아들이 수십 년 후 중국계 최고 갑부로 이름을 날리며 조주방을 대표하는 인물이 될 것이라고 꿈에도 생각하지 못했다.

그 아이는 바로 홍콩 창장(長江)실업을 이끄는 인물, 리자청이다. 스물두 살 때 맨주먹 하나 믿고 사업에 뛰어든 리자청은 쉰 살에 중국계 최고 상인 중 한 명으로 당당하게 자신의 이름을 올렸다. 대규모 자금과 재화를 창출했을 뿐만 아니라, 풍부한 감성과 흔들리지 않는 양심을 갖춘 그는 심오한 인생철학과 경영철학을 만드는 데 성공했다.

'조주는 예로부터 훌륭한 거상을 배출했다'는 이야기를 입증하는 많은 재계 인사들이 실제로 존재한다. 별 볼 일 없는 시골마을이 드라마틱한 성공을 거둘 수 있었던 까닭은 무엇이었을까? 그리고 조주방의 대표주자인 리자청은 어떻게 해서 오랜 세월 동안 중국계 최고 갑부라는 왕좌를 지킬 수 있었을까? 리자청이라는 거상이 성공할 수 있었던 비결은 또 무엇일까?

근대 중국 역사에서 상당히 중요한 지위를 차지하고 있는 조주방의 가장 두드러진 특징은 여타의 상방과 달리 여성의 지위가 상당히 높았다는 점이다. 이 같은 조주방의 특징을 먼저 살펴보도록 하겠다.

광동성 동부지역에 자리 잡은 조주는 중요한 화물 집산지이지만, 당나라와 송나라 시절 정부로부터 무역 경영권을 허가받지 못해 현지주민은 법의 보호를 받지 못한 상태에서 불안하게 사업에 나서야 했다. 설상가상으로 월동(粵東, 월는 현재 광동 성의 약칭으로, 춘추전국시대에 이 지역에 있던 백월이라는 나라에서 비롯된 이름이다 _옮긴이)은 물자가 풍부한데다 유명한 화물집산지였기 때문에 현지 주민들은 강도, 비적, 그리고 백성으로 살아가야 했다.

쉽게 말해서 먹고살기 위해서 사람들은 때로는 칼을 든 강도가, 때로는 재물을 빼앗는 비적이 되어야 했고, 때로는 자신이 또 다른 강도나 비적에게 쫓기는 백성이 되어야 했다. 이처럼 먹고살기 위해서, 그리고 군관(軍官)의 봉쇄를 피하기 위해서 현지 주민들은 불법적인 해상무역에 주로 종사했는데, 해상밀수를 포함한 이러한 경향은 당나라와 송나라를 시점으로 개혁개방이 추진되는 지금까지도 여전히 이어지고 있다.

살기 위해 만들어진 전통 때문에 월동지역 주민들은 강인한 성품과 함께 뛰어난 적응력을 자랑하는 사업 인재로 거듭났다. 당시 많은 사람이 '돼지우리 배'를 타고 남양(南洋, 청나라 말엽 지금의 장쑤, 저장, 푸젠, 광둥 등 연해지역을 가리키는 말 _옮긴이)으로 내려와 삶의 터전을 마련했다. '돼지우리 배'란 말 그대로 돼지처럼 광둥 사람을 배 안에 꾹꾹 밀어넣고 밀항을 시도하는 선박을 가리킨다. 당시 많은 사람이 1인당 몇 마오를 내고 남양으로 내려가 막노동판에 뛰어들었는데, 이때부터 쥐꼬리만 한 돈을 모으며 한 발 한 발 앞을 향해 나아가기 시작하더니 끝내는 위대한 기업가로 우뚝 설 수 있었다.

지식+ 역사에서 말하는 조주상방은 현재의 차오저우, 산터우(汕頭), 제양(揭陽) 세 지역에서 활동하던 상인을 총칭한다. 해당 지역은 똑같은 풍습과 언어를 가지고 있기 때문에 모두 조주사람으로 불린다. 바다를 바깥세상과 통하는 '길'로 여기던 조주상방은 중국 연해지역뿐만 아니라 동남아의 여러 국가와 왕래했는데, 해상 수송-판매라는 방식으로 수익을 올리며 명청시대 중국의 대표적인 상방 중 하나로 거듭났다.

바다로 먹고사는 조주인에게 배는 없어서는 안 될 생계수단이었는데, 조주지역의 배라는 것을 알리기 위해서 뱃머리를 모두 빨간색으로 칠했다. 당시 사람들은 붉은 뱃머리를 가진 배를 바다로 나가는 배라는 뜻의 양선(洋船)이라고 불렀다. 생계를 위해 해외에서 살 길을 모색해야 했던 조주사람은 붉은 뱃머리에 앉아 낯선 곳을 향해 용감하게 나아갔다. 통계에 따르면 현재 해외에 거주하는 조주

출신은 전 세계 화교의 삼분의 일에 해당하는 천여 만 명이라고 한다. 조주방의 성공은 조주 특유의 강인함, 경영이념과 긴밀한 관계를 맺고 있다. 해외에서 세력을 키운 조주방은 수많은 흥미로운 이야기를 들려주고 있다.

조주방은 상당히 흥미로운 집단이다. 앞서 설명한 것처럼 조주방에서는 여성이 상당히 중요한 지위를 차지하기 때문이다. 임도간(林道干, 명나라 말엽의 해적으로 왕직의 부하였으나 왕직이 죽자 부하들을 이끌고 말레이반도의 빠따니로 가 세력을 잡았다 _옮긴이)이라는 사람은 조주의 유명한 해적이었는데 약 2천 명의 부하를 거느렸다고 한다. 태국의 빠따니(Pattani, 말레이 반도 동쪽 기슭에 있는 태국의 항구 도시 _옮긴이)로 가 기반을 마련한 임도간에게 동화 같은 이야기가 찾아왔다.

그는 빠따니로 건너간 이후 혼자서 자신의 세력기반을 구축했다. 그러던 어느 어두운 밤, 지나가는 아리따운 아가씨를 우연히 보고 임도간은 사랑에 빠지고 말았다. 사람을 통해 알아보니 그 여인은 빠따니의 공주였다. 임도간은 공주의 마음을 사로잡기 위해 요새 드라마에서 장미꽃이나 초콜릿, 핸드폰을 선물하는 것처럼 온갖 선물을 바치고 'I love you'라는 달콤한 밀어를 속삭였을 것이다. 뜨거운 애정공세 속에 임도간은 결국 아리따운 공주를 아내로 맞이했다.

이 과정에서 가장 중요한 사실은 무엇인가? 바로 공주의 아버지, 즉 장인어른인 빠따니의 국왕이 무척이나 임도간을 마음에 들어 했다는 것이다. 사위를 무척이나 흡족하게 생각하던 국왕은 그에게 나라를 물려주었을 뿐만 아니라 심지어 빠따나라는 원래 국명을 임도간으로 바꾸기까지 했다. 그렇다면 이런 행운은 임도간에게만 허락되었던 것일까? 아니다. 장비스(張弼士, 1841~1916, 중국의 포도주 산업화 생산시대를 연 인물 _옮긴이) 역시 큰 행운을 잡았다.

1859년 조주상인 장비스는 열여덟 살이 되던 해에 가난한 집 형편 때문에 돼지우리 배를 타고 인도네시아의 자카르타로 건너갔다. 새로운 곳에서도 일을 찾지 못해 이리저리 돌아다니며 일자리를 알아보던 장비스는 사람을 구한다는 한 가게에 간신히 취직해서 청소나 잡일을 하며 근근이 생계를 이어갔다. 여기서 또 한 편의 동화가 등장한다.

가게 주인의 딸이 가게 포렴 뒤에서 그를 보고 사랑에 빠진 것이다! 어린 나이에도 열심히 일하는 그의 모습에 가슴이 뛴 딸은 아버지에게 장비스가 아니면 아무에게도 시집가지 않겠다고 떼를 쓴 끝에 결국 결혼에 성공했다. 훗날 장인이 죽자 그가 생전에 모은 재산은 유일한 자식인 딸에게 상속되었고, 그녀의 남편인 장비스는 전 유산 중 절반을 들여 양조장을 차렸다.

장비스가 남긴 재산은 약 8천 만 루피아(Rupiah)였는데, 당시 루피아는 현재 미국 달러와 같은 가치를 지니고 있었다. 장비스를 가리켜 미국인은 중국의 록펠러라고 부르기도 했다. 내 기억 혹은 내가 파악하고 있는 중국 역사에서, 중국의 록펠러라고 불릴 만한 유일한 사람이 바로 장비스다. 이러한 평가는 장비스의 개인적인 영광일 뿐만 아니라, 조주인에 대한 세간의 인식을 보여주는 대목이라 하겠다.

장비스는 훗날 중국과 어떻게 다시 조우했을까? 지금부터 들려주는 이야기에 아마 놀라움을 금치 못할 것이다. 광서 17년(1891년) 해외에서 바이어나 자금을 유치하는 일을 하던 성쉬안화이(盛宣懷, 1844~1916, 청나라 말엽의 대표적 관료자본가로 평생 재물을 탐했는데 외국 차관에 의한 철도의 국유화를 추진하다가 훗날 신해혁명의 도화선이 되는 보로운동에 부딪히며 실각했다 _옮긴이)는 장비스에게 연대(烟臺)의 광산개발과 철도 건설사업을 소개했다. 그러나 술 파는 일에만 익숙했던 장비스는 철도나 광산 개발 사업에 별다른 관심을 보이지 않았다.

성쉬안화이는 장비스에게 호텔을 잡아준 뒤 '나이트클럽'에 데리고 가 신나게 놀기도 하고 항구를 비롯해 여러 곳을 소개해주었지만 장비스는 여전히 별다른 관심을 보이지 않았다. 연대에 항구를 세운다고 해도 장사가 제대로 된다는 보장이 없고, 광산을 개발하기 위해 많은 돈과 시간을 들인다고 해도 대박을 칠 가능성이 낮았기 때문이었다. 성쉬안화이를 따라 여기저기 다니며 구경하던 장비스가 문득 입을 열었다. "여기에 포도를 심을 수 있나요?" 그 질문에 당황한 성쉬안화이는 다시 한번 말해달라고 청했다.

"여기에 포도를 심을 수 있나요?"

"당연하죠. 포도를 심도록 천 묘의 땅을 드릴 수도 있습니다만, 저기 혹시나 해서 그러는데 여기에 포도를 심으실 생각인가요? 그걸로 뭘 하실 생각이신 것인지……."

"포도주를 한번 만들어볼까 하고요."

"네? 아, 네! 광산개발이나 사업에 관심이 없으시다면 포도주를 만든 것도 좋겠네요. 그렇다면 포도주에 이름을 붙이면 어떨까요?"

장비스는 어떤 이름을 지었을까? 그렇다, 장위(張裕, 중국 최초의 브랜드 와인 _옮긴이) 포도주가 바로 그 주인공이다. 광서 21년(1895년) 장비스는 장위에 은원 300만 냥을 투자해 약 700여 묘에 달하는 장유포도농장을 세웠다. 여인을 통해 실력을 쌓은 장비스의 업적이 포도 농장 곳곳에 숨겨져 있다.

현대 공업을 일으킨 조주방

지식＋ 경제세포로 이루어진 듯한 조상의 DNA를 살펴보면 조주방은 태어날 때부터 상인이 되기 위한 운명을 타고난 것 같다.

건륭 연간 태국에서 쌀을 매입하도록 정부에서 허가하자 조주상인은 이 기회를 틈 타 남양에서 상아, 진주 등 진귀한 보물을 싣고 돌아와 국내에 판매하며 수년 동안 상당한 수익을 올렸다. 1851년 영국에게 점령된 홍콩이 자유항을 선언하면서 조주상인은 다시 한번 성공을 위한 기회를 잡았다. 즉 북쪽 지역과 남쪽 지역을 연결하는 일종의 중계항으로 홍콩이 각광받자 이곳을 장악하고 있던 조주상인의 활약은 더욱 두드러지기 시작했다.

당시 홍콩에는 "쌀은 수입을 통해 들여오고, 수입은 조주상인의 손을 거친다"라는 말이 유행할 정도로 조주상인은 성공의 기회

가 찾아올 때마다 놓치지 않고 계속해서 아이디어를 내놓으며 빠르

게 세력을 구축했다.

조주방은 많은 사업에 손을 댔는데 이 같은 사업전략은 이들에게는

지극히 자연스러운 것이었다. 그중에서 한 가지 주목할 만한 사건이 있

어 잠시 소개하려고 한다.

1850년경 아편전쟁 즈음하여 대량의 아편이 중국에 들어와 중국인

의 몸과 마음을 타락시켰다. 당시 조주방은 청나라 조정과 함께 태평군

을 소탕했을 뿐만 아니라 반란군, 농민 봉기 등 반정부 세력을 숙청하는

일에 적극적으로 나섰다. 이러한 노력을 통해 조주방은 청나라 조정으로

부터 전대미문의 특권을 부여받았다. 과거에 휘상이 소금을 전매했던 것

처럼 조주방 역시 한 가지 품목에 대한 전매권을 부여받았는데, 그 대상

이 바로 아편이다.

1906년, 즉 청나라 광서 말년에 청나라 정부가 아편 판매를 금지할

때까지 조주방의 아편 전매권은 유지되었다. 여기서 한 가지 생각해봐야

할 문제가 있다. 아편을 팔아 중국에서 가장 중요한 상방 중 하나로 떠오

른 조주방은 분명히 막대한 재물을 모았을 것이다. 그런 상황에서 갑자

기 정부가 아편 판매를 금지했다면 그 결과는 어떠했을까? 비단 사업에

실패했다고 힘없이 무너져내린 호상이나, 소금을 팔 수 없게 되자 그동

안 쌓아올린 모든 것을 단번에 잃어버린 휘상처럼 조주상인도 비슷한 결

말을 맞이하지 않았을까?

1906년 청나라 정부가 아편판매를 금지한다는 내용을 발표했다. 순

식간에 쇠퇴할 것이라는 사람들의 예상과 달리, 조주방은 기사회생했다. 여기서 다시 한번 조주상인의 특징을 떠올릴 필요가 있다. 척박한 환경에서 생존하기 위해 태어날 때부터 가질 수밖에 없었던 강인한 성격, 유연한 사고방식, 결혼을 통한 재화축적으로 대표되는 조주상인은 현실에 안주해 제자리에 머무르지 않고 오히려 과감하게 기회를 찾아 헤매고 용감하게 도전했으며 그 결과 엄청난 성공을 거뒀다.

1906년 아편판매가 금지된 이후, 대량의 아편자본이 현대 산업으로 유입되었을 뿐만 아니라 현대적인 은행 서비스, 산업 부문에도 흘러들었다. 전매권이 사라진 뒤 상방의 몰락이라는 일종의 관례를 조주방이 깬 셈이다. 아편 전매권을 상실한 뒤 조주방은 대안을 모색하며 부지런히 행동하기 시작했다.

1916년 조주상인 정페이즈(鄭培之), 궈쯔빈(郭子彬)은 공동 출자를 통해 훙위(鴻裕)방직공장을 세웠고 또 2년 뒤에는 훙장(鴻章)염색공장을 세웠다. 그리고 1921년에는 토박이 상인, 다시 말해서 현지 아편상이 철갑선 한 척을 건조하는 비용에 상당하는 120만 냥으로 웨이퉁(緯通)방직공장을 세워 공업화 전환을 시도했다. 이러한 사례만 보더라도 호상, 휘상, 심지어 진상도 조주상인에게는 상대도 될 수 없었다는 것을 알 수 있다. 조주상인에 필적할 실력을 갖춘 상방으로는 영파방이 유일하다고 생각한다.

단기간에 가장 원시적이고 낙후된 아편이라는 품목으로 자본을 갖춘 조주상인은 이를 허투루 쓰지 않고 현대 산업으로의 전환을 꾀했다. 당시 방직공장은 오늘날의 IT, 컴퓨터산업에 맞먹는 가장 '핫'한 사업이었다. 시대에 한참이나 뒤떨어진 것 같은 오늘날의 방직공장을 보며 과거의 화려한 시절을 떠올리기 어렵겠지만 이는 역사적으로 이미 입증된 사실이다.

그밖에, 조주상인은 전장에도 진출했다. 모든 상방은 전장을 운영했지만 사실 진상의 표호와 영파인의 전장만이 유명하다. 아편 자본에 문제가 나타났을 때 조주상인이 전장업으로 진출하는 데 적극적이었다는 사실을 발견할 수 있는데, 예를 들어 1912~1926년에 이르는 14년 동안 조주상인은 무려 33곳의 전장을 세웠다. 이들 전장의 총자산은 무려 207만 냥이었다!

그 외에도 많은 조주상인의 성공담이 있다. 예를 들어 1920년 류제스(柳杰士)는 퉁안샹(通安祥)을 세워 유류, 화학원료, 면방직품, 거즈 등을 생산했는데 당시 화학원료 역시 상당히 유망한 사업부문이었다. 그리고 1938년 천후이룽(陳惠榮)은 천완메이항(陳萬美行)을 통해 약재 등을 취급했다. 다시 말해서 당시 조주방이라는 상방이 추구한 경영다원화 전략은 영파방과 마찬가지로 양적이나 질적으로도 상당한 수준을 자랑했다.

현재 홍콩에서 유명세를 떨치는 사업가 대부분이 조주방 혹은 영파방 출신인 까닭이 바로 여기에 있다. 그렇다면 휘상은? 진상은 어떠한가? 그림자도 찾아볼 수 없다. 호상 역시 마찬가지다. 결론적으로 조주방과 영파방만이 중국에서 가장 중요한 상방으로서 중국 경제발전 과정에 상당한 영향력을 발휘했다고 볼 수 있다.

태생적 기업가 DNA, 조주방의 경영 스타일

지식⁺ 태국 방콕 시내 한가운데 중국식 건물이 우뚝 솟아 있는데, 그곳은 바로 태국 주재 조주회관이다. 70년의 역사를 자랑하는 이곳은 태국에 거주하는 조주상인에게는 가장 중요한 곳이다. 참고로 세계 각국에 세워진 조주회관은 무려 50여 개나 된다.

해외에 거주하는 조주사람은 단 한 번도 고향을 잊은 적이 없는데, 그런 그들에게 조주회관은 고향에 대한 그리움을 달랠 수 있는 일종의 '마음의 고향'이었다. 매년 많은 조주상인이 고향에 돌아와 조상에게 제사를 지내거나 투자한다. 그렇다면 유명한 화교의 고향으로서 조주는 중국의 현대적인 민족 산업 발전과정에서 어떤 역할을 담당했을까?

1872년 남양에서 돌아온 월상은 무슨 사업을 시작했을까? 면방직 공장과 양조장에 먼저 착수한 뒤 1920년 보험사업에 진출했다. 당시 상해에 있던 화상(華商) 보험회사 다섯 곳 중 세 곳이 월상 출신이 경영하던 곳으로, 각각 캉녠(康年), 푸안(福安), 그리고 진싱(金星)이었다. 그렇다면 현대적인 소매업은 누가 먼저 시작했을까?

해외에서 귀국한 광동상인이 첫 시작을 알렸는데, 현재 중국인에게 널리 알려진 셴스바이휘(先施百貨)가 대표적이다. 현재에도 영업 중인 셴스바이훠는 본래 홍콩에서 창립했다가 훗날 광주, 상해에 분점을 세웠다. 중국에서 가장 널리 읽히고 오랜 역사를 자랑하는 잡지 〈량유(良友)〉는 해외에서 살다가 귀국한 광동인에 의해 창간되었다. 현재 수많은 경제지, 예를 들어 〈이저우칸(壹周刊)〉이나 〈바자(Bazaar)〉처럼 발행부수가 많은 여타의 유행잡지도 〈량유〉 앞에서는 명함도 내밀지 못한다.

그밖에 상하이에서 쉽게 볼 수 있는 관성위안(冠生園, 1918년에 창립된 중국의 대표적인 식품회사로, 최근에 멜라민이 함유된 사탕을 판매에 물의를 일으키기도 했다 _옮긴이)은 셴관성(洗冠生, 1887~1952, 근대 중국의 대표적인 민족자본으로 전통 식품회사인 관성위안을 세웠다 _옮긴이)이 세운 식품회사다. 중국과 전 세계를 하나로 묶는 세계 최초의 네트워크 시스템, 예를 들어 용안(永安)을 세운 것도 월상이다. 현재 영업 중인 일부 백화점 역시 광동인이 세운 것으로 대표적인 백화점으로는 용안, 셴스, 따신(大新), 신신(新新) 등이 있다.

난양(南洋)형제 담배회사, 용안보험사, 캉닝(康寧) 생명보험 등도 현재까지 성업 중이다. 월상이 세운 기업은 오늘날까지도 명맥을 유지하고 있는 데 반해 다른 상방은 이미 역사의 무대 저 편으로 사라졌다. 나라를 사랑하고 고생을 마다하지 않는 강인한 성품, 수많은 인재를 배출하는 조주방은 내게 많은 감동을 안겨주었다.

지식+ 현재 홍콩 기업가 중 대부분이 조주 출신인데, 그중에서도 홍콩 창장그룹을 이끌고 있는 리자청이 가장 대표적인 인물이라 하겠다. 조주 사투리를 구사하는 리자청은 어린 시절 찻집 종업원으로 일하다가 유능한 판매원을 거쳐 현재 시가총액 3천 억 홍콩달러를 자랑하는 4대 상장사 중 한 곳인 창장그룹을 이끄는 CEO로 우뚝 섰다. 리자청이 겪었던 인생 역정은 주조상인이 일군 기적을 고스란히 증명하고 있다. 조주방의 대표주자로서 리자청은 도대체 어떤 경영전략을 구사했을까? 모진 시련 속에서 어떻게 리스크를 피할 수 있었을까?

리자청이 이끄는 허치슨 왐포아(Hutchison Whampoa, 홍콩 최대 그룹으로 통신, 항구, 부동산 등 다방면에 걸친 경영 영역을 자랑한다 _옮긴이)는 상당히 성공한 축에 속하는 다원화 기업으로 모두 일곱 개의 사업부문을 거느리고 있다. 거대한 규모뿐만 아니라, 사업 전반에 걸쳐 고루 만족스러운 실적을 올리고 있다는 이유로 많은 사람으로부터 중화권 최고의 기업으로 인정받고 있다. '가방 끈'도 길지 않은 리자청이 어떻게 홍콩계의 슈퍼맨으로 우뚝 설 수 있었을까?

그의 인생 역정을 살펴보다보면 월상에게는 태생적으로 기업가의 DNA가 있는 것 같다. 1997~2000년 나는 허치슨 왐포아를 제외한 중국의 여타 다원화 업체가 몰락하게 된 원인과 허치슨 왐포아가 생존할 수 있었던 이유를 연구했다.

끈질긴 연구를 통해 마침내 외국 학자가 발견하지 못한 내용을 발견할 수 있었다. 리자청을 위시한 조주방의 다원화 경영에는 한 가지 비밀이 숨겨져 있는데 이번 기회를 통해 독자와 그 내용을 나누고자 한다.

허치슨 왐포아의 7대 사업 부문은 저마다 뚜렷한 특징이 있다. 바로 각 사업부문 간, 특히 현금 흐름면에서 상호보완성이 상당히 강하다는 것이다. 상호보완성이란 무엇인가? 사정이 좋지 못한 부문을 실적이 좋은 부문이 지원해주는 것이 바로 상호보완이다.

통계를 통해 상당히 흥미로운 결과를 도출할 수 있었다. 허치슨 왐포아가 위기에 봉착했을 때의 수익률은 마이너스 50퍼센트였지만 최대 실적을 올렸을 때의 수익률은 무려 플러스 200퍼센트였다. 수익률 마이너스 50퍼센트라는 것은 수익이 절반으로 줄어들었다는 뜻이다. 이처럼 암담한 상황에서는 어떻게 해야 할까? 그리고 수익률이 기존실적의 2배에 해당하는 플러스 200퍼센트를 기록했다고 해도 절대로 득의양양하게 굴어서는 안 될 것이다.

눈부시게 빠른 성장으로 특징지어지는 수많은 중국 기업은 순식간에 성장하지만 어느 정도의 성과를 거둔 후에는 인력, 재능, 그리고 의지 부족으로 결국 도산하기 때문이다. 수익률이 마이너스가 되어서도 안 되지만, 플러스를 기록했다고 해도 현실에 안주하지 말고 위기감을 잃지 않아야 한다.

회사를 제대로 경영하지 못해 순식간에 무너져내린 중국 내 수많은 다원화 기업과 달리 월상과 조주상인이 안정적으로 기업을 경영할 수 있었던 까닭은 무엇일까?

허치슨 왐포아의 7대 주요 사업자료를 정리하다가 뜻밖의 결과를 얻을 수 있었다. 7대 주력사업의 수익률은 각각 최저 마이너스 50퍼센트에서 최고 플러스 200퍼센트로, 이 사업들의 자산을 합치면 전체 수익의 진폭이 10배씩 줄어들어 수익률이 최저 마이너스 5퍼센트에서 최고 플러스 20퍼센트를 기록한다는 사실을 발견할 수 있다.

도대체 무슨 뜻인가? 즉 이 업체들이 플러스 성장할 수 있는 확률이 80퍼센트이지만 제아무리 플러스 성장을 한다고 해도 그 수익률은 20퍼센트를 넘을 수 없다는 뜻이다.

반면에 회사 몸집 부풀리기에만 매달리지 않는다면, 마이너스 성장할 확률이 20퍼센트라고 하더라도 아무리 마이너스 성장을 한들 최대 마이너스 5퍼센트에 그친다는 것이다. 마이너스 5퍼센트지만 그리 심각한 상황은 아니다. 이렇게 해서 전체적으로 평균을 잡아보면 허치슨 왐포아는 그룹 전반에 걸쳐 상당히 안정적인 성장세를 유지하고 있음을 발견할 수 있다. 지금의 허치슨 왐포아와 같은 다원화 기업을 독자에게 맡긴다면, 눈 감고 일해도 높은 수익을 올릴 수 있을 것이다.

그밖에 '4대 천왕(리자청, 리자오지), 정위통, 궈빙샹 형제'를 포함한 광동상인의 부동산 투자와 중국 국내 부동산투자 사이에는 어떤 차이가 존재하는지 살펴보자.

리자청 같은 유명한 사업가가 돈을 빌리기란 그리 어려운 일이 아니지만, 중국 국내기업의 사정은 다르다. 중국 상장사의 평균 부채율은 100~300퍼센트나 된다. 부채율이란 이른바 자본부채비율로, 부채에서 자본(순자산)을 제외한 비율을 가리킨다.

홍콩의 '4대 천왕'이 운영하는 부동산사업 부문의 부채율은 겨우 20퍼센트에 불과하다. 그들은 어떻게 해서 남에게 돈을 빌리지 않아도 됐을까? 부동산 경영을 위한 가장 본질적인 문제, 즉 위기관리가 가장 중요한 문제라는 것을 그들은 정확하게 꿰뚫고 있었다. 반면에 중국 내 기업들은 위기관리에는 도통 관심이 없다.

이들은 머니 플로(Money Flow)에 따라 총자산의 5~15퍼센트에 해당하는 자금을 보유하고 있다. 왜 이렇게 보수적인 수치를 고집했을까? 신중함을 유지하는 태도야말로 기업의 안정적 성공을 보장하는 필수 조건이기 때문이다.

조심스럽고 신중한 사고야말로 위기관리 경영에서 가장 중요한 정신적 기반이라는 점을 명심해두기 바란다. 오늘날 기업가가 경기쇠퇴라는 위기에 직면했다면 위기관리 능력은 더욱 중요해질 수밖에 없다. 가장 유능한 기업가는 경기가 좋을 때 많은 수익을 올릴 수 있는 사람이 아니라, 경기 침체기에 회사를 위기에서 구출할 수 있는 사람이라고 생각한다. 이는 월상의 본질을 단적으로 설명한다.

지식+ 조주상인의 사업은 여전히 바다, 그리고 배와 떼려야 뗄 수 없는 관계를 맺고 있다. 오랜 풍파를 이겨낸 끝에 조주상인은 대담하고 앞선 사고방식, 하늘도 무섭지 않다는 용기를 지니게 되었다. 그리고 섬세하고 최고만을 추구하는 조주 문화는 섬세한 경영전략과 꼼꼼한 계산을 무기로 무장한 조주상인을 낳았다.

바로 이러한 요소들이 한데 뭉치면서 진상, 휘상, 호상이 몰락한 뒤에도 조주상인은 영파방과 함께 세력을 키우고 성공을 거둘 수 있었다. 현재 화웨이, BYD(Build Your Dream, 比亞迪, 중국의 유명한 배터리, 자동차 제조업체로 최근 워런 버핏이 BYD의 전기자동차 부문에 거액을 투자해 유명세를 타기도 했다 _옮긴이), 갈란츠(Galanz, 格蘭仕, 중국 최대의 전자레인지 생산업체 _옮긴이) 등 광동 현지 기업의 빠른 성장은 해외 시장에서 "태양은 언제 어디서든 월상을 비추고 있다"라는 유행어를 만들어내는 데 한몫을 했다.

누가 중국 경제를 죽이는가

초판 1쇄 발행 2012년 9월 25일
초판 2쇄 발행 2012년 10월 9일

지은이 랑셴핑
옮긴이 이지은
펴낸이 김선식

Chief Editing Creator 황정민
Editing creator 주승연, 한보라
Design creator 황정민
Marketing creator 이주화

1st Creative Story Dept. 황정민, 한보라, 박지아
Creative Marketing Dept. 이주화, 원종필, 백미숙
      Public Relation Team 서선행
      Communication Team 김선준, 박혜원, 전아름
      Contents Rights Team 김미영
Creative Management Team 김성자, 송현주, 권송이, 윤이경, 김민아, 한선미

펴낸곳 다산북스
주소 경기도 파주시 회동길 37-14 3, 4층
전화 02-702-1724(기획편집) 02-6217-1726(마케팅) 02-704-1724(경영지원)
팩스 02-703-2219
이메일 dasanbooks@hanmail.net
홈페이지 www.dasanbooks.com
출판등록 2005년 12월 23일 제313-2005-00277호

필름 출력 스크린그래픽센타
종이 월드페이퍼(주)
인쇄 · 제본 (주)현문

ISBN 978-89-6370-909-3 (03320)